認識大陸作家系列

從王昭君到李來亨

——一位大陸教師對鄂西史實的三十年探尋

謝源遠 · 著

自　序

　　1937 年 8 月中日淞滬會戰時，余出生於湖北省公安縣麻豪口鎮。自六歲在淪陷區福音堂私塾啟蒙，抗戰勝利後就讀於公立學校，負笈江陵、武漢等地，執教於鄂西山區，迄今近七十年矣。回顧自身歷程，一言以蔽之：讀書、教書，別無他求，亦別無他術。年逾古稀，檢點平生文字，囑侄子謝葵代為董理，得舊文廿餘篇，付之梨棗，亦雁過留聲之意也。概而言之，文有三類：

　　一為明末農戰史研究系列。余於 1958 年分配到鄂西興山縣中學任教。興山與神農架毗鄰，「林深箐密，萬嶺插天」，乃明朝中葉荊襄流民棲身之地，亦為明清之際農民軍之最後根據地。余利用寒暑假日踏勘遺跡，尋訪故老，查閱史籍，考證明末農民戰爭結局之史實，撰寫《夔東十三家及其與南明王朝的聯繫》、《大順軍後期的傑出將領——李來亨》、《李自成餘部在興山抗清遺址初探》等論文，陸續在報刊發表，自成一說，相關論點得到方家認可，已被收入中國史學會主辦之《史學年鑒》和《史學情報》中。

　　二為王昭君研究系列。昭君出塞史事在民族史、文學史、民俗史上影響頗大。千百年來，皆以其籍貫為湖北秭歸縣，余考證昭君實係興山縣人。1979 年拙作《昭君村》在上海《文匯報》筆會專欄發表，此論甫出，即引起廣泛關注，至今已成定論，為學界所普遍採信。興山縣據此開發旅遊資源，重建昭君宅、昭君紀念館，原興山縣城高陽鎮現已更名為昭君鎮。而今昭君村已成興山勝景，海內外遊人接踵，旅遊收入為地方經濟貢獻良多，實堪欣慰。2007 年 8 月，余應內蒙古昭君文化研究會邀請，赴呼和浩特市參加昭君文化高層論壇，覽塞外風光，謁青塚（昭君墓），提交論文《王昭君生籍地望辨析》獲得金獎，可謂余七十生辰之意外喜訊。

　　三為宜昌史地研究系列，教學之餘，余愛讀稗官野史，摭拾宜昌地方掌故，對峽江歷史人物、事件以及地理沿革偶有一隅之得，略表一孔之見，不成體統，輯錄於此，實屬敝帚自珍。

　　余妻易先進女士，離別荊州魚米之鄉，隨余至貧瘠山區工作生活，育兒持家，節衣縮食，供余購置圖書。此書之中，亦有其大量心血。

　　史學泰斗陳寅恪先生曰：「默念平生固未嘗侮食自矜，曲學阿世，似可告慰友朋。」旨哉斯言，余亦深有同感焉。是為序。

庚寅孟冬於宜昌東山寓所

謝源遠　時年七十有四

作者與夫人易先進女士

目　次

夔東十三家始末

　　明朝崇禎八年（1635）農民軍由陝西進入河南時，出現了以高迎祥、張獻忠為首的十三家七十二營的稱號。以後農民軍常用十三家這一名稱作為各部總稱，如搖（姚）黃十三家、荊襄十三家、夔東十三家等。以下探討的是夔東十三家的形成、敗亡及其影響等問題。

　　夔東十三家名稱，始載於清初吳偉業（1609－1672）《綏寇紀略》，戴笠（1614－1682）《懷陵流寇始終錄》、彭孫貽（1615－1673）《流寇志》、毛奇齡（1623－1716）《後鑒錄》、費密（1623－1699）《荒書》、彭遵泗（1702－1758）《蜀碧》均有類似記載，唯所舉十三家成員各不相同。

　　《綏寇紀略》在諸書中成書最早，順治十一年（1654）談遷曾見過稿本，而此時夔東十三家活動頻繁。該書卷十《鹽亭誅》謂：

> 諸蜂起之魁，或稱四家，或稱十三家。袁韜、武大定後反正，次有天生城[1]之譚文、譚詣、譚弘，巫山之劉體純[2]，酆城（酆都）之胡明道，金城[3]之姚玉麟，施州衛（湖北恩施）之王光興，皆甚著；其王有進、呼九思、景果勒[4]、張顯、劉惟靈、白蛟龍、楊炳英[5]、李世傑等，莫可稽考，總所謂夔東十三家者也。袁宗

---

[1]　天生城位於重慶市萬州區周家壩，相傳蜀漢劉備伐吳時曾屯兵於此，故又稱天子城。宋淳祐三年（1243年）余玠任四川安撫制置使時，為抗禦蒙古軍而築此城，並遷萬州州治於此。

[2]　或作體淳、體仁，綽號二虎。

[3]　金城寨在重慶市梁平縣（梁平原名梁山縣，1952年因與山東省梁山縣同名，遂以境內有平壩而更名）。

[4]　《蜀碧》、道光《夔州府誌》作果勒，《懷陵流寇始終錄》、《灩澦囊》均作景可勒。

[5]　葉夢珠《續編綏寇紀略》作楊乘允，彭孫貽《流寇志》作楊秉胤。

第、賀珍[6]之徒，偕郝搖旗[7]、李本榮[8]、黨守素、李永（來）亨等，約結十三家，出入巴（湖北巴東）、渠（四川渠縣）、巫、施間，此所謂西山寇也。

戴笠《懷陵流寇始終錄》成書於 1670 年左右，《綏寇紀略》刻成後，吳偉業得見此書，嘆曰：「志寇事，自當以編年為正，恨得見此書晚耳」[9]。其書末尾有《甲申剩事》載：

闖賊遺黨袁宗悌（第）、賀珍合郝搖旗、李本營、黨守素、李永（來）亨等，以兵出巴、渠、施、巫、鄖（湖北鄖縣）、竹（湖北竹山），所謂夔東十三家也。而郝搖旗最著。天生城有譚文、譚詣、譚弘，巫山有劉體純，酆都有胡明道，金城有姚玉麟，施州衛有王光興，又有王有進、呼九思、景果勤、張顯、劉惟靈、白蛟龍、楊炳英、李世傑等，莫可稽考，總所謂夔東十三家也。

《流寇志》載：

夔門鄖襄十三家，若楊秉胤、袁宗第、賀珍、塔天寶[10]、劉體仁（純）等，各擁眾數千，於大昌（今巫山縣大昌鎮）、巫山寨中，占住鹽井。

《後鑒錄》載：

夔東十三家賊者，有所謂譚文、譚宏、劉體純、胡明道、王光興、袁韜、姚玉麟、白文龍、楊炳英、李世傑者，徒以全蜀剿絕，乘間竊發，仍仰藉二賊遊魂，或分或合，以極於敗亡。

所列十人，惟有劉體純原屬李自成部。毛奇齡曾撰《明史·流賊傳》，但《後鑒錄》對夔東十三家語焉不詳。

6　一作郝珍。
7　即郝堯奇、郝永忠。
8　或作李本營。《明史》、《南疆逸史》作李復榮。
9　潘耒《寇事編年》序。
10　一作笪天保。

《荒書》載：

> 李赤心、郝永忠、袁宗第、黃朝宣、張先璧、劉承胤、王進才、
> 董英、馬進忠、馬士秀、曹志建、王允成、盧鼎並于大海、李
> 占春、三譚等西山十三家者，李賊餘黨也。

費密將夔東十三家與搖黃十三家混淆，不足採信。《蜀碧》載：

> 諸賊或稱四家，或稱十三家。袁韜、武大定及夔州譚文、譚詣、
> 譚宏（弘），巫山劉體純，酆城胡明道，金城姚玉川（麟），施
> 州衛王光興，皆甚著；其王有進、景果勒、張顯、劉惟靈、白
> 蛟龍、楊炳英[11]、李世傑等，莫可稽考，總所謂夔東十三家賊也。

綜上所記，只有吳、戴二書對夔東十三家記載近實，大順軍餘部占七家，即：劉體純、郝搖旗、袁宗第、賀珍、李本營、黨守素和李來亨。

對夔東十三家名目及其活動情況敍述較為翔實的是溫睿臨的《南疆逸史·洪育鼇傳》。

> 十三家既封爵號：王光興荊國公，郝永忠益國公，劉體仁皖國
> 公，袁宗第清國公，李來亨臨國公，王友進寧國公，塔天寶宜
> 都侯，馬騰雲[12]陽城侯，郝（賀）珍岐侯，李復榮渭南侯，譚
> 宏新津侯，譚詣仁壽侯，譚文涪侯，黨守素興平侯。廷議監軍，
> 難其人。帝即擢育鼇右僉都御史，令監諸鎮，出駐湖南。及騰
> 蛟敗，滇、黔亦為孫可望所破，育鼇率十三家退入西山，據楚
> 夷陵、歸州、巴東、均州、蜀巫山、涪州等七州縣，屯田自守，
> 所謂西山之兵也。……壬寅，清總督李國英以七將軍分道討西
> 山。諸將不和，不相救援，大兵擒袁宗第、郝永忠殺之，黨守
> 素、馬騰雲、塔天寶、王光興等先後出降，李來亨、劉體仁縱
> 火自焚，諸軍皆潰。

---

[11] 葉夢珠《續編綏寇紀略》作楊乘允，彭孫貽《流寇志》作楊秉胤。
[12] 《明史》作馬雲翔。一作馬騰霄。

《南疆逸史》是在著名的明史專家萬斯同的建議和幫助下寫成的，其書「哀聚野史《綏寇紀略》等四十餘種」，寫作時，「明史列傳始脫稿，尚未訂正」[13]而《明史·文安之傳》載：

> 進諸將王光興、郝永忠、劉體仁、袁宗第、李來亨、王友進、塔天寶、馬雲翔、郝珍、李復榮、譚弘、譚詣、譚文、黨守素等公侯爵……即令（文）安之齎敕印行。

《明史》所載成員與排序均與《南疆逸史》同，雖未明確提及「夔東十三家」，但文安之自從「走川東，依劉體仁居」之後，便一直在川鄂邊活動，直到病逝，可知此處所記十四人中除王友進屬「姚黃十三家」外，其餘十三人當即「夔東十三家」。其中大順軍餘部九人：劉體純、郝搖旗、袁宗第、李來亨、黨守素、塔天寶（笪天保）、賀珍（郝珍）、李復榮、馬雲翔（馬騰雲）；川中舊將四人：王光興、譚文、譚詣、譚弘。

其後，乾隆《湖北通誌》、道光《夔州府誌》、同治《巴東縣誌》、光緒《荊州府誌》等地方誌均有類似表述。

《南疆逸史》所列的十三家主要成員，基本上有事蹟可考。他們在十七世紀五十年代至六十年代初期，的確在川東活動，並接受過南明永曆帝的封爵。

一、夔東十三家是清初活動在川鄂邊境的抗清武裝

夔東十三家又稱「夔門鄖襄十三家」[14]，所謂夔東，顧名思義即在夔州（今重慶市奉節縣）之東。廣而言之，其活動地域泛指川東鄂西，各路武裝「分據川、湖間」[15]，其駐地是相對固定的。李來亨駐

---

[13] 溫睿臨《南疆逸史》凡例。
[14] 見彭孫貽《流寇志》。
[15] 見《明史·文安之傳》。

興山縣七連坪、茅麓山等地[16]，劉體純、塔天寶分駐巴東縣陳家坡、平陽壩等地[17]，郝搖旗駐竹山、竹谿、南漳、保康一帶[18]，賀珍駐大寧縣（今巫溪縣）鹽廠[19]，譚詣據巫山，譚文據萬縣，譚宏據天字城[20]，王光興據施州衛[21]。他們有時「結連嘯聚」，聯合出擊，粗略統計，其活動範圍東到宜都、枝江，西至涪陵、長壽，南抵建始、恩施，北達竹山、鄖西，總計包括川東鄂西二十餘州縣，而大巴山、巫山、武當山、荊山四大山系正是分佈其間。由於這一帶在歷史上被稱為「楚之西塞」[22]，多為山區，所以泛稱「西山」。《南疆逸史》稱夔東十三家為「西山之兵」，費密在《荒書》中稱其為「西山十三家」，清朝統治者在奏疏、塘報、揭貼中屢稱其為「西山賊」或「西山巨寇」，這都是將當時的抗清武裝與其所在地域結合起來的稱謂。證明夔東十三家在川鄂邊活動的還有他們屯田的遺跡。

夔東十三家「眾猶數十萬」[23]，處於群山僻壤之中，饋餉是一嚴重問題，因此普遍採用了「屯田自給」的措施。如李來亨在興山「稍招居民與士卒雜處」，「屯耕山田，歲收麥粟草綿，供糧食衣履，亦私遣人市鹽鐵，荊西居民或與往來市販」[24]，賀珍「自漢中遁入川，屯耕大昌」[25]。這都是對抗清農民軍「屯田自守」的真實寫照。農民軍本著「嫗民」（愛民）的原則採用的自救措施，不僅在一定程度上解決了生活必需品、生產工具和武器的原料問題，而且開拓了貧瘠的山區，使群眾受益不少。史載：劉體純駐地巴東長豐「蔚然成一都會」[26]，

---

[16] 光緒《興山縣誌・兵事》。
[17] 同治《巴東縣誌・事變》。平陽壩位於湖北省巴東縣溪丘灣鄉，陳家坡在今巴東沿渡河鎮，距沿渡河東 4.6 公里。
[18] 同治《竹山縣誌・兵防》。
[19] 光緒《大寧縣誌・武事》。
[20] 《明史・樊一蘅傳》。天字城即天子城。
[21] 同治《建始縣誌・方輿》。
[22] 《水經注・江水》。
[23] 《明史・文安之傳》。
[24] 王夫之《永曆實錄・李來亨列傳》。
[25] 劉景伯《蜀龜鑒》。
[26] 陳詩《湖北舊聞錄》。長豐在今湖北巴東縣東北部。

川鄂邊區「百堵皆作，籍什一之賦而民租減，革鹽法之弊而課稅蠲」[27]。即使是清朝統治者也不得不承認「彼與百姓公買公賣，並不殺擄」[28]。這一帶的清代墓葬中發現的「永昌通寶」（李自成大順軍發行的製錢），正好是農民軍與百姓以錢購物「公買公賣」的見證。這充分說明在艱難的歲月里，在窮鄉僻壤之中，農民軍仍然採用了李自成的「平買平賣」的口號。因此，農民軍受到了群眾的擁戴，貧苦之民「大率甘為殷頑」[29]，「從『賊』如流」[30]。足見夔東十三家「課農練兵」的影響是較為深遠的。

二、夔東十三家是以李自成餘部為主體的抗清武裝

早在明朝末年，李自成、張獻忠、羅汝才等部就出沒於興、歸山中，沉重地打擊了當地封建勢力，在客觀上為農民軍後期在這一地帶活動掃清了障礙。李自成、張獻忠犧牲後，他們的餘部仍在此地「復乘機嘯聚」，「憧憧來往」[31]。南明弘光、隆武時期，大順軍餘部高一功（高必正）、李錦（一名李過，即李赤心）、劉體純、袁宗第、郝搖旗（一作郝堯奇，即郝永忠）等分別與南明將領何騰蛟、堵胤錫等聯合，大順軍改名「忠貞營」，被編入「十三鎮」之中。大順軍餘部同各階層抗清力量一道，轉戰湘、鄂、川、黔，「威名大振」[32]，在中南地區收復了許多失地，掀起了抗清高潮。1646 年，劉體純、袁宗第等統兵數萬，略夷陵，過荊門、郎西，渡漢江攻興安（今陝西安康）、漢中，為清軍所敗後，即南退夷陵、巴東，「依蜀東塞，據險而居」。此後，高一功、李錦

---

[27] 《夔州府誌・藝文》。
[28] 《清代檔案史料彙編》第六輯。
[29] 乾隆《歸州誌・人物表》。
[30] 光緒《興山縣誌・兵事》。
[31] 光緒《大寧縣誌・武事》。
[32] 溫睿臨《南疆逸史・何騰蛟傳》。

率「忠貞營」攻荊州未克,遭受重大挫折,「走夷陵,與體純、宗第合屯蜀東」[33]。這一期間,可謂李自成餘部在川鄂邊境活動的早期階段。

1648年,南明永曆帝派堵胤錫聯絡高一功、李錦由川東出兵,收復夷陵,高、李、袁、劉分道由巴、巫、興、歸山中「入蜀而遁於廣」[34],在湘、桂一帶轉戰數年。由於南明王朝中的部分官僚和左良玉舊部對農民軍極端仇恨,使其腹背受敵,「忠貞營」被迫北上。在此期間,李錦在廣西潯州病死。高一功率眾自慶遠入黔,被早已降清的土司擊殺。李來亨率殘部三萬餘人於永曆六年(1652)自黔東北轉入歸州、興山一帶,與先期到達的劉體純、袁宗第、郝搖旗等部互為犄角,「扼險據衡,觀釁而動」[35]。這一期間,可謂夔東十三家逐漸形成的時期。

夔東十三家是能征慣戰之師,清朝統治者視為心腹之患,言其「猖獗梗化」、「負固不降」,說是「恨不能梟其首以洩十餘年之公憤」。兵部的奏疏中也叫嚷「發大兵剿滅」他們[36],主張「如欲平天下,必先除此輩」[37],只是因為要集中力量對付西南戰事,還來不及對夔東十三家「迅發大兵,立為殄滅」。康熙元年(1662)清廷調集七將軍,出動王室勁旅,會合楚、蜀、秦三省綠旗兵會剿西山。盡管當時的鬥爭形勢對農民軍非常不利,李來亨、劉體純依然英勇奮戰,採取以守為攻的戰術,聯合七家之兵出擊巫山,迭獲勝利,使清「楚、蜀守將不能禦」。最後,終因寡不敵眾,郝搖旗、袁宗第在巫山黃草坪被捕犧牲。劉體純在巴東陳家坡天池寨被困自縊。康熙三年八月五日(1664年9月24日)李來亨在興山縣茅麓山以三萬之眾與二十餘萬清軍決戰,糧盡援絕後,全家自焚,壯烈犧牲。李自成餘部在川鄂邊境堅持長達十餘年之久的抗清鬥爭,至此告一段落。

夔東十三家其他部眾的情況如何呢?王光興早年參加過反明活動,崇禎年間降於明朝督師熊文燦,隨明朝地方官員死守鄖、襄一帶

---

[33] 王夫之《永曆實錄·高、李列傳》。
[34] 同治《宜昌府誌·兵防》。
[35] 溫睿臨《南疆逸史·洪育鼇傳》。
[36] 計六奇《明季南略·楚蜀會剿》。
[37] 《明清史料》丙編第六冊。

與李自成部為敵，後與明朝地方官員不和而聚眾嘩變。清軍入關後，王光興感到孤懸漢北，給養無所取，由均州經房縣、保康、巴東、建始入施州衛，蟄居戎角村（今恩施新塘鎮衙門村），依山自固，康熙三年（1664年）遣子入清營納款受降。「三譚」是原舊明官軍，一度流離轉徙於夔、萬、巴、巫等地。順治十六年（1659）譚宏、譚詣殺譚文降清，後來糾集雲陽水師和四萬「土兵」在巫山阻擊李來亨、劉體純等七家之兵，充當了清朝統治者的幫凶。在抗清鬥爭中，農民軍內部也有分化。如黨守素、塔天寶、馬騰雲等先後隨李自成、劉體純等轉戰南北，而在康熙三年降清。賀珍病死後，其子賀道寧也走上了同一道路。

可見夔東十三家組合複雜，步調並不一致。始終堅持抗清鬥爭的，只有李來亨、劉體純、郝搖旗、袁宗第四家。他們不愧為李自成大順軍的精華。《南疆逸史》指出，劉體純、李來亨敗亡以後，則「諸軍皆潰」。看來，夔東十三家是由於李自成餘部轉入川鄂邊區從事抗清鬥爭而形成，也是因為郝搖旗、袁宗第、劉體純、李來亨等的先後犧牲而解體。

三、夔東十三家與南明王朝確有聯系

1645年李自成犧牲後，大順軍餘部在高一功、李錦、李來亨、劉體純等領導下，分別與南明王朝的軍事將領堵胤錫、何騰蛟等聯合，大順軍改名為「忠貞」營，被編為十三鎮之路，「開鎮湖南、北」「威名大振」[38]在中南地區掀起了抗清高潮，收復了許多失地。後由於南明王朝中的部分官僚和左良玉舊部的極端仇視，使其腹背受敵，「芻糧難給」，「無所棲食」，他們才被迫轉入川東。有的先生認為，農民軍的這一舉動是「獨自開闢新的抗清根據地，擺脫了南明王朝的控制」[39]這一論斷似乎缺少依據。夔東十三家與南明王朝究竟有無聯系呢，回答是肯定的。

---

[38] 溫睿臨《南疆逸史‧何騰蛟傳》。
[39] 洪煥椿《清初農民軍的聯明抗清問題》（《歷史研究》1978年第五期）。

　　夔東十三家擁兵數十萬，雄峙川鄂邊境，實力頗為雄厚。處在風雨飄搖中的南明小朝廷既想控制它又想依附它。永曆帝朱由榔曾數次派遣官員到楚、蜀「監督聯絡」夔東十三家。茲列舉四人：

　　文安之，夷陵人（今湖北宜昌），天啟進士，永曆帝召為大學士，授「太子太保兼吏、兵二部尚書，總督川、湖軍務，賜劍，便宜從事」。他於永曆四年（1650）到川東，「依劉體仁（純）以居」。後永曆帝奔緬甸，文安之「感憤之極」，「鬱鬱而卒」[40]。

　　黃燦，夷陵人，與文安之同里，崇禎進士，任永曆朝翰林院編修，加兵科給事中，被派往荆西住王光興軍中，「總理其軍。文安之死後不久，黃燦亦病死軍中」[41]。

　　洪育鼇，福建晉江人，隆武時以諸生身份授衡州通判，復改知道州。後任永曆朝總督兵部右侍郎，在川東「鎮撫」十三家。康熙三年十月，在巫山被清軍擒殺[42]。

　　毛壽登，湖北公安人，曾任永曆朝僉都御史，後授兵部右侍郎職到川東「監督聯絡」十三家。他在大寧撰有《龍君廟碑記》[43]，在興山撰有《聖帝行宮之碑記》[44]，碑文中自署其職為，「欽命總督各路勳鎮恢剿兵馬兵部右侍郎」。康熙三年（1664年）降清[45]。

　　南明王朝還通過這些欽差大臣，對夔東十三家首領遙授封爵。前引《南疆逸史》所載爵號可以為證，其他資料也可資佐證。《湖北通誌·兵事》載，劉體純「僭號皖國公」，「笪天保宜都侯」，「（王）光興進號荆國公，（光）昌襄陽侯」；《竹山縣誌·兵防》載，郝搖旗「僭號益國公，私刻印符，設偽職」；《大寧縣誌·武事》載，賀珍「假故明封爵，稱岐侯」。今巴東長豐一帶仍有居民稱劉體純為「劉國公」。李來亨於永曆九年（1655）在興山縣白羊寨所立的「聖帝行宮之碑」，至今還在，其上有李來亨及其他部將的軍銜與職務，其中掛將軍印者十九人，總

---

[40] 《明史·文安之傳》。
[41] 王夫之《永曆實錄·李、文、方列傳》。
[42] 溫睿臨《南疆逸史·洪育鼇傳》。
[43] 道光《夔州府誌·藝文》。
[44] 光緒《興山縣誌·藝文》。
[45] 王先謙《東華錄》康熙七。

兵官二十一人,署興山縣事者一人,並能見到「臨國李公」稱謂。這都說明,夔東十三家無疑接受了南明王朝的封爵。從史實考察,永曆帝給夔東十三家遙授敕印也是不乏其說的。《東華錄》載,康熙二年五月,清湖廣提督董學禮向清廷奏稱:「提營各標將弁,共招撫西山餘黨洞寨一百四處,繳到偽敕印一百六十餘件。」同年十一月又奏:「偽國公王光興遣伊親子王世德同偽巡撫蔣尚膺齎繳敕印投誠」。《蜀龜鑒》載,賀珍之子賀道寧於康熙二年春「齎印至夔」降清。關於夔東十三家「遙稟正朔」之事,在地方誌和碑刻中也有記述。康熙《興山縣誌序》云:「興邑自崇禎以後則弘光繼統,未幾而隆武復立,僅二年有餘而永曆嗣位。……李賊(按指李來亨)獨立難支,遂歸順永曆,遙授以國公之職,所以常有本章啟奏。故興邑止有隆武、永曆約據,並無順治年號」。另據《歸州誌・人物表》載:「明季流寇之亂,歸州數陷於賊。明祚既終,而弘光、隆武、永曆相繼僭號」。此外在《大寧縣誌・武事》中還明確記載有賀珍「用永曆年」的事實。在「聖帝行宮之碑」上,亦刊有「時永曆九年歲在乙未季冬之吉」字樣。這都是夔東十三家及其所在地區「遙稟」永曆「正朔」的較為可信的資料。

　　通過上述事例,從而聯想到南明欽差大臣毛壽登在《聖帝行宮之碑記》中稱李來亨為「王師」,在《龍君廟碑記》中說賀珍部眾「出則以勤王滅虜為事」,足以表明,岌岌可危的南明朝廷雖然已退至西南邊陲,但不願放棄對夔東十三家的控制權;以李自成餘部為主體的抗清農民軍雖然已轉入夔之東鄙,但沒有完全中斷同南明王朝的聯繫。夔東十三家為什麼要同南明王朝保持聯繫呢?有先生指出,農民軍採取聯明抗清策略是為了有利於「爭取南明王朝團結在其影響下的抗清義軍」[46]筆者認為這一論點是較為合理的。我們知道,與夔東十三家並存的抗清力量,在西南還有李定國、劉文秀等領導的大西軍餘部,在東南沿海還有鄭成功、張煌言等領導的抗清義軍。這三路抗清武裝都是在聯明或擁明的旗幟下從事抗清活動的,由於大方向基

---

[46] 林鐵鈞《清初的抗清鬥爭和農民軍的聯明抗清策略》(《歷史研究》1978年第十二期)。

本上一致，因而彼此之間有取得聯繫的要求。以下事實，可以證實這一點。

　　1658 年，經明朝降將洪承疇、吳三桂的聯合請求，清廷對西南發動了大規模的進攻，兵分三路攻雲南。這時永曆帝陷於困境。大西軍將領劉文秀臨死時向永曆帝上表說：「臣死之後，若有倉猝，請駕幸蜀……以十三家之兵，出營陝、洛，庶幾轉敗為功也」[47]。次年，為了解脫西南之圍，夔東十三家曾在南明監軍文安之率領下，以十六營的兵力由水道襲重慶，威震楚、蜀。這是夔東十三家聯合發動的一次規模較大的軍事行動，在一定程度上牽制了楚、蜀清軍的南下，減輕了清軍對西南大西軍餘部的威脅。同年五月，鄭成功、張煌言在舟山海面會師，率十七萬義師由崇明進入長江口，直趨南京城下，使清朝統治者首尾難顧。1659 年，中南、東南地區的兩路抗清武裝遙相聲援，主動出擊，都是在藉以挽回西南戰局的前提下進行的，使清朝統治者受到了沉重的打擊。

　　十七世紀六十年代，抗清鬥爭轉入低潮時期。1661 年，鄭成功屯臺灣，無暇解救南明王朝的危亡。在永曆帝奔緬甸、就俘之前的急迫情勢下，處在浙東的張煌言還沒有忘懷夔東十三家。他派人持帛書入鄂西北山區「欲說十三家之軍（兵），使之撓楚以救滇」[48]。但這時的夔東十三家因為缺乏堅強的領導核心，「各自雄長，不相統屬」，在強大敵人的圍攻之下連連失利，陷於「鬥絕」之地，已經分崩離析，再也不能為南明王朝負弩前驅去報答「國恩」了。

　　康熙三年（1664）八月，「來亨敗沒，中原無寸土一民為明者」[49]這是王夫之懷著沉痛的心情對中南地區大規模抗清活動宣告終止的記述，也是對夔東十三家始終堅持聯明抗清策略的肯定答覆。

（原刊《江漢論壇》1980 年第四期，
原題為《夔東十三家及其與南明王朝的關係》，2005 年修改）

---

[47] 徐鼒《小腆紀傳·劉文秀傳》。
[48] 全祖望《張蒼水墓誌銘》。
[49] 王夫之《永曆實錄·李來亨列傳》。

李自成餘部在興山抗清遺址初探
——兼及夔東十三家活動地域

　　順治、康熙年間，李來亨領導的李自成餘部，以鄂西山區的興山縣為根據地，堅持了十餘年的抗清鬥爭。農民軍的遺址、遺跡和遺物，在興山縣境內留存甚多，「小李王」（當地群眾對李來亨的稱呼）的事蹟，在群眾中廣為流傳。但是，古今文獻對其活動地域，眾說紛紜。為了辯明真相，據我實地調查，並參照有關資料，試作如下探討。

一、七連坪——李來亨「帥府」遺址

　　據王夫之《永曆實錄・李來亨列傳》記載，李來亨於南明永曆六年（清順治九年，即 1652 年）由貴州經湘西入巴東、巫山間，進駐「萬嶺插天」的九蓮坪，「大起營舍，建帥府其上」。近人謝國楨在其專著《南明史略》（上海人民出版社 1957 年版）中大體上採用此說，認為李來亨據守在巴東「茅麓山中九蓮坪」。遼寧人民出版社 1980 年

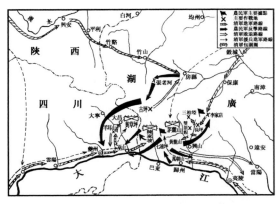

李自成餘部在川鄂邊境抗清形勢圖

出版的《清史簡編》亦從王夫之說，指出李來亨選擇了巴東縣群山當中的一塊名為「九蓮坪」的小平原，闢為大本營。考鄂西山區並無名為「九蓮坪」的小平原，而在其他歷史文獻中，則能多處見到李來亨進駐七連坪的記載。

順治九年十一月二十八日，洪承疇《陳兩湖情形並議分駐剿禦事題本》云：

> 「有一隻虎（按：李錦）養子小李（按：李來亨）、馬蹶子（按：馬騰雲）、黨守素、李世威等諸賊，住七連坪等處。」[1]

投降滿清的洪承疇當時為清廷經略湖廣、江西等處，總督軍務兼理糧餉，曾經多次向其主子獻媚，呈送「會剿」抗清農民軍的方略，對清朝統治者視為心腹之患的「巨寇」李來亨的駐地七連坪，決不會茫無所知。我們再從當時的軍事地理形勢來瞭解七連坪的方位。康熙二年四月，清湖廣總督張長庚奏疏云：

> 「楚兵自出師以來，於本年正月初五日李家店一戰，即獲全勝。今臣由省赴夷陵巡視，於正月十六、十七兩日，途次接到塘報言：巨寇李來亨、馬騰霄（雲）、黨守素自敗回老巢之後，即以多賊把守兩關，一名雙龍觀，一名三白亞（三步埡），最為險惡，以為天塹不拔之處長坪地方屯紮。於初九、初十迎鋒交戰，又大獲全勝，當陣生擒及殺死偽總兵、副將、參、遊、都守與賊兵甚多，已將兩關攻奪。惟逆賊李來亨敗遁，逃回七連坪老巢」[2]。

張長庚仰承「欽命」，直接參與圍攻李自成餘部的「西山之役」，毀過七連坪「老巢」，所記地名自然是準確無誤的。蔣良騏《東華錄》卷九，對張長庚所稱的李家店、長坪之戰亦有較為詳細的記載。說清軍「鑿山開道」，在李家店擒農民軍將領宋段，農民軍「焚巢遁」，繼

---

[1]　《清代檔案史料叢編》第六輯第 186 頁。
[2]　計六奇《明季南略》卷十八「楚師全勝」。

後清軍又「破李來亨於長坪」，派遣「別將恢復歸州、巴東、巫山等處」。這些材料錄自圍攻農民軍的清湖廣提督董學禮塘報，對張長庚奏疏有所補充，從中可以得知清軍的行進路線是先占李家店、雙龍觀、三白埡（今名三柏埡，或作三步埡）、長坪等地，然後與李來亨部在七連坪對峙。據此可以斷定七連坪不屬於歸州、巴東或巫山管轄。查閱光緒《興山縣誌》，上述地名可以在興山縣境內一一找到。該志《疆域表》載，李家店位於縣西北六十五里，「康熙二年，提督董學禮擒斬偽總兵宋段處」。今興山縣榛子鄉李家店附近，還有教場壩、戰坑埡等地名，寨堡遺址尚存，顯然與當年農民軍在此屯兵禦敵是不無聯繫的。《疆域表》又載，長坪「為康熙二年提督董學禮破賊李來亨處」。長坪有上、下長坪之分，與百城山互為掎角，農民軍在此設有四十八卡」。百城山上原有一座關廟（今名「老關廟」），「李來亨嘗據此」，現存數十級石階梯，群眾稱為「天梯」。

老鴰崖天險

白羊寨北山口

　　長坪、百城等地仍然能夠見到石寨殘垣，依山傍險，連綿數里。雙龍觀、三柏埡為興山縣南陽鎮所屬，《興山縣誌•山誌》記述甚詳，茲不贅錄。下面再著重瞭解七連坪的方位。

同治《宜昌府誌・藝文・茅麓山記》云：「李來亨至興山縣七連坪，據險結眾一十二年」。光緒《興山縣誌・山誌》亦稱：「七連坪山，即《一統志》所稱七里坪也，為茅麓山門戶。李來亨據茅麓山時，壘石為門於此。賊平後號曰『得勝門』，遺址猶存。」

這兩種地方誌都明確指出了七連坪位於興山縣境內，並且具體記述了李來亨在此駐留的時間。通過實地考察，得知七連坪即今興山縣西北四十餘里的南陽鎮七連坪村，位於白羊山東北坡，距白羊山頂端之白羊寨約七里。白羊山又名百羊山，被茅麓山、黃龍山、萬朝山所環抱。白羊寨是一片長約十餘里、寬約十里的山衝，「內平外險」，易守難攻，為明末農民軍經常活動之處。崇禎十三年（1640 年），張獻忠在此同羅汝才會合，「與山民市鹽芻米酪，收潰散自保」[3]。康熙《興山縣誌・兵事》載：「永曆七年，李來亨等率眾至興山，盤踞縣境。永曆九年，負嵎縣西白羊寨。」由於農民軍在這一帶有一定的群眾基礎，因而李來亨選定這裡安營紮寨。

李來亨在白羊寨正中築有大寨，當地群眾稱為「王殿」，也許是王夫之所稱的「帥府」。今白羊寨供銷合作社就建立在李來亨大寨的基礎上，十餘年前在這裡挖出許多長丈餘、寬數尺的基石。大寨附近現在還留存著「城門埡」、「東門檻」等遺跡。白羊寨內還有「演武廳」、「鳳舞營」、「跑馬場」、「鐵爐溝」、「火藥局」、「碓窩子灣」、「磨坊嶺」、「墟場」等小地名，皆因農民軍在此練兵習武、鑄造武器、焙制火藥、加工糧食、與居民市易而得名。1975 年秋季，當地農民修涵洞時，曾出土鐵彈丸、鐵鏵、鐵砧、箭鏃馬鐵等器物，以及李自成大順政權發行的製錢「永昌通寶」，這些實物與當年農民軍在

彈丸

[3] 見夏燮《明通鑒》卷八十七。

箭鏃與彈丸

白羊寨炮臺遺跡

此「屯田自給」、「平買平賣」是有著密切的內在聯繫的。農民軍在七連坪、白羊寨堅持抗清鬥爭的確證，還有迄今猶存的「聖帝行宮之碑」（又名白羊寨關廟碑）和炮臺。「聖帝行宮之碑」是以李來亨的名義於永曆九年（1655 年）建立的，碑文對農民軍「聯明抗清」做了歷史記錄，它是後人總結這段歷史的經驗教訓的實錄證據[4]。農民軍炮臺築在白羊寨東南山口左側，用以封鎖上山通道，居高臨下，地勢十分險要。1949 年後，興山縣文化部門對李來亨在七連坪一帶從事抗清活動的重要遺跡，採取了保護措施，以此作為教育後代的教材。

在此需要附帶說明的是，戴逸主編的《簡明清史》第一冊（人民出版社 1982年版）中，有「李來亨在房縣七里坪大敗清軍」一說，與上述資料有較大的出入。誠然七連坪又名七里坪，但它不屬房縣管轄。儘管筆者接觸的歷史文獻有限，但在未見明文之前，對七連（里）坪房縣說不敢苟同。

4　詳見拙文《李來亨聖帝行宮之碑校勘記》（《江漢考古》1983 年第 8 期）。

二、茅麓山———李來亨敗亡地

　　茅麓山（又作茅蘆山，或作茅廬山）是李自成餘部敗亡地。康熙三年（1664年）八月，李來亨以三萬之眾同二十餘萬清軍決戰，糧盡援絕，寡不敵眾，全軍覆沒，壯烈犧牲於此。至此，李自成餘部長達二十年之久的抗清鬥爭告一段落，清朝統治者的武力完全控制了全國大陸。直到嘉慶年間，京師官僚們仍將辦事艱難比喻為「又上茅麓山耶」[5]。足見這次戰役是十分激烈的。關於茅麓山的地理位置，迄無定論，歸納起來大體上有三種說法，即鄖陽說、巴東說和興山說。

　　昭槤在《嘯亭雜錄》中說：「茅麓山在鄖陽界，毗連三省，廣數千里。明末時流寇餘黨郝搖旗等竄入其中。」這大概是茅麓山鄖陽說的出處。《嘯亭雜錄》成書於嘉慶時期，距茅麓山之戰的時間較遠，它對清初政事雖然有所記述，但取材多憑傳聞，失誤之處在所難免。鄖陽府置於明成化年間，轄鄖、房、竹山、竹谿、上津和鄖西七縣[6]，清時管轄範圍無多大變動。該府疆界無論縱橫，均不過千里之遙，豈能容得下「廣袤千里」的山嶽？即或以總面積而論能達此數，那麼昭槤或許將鄂西山區籠統稱為茅麓山，而不知茅麓山僅是一山之名，考古今地理沿革，川、鄂、秦、

茅麓山極頂

5　昭槤《嘯亭雜錄‧茅麓山》。
6　《明史‧地理志》。

豫毗連地區，並無延袤千里的山脈名曰茅麓山的記載。再者，茅麓山分明是清初李來亨的抗清據點，而《嘯亭雜錄》則稱明末時郝搖旗等「竄入其中」。總之，昭槤對這一歷史事件的人物、時間、地點的概念都十分模糊，因而考察茅麓山的方位不能以《嘯亭雜錄》為可靠依據。

茅麓山巴東說，見謝國楨《南明史略》：「李來亨，據守巴東的茅麓山險要之區，出而與清兵作戰。」此處所謂巴東，是指大巴山系之東，還是指今巴東縣，書中未具體言明。倘係前者則無可非議，若指的是後者則有更正之必要。《南明史略》注明茅麓山巴東說的史料出自《永曆實錄·李來亨列傳》，並且參看了乾隆時張允炘修的《湖北通誌》「武備」六「兵事記」。通檢張允炘《湖北通誌》，並無茅麓山位於巴東之說。其實王夫之在《永曆實錄》中根本沒有提及茅麓山一語，原文是：

> 「餘軍推李來亨為帥，繇（由）黔走施州衛，遂至巴東之西山屯焉[7]。」
> 「永曆六年，來亨間關亦至，遂與（王）光興連寨相犄角。巴、巫之間，萬嶺插天，中有僻壤曰九蓮坪，來亨據之。」[8]

王夫之曾任過永曆朝廷行人司行人，後來隱居湖南衡山專事著述。他對永曆朝前期的情況比較熟悉，但對川、鄂邊境農民軍抗清事蹟則瞭解不詳，實因受到客觀條件限制所致。在兵荒馬亂的歲月過著流浪生涯的王夫之，不可能到鄂西作實地調查，也不可直接見到官方的塘報和揭帖，他在《永曆實錄》中連李來亨的犧牲地茅麓山也未曾敘及，那麼將七連坪誤作九蓮坪就不足為奇了。據前文考訂，九蓮坪應作七連坪，而七連坪又是茅麓山的「門戶」，可見謝國楨先生的「茅麓山中九蓮坪」的提法是不能成立的。茅麓山究竟是一座山的名稱，還是對大片山區的泛稱，我們可以從親歷茅麓山戰役的清四川提督鄭蛟麟的軍事諮文中找到答案：

---

[7]　《永曆實錄》卷十三《高、李列傳》。
[8]　《永曆實錄》卷十五《李來亨列傳》。

> 「卑職等公議查得，所守汛地茅麓山，比自山頂起，南至溝底橋止，接湖廣金總兵汛地，盡係深溝峻嶺，崎嶇異常。」[9]

這裡交待了茅麓山南坡的形勢及清軍在此佈防的大致情況，其中所謂「溝底橋」，即今茅麓山南麓紙場河的單拱石橋（建於明代）。茅麓山當時只是部分清軍的汛地，說明它僅是一座山，決不是大片山區。如前所述，茅麓山既然不在鄖陽、巴東境內，它究竟位於何處呢？下面列舉的材料回答了這個問題。

> 「茅蘆山，在興山縣西北七十里，巖壁陡峻，山勢最險。」[10]
> 「永曆七年，李來亨等率眾至興山，盤據縣境……（康熙）三年秋八月，來亨擁眾茅麓山，列寨拒守，最為險峻。」[11]
> 「黃龍山，官軍據以破李來亨處，瀕蘿葡河，與茅麓山對峙。官軍轟炮以擊李來亨於此，至今土人往往於山中拾得炮子。」[12]。

記載茅麓山位於興山縣境內的文獻甚多，如果說以上答案還未指明它的絕對方位，我們再來看雍正八年（1730年）興山知縣潘內召撰寫的《茅麓山記》：

> 「興邑西北七十里曰茅麓山，係逆賊李來亨盤踞之所。……余抵任後，單騎親勘，附葛捫藤，攀援而上。至頂，詳勘李賊營寨。約長三里，闊里餘。傍有山泉可汲。山高十里餘，四周長約七八十里，橫嶺懸崖，窄不容履。山後深林疊嶂，人煙阻絕，近連巴東，遠接四川界，峰巒簇簇，無路可行，此西南形勢也。至東北接壞房（縣）、保（康），與西南等。」[13]

9　見《清代檔案史料叢編》第六輯。
10　見嘉慶重修《大清一統志》卷三百五十。
11　光緒《興山縣誌》卷十六「兵事誌」轉引自康熙舊志。
12　光緒《興山縣誌》卷八「山誌」。
13　同治《宜昌府誌》卷十四「藝文」。

　　潘內召在李來亨敗亡六十六年後親往茅麓山作過一番「詳勘」，對茅麓山的方位、地形、毗連地域以及李來亨營寨遺址記述較為完備，實屬茅麓山興山說的可靠依據。近年來，湖北省、宜昌市、興山縣文物主管部門到茅麓山極頂李來亨大寨遺址，做過數次實地調查，發現了刀、矛、鏃、土炮、鐵彈丸等器物，經研究認為是清初茅麓山之戰的實物。這一帶還留存著當時農民軍用巨石壘成的寨牆遺跡，群眾稱為「大寨子」和「小寨子」。農民軍在山腰間掘的數眼水井（今名「燕窩池」）迄今仍可使用。群眾中還流傳著「小李王」炮轟清軍的故事以及「茅麓山打黃龍山（清軍駐地），炮子飛過火焰山」的民謠。總之，從文字資料和實物資料來看，茅麓山位於興山縣境內是確有證據、符合歷史事實的。

三、西山——夔東十三家的活動地域

　　清代順、康年間，在川、鄂邊境的各路抗清武裝，史家通常稱之為夔東十三家，清朝統治者則誣稱「西山寇」。「西山」位於何處？王夫之有「巴東之西山」一說，光緒《興山縣誌‧兵事》則有茅麓山即西山說，其說甚悖，不合事理。關於「西山」的範圍，拙文《夔東十三家及其興南明王朝的聯繫》[14]中曾約略提及，有人提出異議，想在此作一補充說明。因為它涉及到夔東十三家的活動地域問題，確有進一步辨明之必要。

> 《清聖祖實錄》卷八載：「（康熙）三年八月己卯，湖廣總督張長庚疏報：靖西將軍都統穆里瑪、定西將軍圖海等，率禁旅與三省綠營兵合剿西山巨寇。郝搖旗、劉汝魁等業經授首，獨李來亨擁眾茅麓山，最為險峻。」光緒《荊州府誌‧兵事》云：「西山賊李來亨、劉二虎等自廣遁歸、興山（中）……而興山之茅蘆山其穴也，故總謂之西山賊云」。

---

[14]　載《江漢論壇》1980 年第 4 期。

這裡將西山與茅麓山決然分開了，並未提到茅麓山即西山的別名，因此不能將二者混為一談。上文所稱的「西山巨寇」、「西山賊」分明是對川、鄂邊境各路抗清武裝的總稱，而不是對李來亨一軍的稱謂。《清聖祖實錄》中所謂「靖西」、「定西」之「西」，無非指的是「西山」。

要瞭解「西山」方位，還得從所謂「西山寇」說起。乾隆《湖北通誌・武備》對此立有專條：「李來亨與陝人劉體純等由粵西入楚。……其黨郝堯奇（搖旗）、袁宗第、筮（塔）天保、馬騰雲、黨守素、何天寵、牛萬才、賀珍、王進才等，各自雄長，不相統屬，號十三家，出入巴、渠、夔間，而興山之茅麓山為其穴也，時人呼之西山寇」。「西山寇」又被稱為「西山諸寇」[15]、「西山之兵」[16]、「西山十三家」[17]，還有一些文獻稱其為「十六營」[18]。為了區別 1635 年農民軍滎陽大會時的十三家七十二營，史家習慣稱清初川、鄂邊境的各路抗清武裝為夔東十三家（從毛奇齡《後鑒錄》說）。

夔東十三家組合複雜，其中有的是李自成餘部，有的是舊明官軍，有的是地方割據勢力，總計人數多達數十萬[19]。這個「各自雄長，不相統屬」的龐雜陣營，決不可能以方圓不過百里「人煙阻絕」的茅麓山為其「巢穴」。《清史列傳・圖海傳》云「惟李來亨擁眾據茅麓山，恃險負固」，可知以茅麓山為據點的只是李來亨一軍，而不是所有的「西山諸寇」。《興山縣誌》稱興山縣境內的白羊山、黃龍山、萬朝山、鮑家山、白旗山等地都是李來亨部眾「分據處」，可以想見即使為數僅有三萬的李來亨部，在興山境內也不是僅據茅麓山一隅。

其實，夔東十三家活動的範圍是十分廣闊的。《明史・文安之傳》說李自成餘部轉入川東後「分據川、湖間」，說明各路抗清武裝不是據守於一山、一地。《南疆逸史・洪育鼇傳》記述較為詳細，它指出了西

---

[15] 《湖北通誌・武備》「王光興之叛」條。
[16] 溫睿臨《南疆逸史・洪育鼇傳》。
[17] 費密《荒書》。
[18] 《明史・文安之傳》，徐鼒《小腆紀傳・呂大器、文安之傳》。
[19] 《明史・文安之傳》。

山的大致範圍：「十三家退入西山，據楚夷陵、歸州、巴東、均州，蜀巫山、涪州等七州縣。屯田自守，所謂西山之兵也」。這裡所說的西山包括川、鄂邊境的「七州縣」，比王夫之所說的「巴東之西山」廣闊得多。但是，夔東十三家分據的區域卻大大超出了「七州縣」的範圍，以下資料說明了這一問題。

> 「時川、湖中如房、竹、歸、巴、大昌、大寧，則有塔天寶、郝搖旗、李來亨、袁宗第、黨守素、賀珍，施州衛則有王光興，長壽縣則有劉體純、譚詣、譚宏、譚文、向希堯，達東則有楊乘允（秉胤）、徐邦定等。結連嘯聚，俱未歸命」[20]。

> 「時（譚）宏、（譚）詣據巫山，袁（宗第）、劉（體純）、郝（搖旗）據忠、萬，來亨與結，盤踞夔、巫間」[21]。

> 「夔門郿裏十三家，若楊秉胤、袁宗第、賀珍、塔天寶、劉體仁（純）等，各擁眾數千，於大昌、巫山寨中，占住鹽井，……梁山縣（今梁平）水筒梁村等處，無非盜賊盤據。郿裏之賊莫強於郝永忠，駐房縣西邊羊角寨，精兵數萬，遍築木城，擁以土石，大於郡城二倍，連互竹谿、竹山、南漳、保康。」[22]

> 「時巴東大江以北屬（劉）體純、（塔）天保、大江以南屬王光興兄弟，清江以南屬容美土司田甘霖」[23]。

以上數條材料對於夔東十三家分據之處的記載雖不盡同，但可大略看出其活動地域以及各部轉移前後相對穩定的駐處。活動範圍東到宜都、枝江，西至涪陵、長壽，南抵建始、恩施，北達竹山、鄖西，總計包括川東鄂西二十餘縣，而大巴山、巫山、武當山、荊山四大山

---

[20] 葉夢珠《續編綏寇紀略》卷四。
[21] 劉景伯《蜀龜鑒》卷五。
[22] 彭孫貽《流寇志》卷十四。
[23] 同治《巴東縣誌》卷十四「寇亂」。

系正是分佈其間。由於這一地帶在歷史上被稱為「楚之西塞」[24]，多為山區，所以被稱為「西山」。

綜上所述，得出的結論是：李來亨的「帥府」設在興山縣的七連坪而不是巴東的九蓮坪；茅麓山位於興山縣境內；茅麓山包括在「西山」之中而不是「西山」的別名，「西山」是清初人們對川、鄂邊境廣大山區的泛稱。

1984 年元月稿於興山縣

（原載《江漢考古》1986 年第一期）

---

[24] 《水經注》卷三十四「江水」。

李自成餘部敗亡川鄂邊

清康熙元年（1662）四月，明永曆帝朱由榔被吳三桂絞殺於昆明，南明政權滅亡。清政府於是得以騰出手來，集中精力對付「腹心之患」——在川鄂邊境堅持反清鬥爭的李自成農民起義軍餘部。經過認真籌畫和準備，清軍於七月對李自成農民起義軍餘部，即李來亨（原大順軍後營制將軍李過的義子）、劉體純（原大順軍右營右果毅將軍）、袁宗第（原大順軍前營制將軍）、黨守素（原大順軍帥標副威武將軍）、郝搖旗（原大順軍大旗手）、塔天寶和馬騰雲等部進行大規模的「會剿」。

一

清廷令四川總督李國英經略西山（川、鄂邊境，古稱「楚之西塞」，因系山區，故名西山），督師「剿辦」。並批准其擬定的三路「會剿」方案：「以荊州、宜昌兵剿遠安、興山、巴東之賊，以興安、鄖陽兵剿房縣、竹山之賊，其夔州、建始、巫山、大寧（今巫溪）、大昌（今巫山縣大昌鎮）之賊，專以四處兵剿之。……會三省師期同進，又分兵於大昌、大寧，截遏奔逸。」[1] 遵照這一方案，李國英、陝西總督白如梅、湖廣總督張長庚遂調集三省之兵十餘萬人，運糧丁夫二十餘萬人，分道併入川鄂邊境，欲使農民軍三路受敵，然後一舉蕩平。

重兵壓境，李自成餘部奮起應戰。他們商定：採取分兵拒敵，相互策應的策略，捕捉有利戰機打擊敵人。其具體部署是：劉體純由巴

---

[1] 《清史稿·列傳》卷七十八《李國英傳》。

東長豐進駐巫山老木孔（峐），與守衛大寧、大昌的袁宗第一起阻擊李國英的四川兵；郝搖旗屯房縣、保康，馬騰雲、塔天寶扼竹山、竹谿，抵禦清秦豫兵；李來亨據守峽江一帶的歸州（今湖北秭歸）、興山，與清湖廣兵對壘[2]。在綿亙數百里的戰線上，農民軍嚴陣以待，決心給來犯之敵以迎頭痛擊。

康熙二年（1663）正月，李國英率西路軍（四川兵）由雲陽、萬縣順流而下，控制夔州（今四川奉節）、巫山，「伐山開徑」，奪取了大昌西南五十里的羊耳山，屯兵七里壩。袁宗第部農民軍退守茶園坪，與清軍相持四個月。五月十五日，劉體純、袁宗第兩部精心部署策劃，出敵不意冒雨夜襲清營，農民軍喊聲震天，銳不可擋。清軍猝不及防，來不及抵抗就敗退至巫山城中。農民軍獲得了反「會剿」首次戰鬥的勝利。

七月初，李來亨、劉體純、郝搖旗、袁宗第等為了打通入川要道，潛師西向，集結七部之兵於巫山城下。爾後，搶修工事，迅速築起土城，於八月二十四日對巫山李國英部發起強大攻勢。農民軍披堅執銳，架設雲梯「晝夜環攻」，雖糧道一度被清軍斷絕，「猶無退志」，「挖地道攻城如故」[3]。李國英對農民軍的強大攻勢畏懼不已，龜縮城中，身不解甲，一再向清廷告急，乞求迅發大兵增援，以保全危城。

在北部戰場上，郝搖旗以萬餘義軍與清陝西提督兼秦豫總帥王一正所率的北路軍、清興安總兵于奮起部、河北鎮總兵鮑敬部於橫水、陳家鋪、赤土坡等地鏖戰。三月二十日，郝搖旗部在張老河戰鬥中失利，部將白良甫戰死。遂放棄武當山根據地，南退至房縣、保康交界處的古坪、屏風寨深箐中。這一帶接近劉體純的駐地，山勢險峻，寨堡密佈。清軍有所憚畏，哀歎「萬難遍行搜毀」。不久雨季到來，霪雨經月不止，清軍士卒「腳腿浸淖」，「足無完膚」，時染疫者十之四五，同時糧運中斷，「困苦乞哀之聲接踵而至」[4]。當時，農民軍未能洞察敵情，抓住有利時機迅速組織力量，實施反擊。

2　乾隆《湖北通誌‧兵事》。
3　光緒《巫山縣誌‧武功》。
4　計六奇《明季南略‧房保蕩平》。

　　在東部戰場上，正月初五日，李來亨部將宋段發炮拒敵，進攻興山縣李家店張長庚所率的東路軍，殺傷大批清軍，擊斃清軍前營游擊王進忠。在激戰中，宋段被俘犧牲，李家店失守。後余刺波（今余土坡）、界牌埡、黃連坪（今黃糧坪）、長坪、三白埡（今三柏埡）和雙龍觀等要隘相繼落入清軍之手。三月，張長庚屯兵於萬朝山下，與堅守七連坪的李來亨部對峙。

　　六月底，李來亨乘「秋雨積旬，道路沮洳」，清軍「衣甲盡濕」、「士有懈心」[5]之機，率農民軍翻越陡峭的萬朝山，向清軍發動突襲，農民軍個個奮勇當先，勇敢殺敵，清軍大潰。萬朝山襲擊戰，農民軍取得了殲敵萬餘人的戰果。清前營守備張所蘊、荊州鎮游擊張應坤、荊州中營參將武君相、襄陽鎮將趙星照、千總李三畏、把總孫繼綱等二百餘名文武官員均在此役中斃命；張長庚率殘部敗退四百餘里，「走保夷陵」[6]，消息傳出，一時間楚蜀為之震動。

<h2 style="text-align:center">二</h2>

　　清朝統治者傾三省之兵，為期大半年的「會剿」，結果兩路受阻，一路潰敗，十萬大軍被困於巴、巫重山之中。清廷接到各路求援文告，大為震驚。無奈，於康熙二年（1663）八月作出增援決定：命都統穆里瑪為靖西將軍，都統圖海為定西將軍，同都統輔國公宗室穆琛、護軍統領孫達里、都統覺羅巴爾布、統領科爾崑，統率大兵，前往征剿，並派西安將軍傅喀蟬、副都統杜敏、提督鄭蛟麟以及吳三桂部屬重慶鎮總兵陳廷俊、遵義鎮標中軍副將陳福等「協同征剿」。連同原有的三路清軍，兵力總計不下三十萬人，援軍中多數為久經征戰的綠營兵。靖西將軍穆里瑪是權臣鼇拜的胞弟，所部為「王室禁旅」，頗有戰鬥力。這次增兵「會剿」的聲勢和規模之大，是清軍入關以來罕有的。

5　光緒《興山縣誌》卷十九《芳麓山記》。
6　《永曆實錄‧李來亨列傳》。

　　十一月二十九日，陝西援兵越秦嶺過古棧道入蜀，再改由水道急下夔、巫，至巫山與李國英部會合，氣焰大張。圍城的李來亨等部農民軍受到內外夾擊，死傷七千餘人，被迫撤退。十二月十八日，清川、陝聯軍在巫山「誓師」，經鐵剎山、秦羅坪直撲巴東縣北岸，逼近劉體純的長豐大營。

　　面對來勢洶洶的清軍，劉體純部避之不及，雙方在陳家坡遭遇，農民軍雖奮勇禦敵，但終因後勤保障不力，損失慘重。此役劉體純部傷亡過半，劉體純於是下令焚毀大營，初步打算東走興山，向李來亨部靠近。但未及轉移，即於十二月二十二日，在陳家坡天池寨遭清軍杜敏部包圍。劉體純率殘部「倚崎山險，排列營陣，層層扼拒」[7]，與敵展開了激烈搏鬥，打死打傷大量清兵。後因寡不敵眾，天池寨被攻破。劉體純見大勢已去，令妻妾自殺，他在勒死其女後用弓弦自縊身亡。

　　與此同時，郝搖旗、袁宗第得知劉體純部遭清軍重創，遂在大昌、大寧流動作戰，欲尋機解劉體純之圍，不料在白玉坪遭到清軍截擊，傷亡甚多。後轉移至巫山縣黃草坪，又陷入清軍梁加琦、巴達世部的伏擊圈中，郝、袁二將雖率親丁「各執利刃，抵死交鋒」，「連紮四個營盤，蜂擁齊來迎戰」[8]，但在清軍的重重包圍之下，農民軍終未能突出重圍。二十六日，郝搖旗、袁宗第被俘，英勇犧牲。

　　劉體純、郝搖旗和袁宗第三員老將的犧牲是川、鄂邊境抗清農

李來亨領導的農民軍在百城築的寨門遺跡

7　《李勤襄公撫督秦蜀奏議》卷二十三。
8　《李勤襄公撫督秦蜀奏議》卷二十二。

民軍反「會剿」鬥爭的重大損失。此後，農民軍轉入守勢，主要依憑山險與清軍周旋，堅持鬥爭。

在川、陝聯軍進攻巫山、巴東的同時，穆里瑪、圖海率領的「王室禁旅」抵達歸州、興山地界，向李來亨防地七連坪附近的南陽河河谷推進。七連坪位於興山縣城西北四十五里，係茅麓山門戶。地勢險要、易守難攻。大敵當前，李來亨率部積極進行戰前準備：倚山傍險壘巨石為城垣，石城外築土城，週三十里，寨門前沿築炮臺以封鎖山口。

康熙三年春，各路清軍全部投入了進攻李來亨的戰鬥序列，大有「滅此朝食」之勢。在此緊要關頭，農民軍內部又發生了分化，七連坪週邊據點守將，曾多年隨李自成、李過轉戰南北的黨守素、馬騰雲、塔天寶，被清軍來勢所懾，紛紛投敵，致使七連坪大寨和黃龍山要塞失守。李來亨精心營造的七連坪防禦體系遭到破壞。在內外夾擊，勢單力薄的情況下，他鼓勵部屬重振士氣，率僅存的五千孤軍，再建大營於茅麓山，準備與數十倍於已的強敵決一死戰。

茅麓山位於興山縣西北七十里，距七連坪二十五里，方圓約八十里。山高林密，橫嶺懸崖，四周重巒迭嶂，山道崎嶇，窄不容履。李來亨在極頂上選擇了水源充足的有利地勢，建立了長三里、闊里餘的營寨，築

茅麓山

城柵三匝，防衛嚴密。三月二十八晚三更時分，農民軍襲擊清軍。史載：農民軍「四路齊擁，俱各身披綿被、綿甲，仍背挨牌一面，倒退而下……自子至卯，鏖戰半夜」。清軍在深谷鳥道上受到阻扼，騎兵不能發揮作用，「王室禁旅」遭到沉重打擊，損失慘重。

　　鑒於在地勢複雜的山區多次受挫，穆里瑪決計一改以往狂奔窮追的戰法，採用重點設防，實行分汛、立壘圍困的戰術，「合滿漢三省之兵分汛連營，樹立木城，挑塹排樁，密匝圍之」[9]。其兵力部署大體是：穆里瑪率「禁旅」屯駐與茅麓山隔澗對峙的黃龍山，在此設下大本營，向各部傳送軍機，交割報文；王一正率秦豫兵屯南陽河沿岸，李國英統四川兵守顯靈觀，以防止農民軍退入神農架原始森林中；董學禮轄湖廣兵駐大茶園，堵截農民軍南涉大江之路。此外，為防止農民軍劫營，清軍分別在營盤周圍構築土壘，以竹纜、藤索為棚，「張疑設伏」於關津要隘之間，欲使農民軍「遠不得出，近不得戰」[10]。完成圍困部署之後，清軍於閏六月初九開始出擊。鄭蛟麟部從正面仰攻，與農民軍在通向茅麓山極頂的山梁上發生激烈的爭奪戰。李來亨率健卒拒敵，將粗木巨石投擲崖下，用利斧砍斷棚索，不少清軍葬身溝壑。駐守黃龍山的「王室禁旅」，苦於深澗阻攔，不能直接投入戰鬥，只有隔山觀戰，發炮助威，虛張聲勢。農民軍用土炮還擊，聲震峽谷，雙方死傷枕籍。

農民軍石臼

---

[9]　《李勤襄公撫督秦蜀奏議》卷二十三。

[10]　劉景伯《蜀龜鑒》卷五。

七步半（農民軍盤查哨所設此）

清廷見強攻一時不能取勝，決定暫時停戰，改用招撫的辦法。派遣早年降清的李來亨的表舅高守貴（清軍辰常總兵）勸降。身陷重圍的李來亨嚴詞拒絕招撫，決意血戰到底。招撫失敗，清廷令各路將領堅壁清野，以兵勢日盛之勢，連續強攻茅麓山。八月初四，暗遣叛徒陳經引路，帶領黃步雲、張雄等率小股武裝繞道至後山絕壁下，「草衣卉服，攀援荊葛而進」[11]舉火為號，周圍清軍蜂湧而上，衝入寨門。農民軍雖「莫不奮臂爭呼，拼死力戰」[12]，但終因眾寡懸殊而失敗，除百餘人被俘外，餘眾散入秦、蜀山中。康熙三年八月初五（1664年 9 月 24 日），李來亨點燃大帳，同妻子自縊於帳內，葬身於烈火之中，壯烈犧牲。自此，川鄂邊境農民軍的反清鬥爭失敗。

三柏埡要隘

---

[11] 昭槤《嘯亭雜錄》卷八《茅麓山》條。
[12] 《李勤襄公撫督秦蜀奏議》卷二十三。

三

　　川鄂邊境農民軍的失敗，主要是由於敵我力量懸殊，敵人力量過於強大所致。但就其主觀上講，農民軍雖然曾擁眾數十萬人，「依山自固，憑險而居」，但「各自雄長，不相統屬」[13]；另一方面，農民軍曾同川、鄂邊境的居民一道開山闢壤，「屯田自給」，興鹽鐵之利，「藉什一之稅」，即所謂「出則以勤王滅虜為事，入則以課農練兵為本」[14]。但數十萬部眾囿於窮山僻壤之中，後勤供應的確是嚴重問題。屯田只能暫時解決部分給養，斷糧的事時有發生，有時不得不「邀抄官帑」、「攔截遠商」、「野掠而食」[15]。總之，活動在川、鄂邊境的李自成餘部，既無堅強的領導核心，又無充足的物資給養，以致困守孤隅，各自為戰，這也是造成慘敗結局的重要原因。

（原載《軍事歷史》1994 年第五期）

---

[13] 乾隆《湖北通誌·兵事》。
[14] 道光《夔州府誌·藝文》。
[15] 王夫之《永曆實錄》。

從大順軍餘部後期的活動
看李自成的歸宿

　　近年來，學術界圍繞李自成「石門禪隱」說和「通山殉難」說進行過多次研討。我贊同「通山殉難」說。本文試就大順軍餘部後期的活動，來證實其可信性。

一

　　1645 年（清順治二年，南明隆武元年）秋季，大順軍餘部的一支，由李自成妻子高氏、妻弟高一功、侄子李過[1]等率領，進抵常德、澧州；另一支由劉體純、郝搖旗、袁宗第、黨守素等率領，由岳州南下湘陰。這兩支農民軍曾「聯合明室」，從事抗清鬥爭。高、李部「渡（洞庭）湖，屯公安、江陵，連營百里」，劉、袁部「渡（長）江，趨江陵之西，過荊門、鄖西」，北渡漢江，勢力達到陝南，又「南歸至夷陵[2]入巴東，依蜀東塞，據險而居」。[3]

　　大順軍餘部同各階層抗清力量一道，轉戰湘、鄂、川、桂，數次重創清軍，收復了許多失地。可是，南明永曆小朝廷中的頑固勢力只圖偏安一隅，對農民軍採取敵視政策，極力在內部製造分裂，造成大順軍餘部給養無著，腹背受敵，致使中南地區抗清武裝蒙受很大損失。

---

[1]　後改名李錦，字補之。
[2]　今湖北宜昌。
[3]　王夫之《永曆實錄》卷十三《高李列傳》。

李過病死，高一功被大西軍孫可望部「遮殺」之後，李來亨[4]同高氏率三萬之眾於永曆五年（1651）「自黔東北走入巴（東）、秭歸間」[5]，聯合先期漸次集結於這一地區的劉體純、郝搖旗、袁宗第、黨守素、賀珍等大順軍餘部，以及其他抗清武裝，形成「夔東十三家」，繼續堅持了長達十四年之久的抗清鬥爭。

早在明代成化年間，川、鄂邊境即為荊襄流民聚集之地。崇禎時，李自成、張獻忠、羅汝才等，也經常出沒於巴、巫、歸、興山中。以大順軍餘部為主體的夔東十三家，「眾猶數十萬」[6]，要想以貧瘠的山區作為抗清根據地，勢必要克服流寇主義。史載，抗清農民軍「分據川、湖（北）間，耕田自給」，興鹽鐵之利，與百姓「公買公賣」，當地民眾「歙然歸之」，劉體純的駐地巴東長豐一帶「蔚然成一都會」[7]。經過農民軍艱苦奮戰，川、鄂邊境已略具抗清根據地的雛形，出現了相對穩定的局面。

作為大順軍後期傑出將領的李來亨，「奉高（氏）命惟謹」，「高氏能知兵，統其眾」，結「義寨」固守於興、歸山中，「相附者眾」[8]。李來亨為了激勵部眾，於永曆九年（1655）在興山縣白羊寨「帥府」附近建了一所關帝廟，並在廟前勒石立碑[9]。其碑文號召士卒作好精神準備，下定「鐫虜嫗民」的決心，同心協力抗清禦侮，向暴力統治奮勇衝殺，用關羽、張巡、岳飛的「正」氣與「誠」心來感召部屬，頌贊了不畏強暴的忠貞之士，貶斥了貪生怕死的叛將懦夫。這在當時的歷史條件下和特定的環境裡，的確起過鼓舞士氣的作用，這一塊高 3.88 米、寬 0.96 米的不同尋常的石碑，迄今仍屹立在原址上，它同高氏在白羊寨西北[10]修築的「高家城」、「高家寨」、「鳳

4　李過養子。
5　王夫之《永曆實錄》卷十五，《李來亨列傳》。
6　《明史》卷二百七十九，《文安之傳》。
7　陳詩《湖北舊聞錄》。
8　查繼佐《罪惟錄》卷九下，《李來亨傳》。
9　即「聖帝行宮之碑」，位於湖北興山縣百羊寨山頂。
10　在通往神農架方向。

舞營」等洞寨遺跡一樣，都是中南地區人民抗清鬥爭的難得的實物資料。

夔東十三家首領之一的賀珍，也是大順軍舊部，曾奉李自成之命留守漢中，後轉入四川大寧[11]，「依山結寨」，從事抗清活動。1661 年（永曆十五年），賀珍在大寧鹽廠龍君廟前立了一塊石碑，碑記云：「自岐侯[12]賀公，建節茲土，招徠撫集，百堵皆作。籍什一之賦而民租減，革鹽法之弊而稅課蠲。諸如慮民之病涉也，則造梁以濟之。……出則以勤王滅虜為事，入則以課農練兵為本」。[13]從碑記中，我們可以略知農民軍營建抗清根據地的情況。

十七世紀五十年代，川、鄂邊境沒有發生大的戰事，這種相對穩定的局面，對全國的抗清活動起過一定的鼓舞作用。連身處閩、浙的抗清志士張煌言也為之欣慰不已，寄恢復中原的希望於夔東十三家，他滿懷激情地在詩中贊道：「郎江稱鬥絕，咫尺向夔門。雲棧淩霄起，霓旌插壁屯。金貂皆上將，鐵馬足中原」[14]。如果李自成此時在石門為僧，他絕對不會繼續「設疑代斃」，甘心終老林泉，他一定要抓住這一大好時機，統率舊部重振雄風，完成其未竟之業的。

二

川、鄂邊境局勢的穩定畢竟是短暫的，夔東十三家群龍無首，「各自雄長，不相統屬」[15]，潛伏著被清軍各個擊破的危機。十七世紀六十年代初，清朝從各個方面對全國的統治逐漸形成，全國抗清鬥爭已轉入低潮。從康熙元年（1662）冬季開始，清廷陸續調集數十萬八旗、

---

[11] 今四川巫溪縣。
[12] 永曆皇帝授予賀珍的封爵。
[13] 道光《夔州府誌》卷三十六《藝文》。
[14] 《張蒼水集》第二編《奇零草》。
[15] 乾隆《湖北通誌》卷六十九，《武備·兵事》。

綠營官兵，以絕對優勢對川、鄂邊境地區的農民軍實行「三省會剿」。大順軍餘部儘管陷入重圍，孤立無援，仍然依恃山險，堅持苦鬥。康熙二年十二月二十二日（1664年1月19日），劉體純在巴東陳家坡天池寨被清軍包圍，全家自縊。郝搖旗、袁宗第於同月二十六日被俘，英勇犧牲。翌年八月初五（1664年9月24日），李來亨在興山的據點茅麓山大寨被清軍攻破，同妻子及身邊將領，焚毀營帳，葬身於烈火之中，壯烈犧牲。自此，大順軍餘部的反清鬥爭失敗，清朝統治者的武力完全控制了全國大陸。

清軍在「會剿」農民軍時，施行了極其殘暴的殺戮政策，殃及川、鄂邊境的無辜百姓，造成連城帶邑，屠盡殺絕，血濺山野，拋屍峽江的慘景。清將中的一些不逞之徒將男子充賊冒功，恣意殺戮；掠婦女充作奴婢，運往外地。清總兵官于大海往來劫掠，楊光耀專事殺戮，僅歸州茅坪一處，一夜之內就「屠男子數千」。李應龍「持籌布算」販賣人口，賣往仙桃鎮的婦女竟達萬人之多。清軍鐵蹄所至，廬舍成墟，野無耕種，村無炊煙，「自穀城至興山千餘里，哭聲不絕」。連一些地方上的耆宿士紳，也不堪其苦，紛紛聯名「叩閣請命」，歷數清軍荼毒慘烈之狀，在「請命書」中不加文飾地稱其「害民不遺餘力」，「即罄南山之竹，難書其罪」[16]。

李自成是一位不畏強暴的英雄，也是一位十分愛護百姓和士卒的農民軍首領。在其十餘年的革命生涯中，雖屢受挫折而矢志不移。他在農民戰爭處於低潮時期的崇禎十一、十二年，沒有接受明朝的「招撫」，抗清鬥爭中一度陷入困境，也沒有向清朝俯首，他的革命意志始終是堅強的。大順軍餘部忠誠地繼承了李自成的農民革命事業，早在他們聯明抗清初期，清廷曾採用過「剿撫並用」的兩手，對李過、高一功等一面「進剿」，一面「招撫」，在勸降書中說「鄉里遠違，墳墓捐棄，親戚睽絕，骨肉仳離，睽諸人情，能無動念？」只要農民軍就

[16] 同治《興山縣誌》卷十，《遺聞》。

範,則「不吝高官厚賞」[17]。結果是「招撫六次,人信不還」[18]。當李來亨率領的一支孤軍處於絕境時,清軍又使出勸降的花招,派辰常道總兵高守貴[19]去勸降[20]。李來亨大義凜然,嚴辭拒絕。

李來亨、劉體純、郝搖旗、袁宗第等大順軍的卓越將領,在中南地區竭盡全力,堅持抗清鬥爭達二十年(1645-1664)之久,視死如歸,慷慨悲壯,表現了寧為玉碎,不為瓦全的高尚氣節,在反抗封建統治和民族壓迫的鬥爭中立下了不朽

湖北通山李自成墓

的功勳,他們的業績是永存的。熱衷於李自成「石門禪隱」說的先生們,應當冷靜的思考一下,如果李自成在石門為僧,他對川、鄂邊境烽火連天,生靈塗炭,他一手創建的大順軍全軍覆沒的悲涼情形絕不會茫無所知,這位素以愛民愛兵著稱的農民軍統帥,為何對此情景熟視無睹,無動於衷呢?難道他還在謀劃「設疑代斃」、「聲東擊西」的「策略」嗎?難道他果真超凡脫俗還有閒情逸致去寫什麼《梅花百韻》嗎?「為什麼熱衷於將李自成打扮成毫無心肝、貪生怕死的逃兵?」[21]

---

[17] 《明清史料》丙編第十冊。
[18] 《明清史料》丙編第六冊。
[19] 李來亨的表舅。
[20] 王夫之《永曆實錄・李來亨列傳》。
[21] 姚雪垠《李自成的歸宿》,載《李自成殉難於湖北通山史證》第39頁。

三

　　大順軍餘部從事聯明抗清活動，是從南明隆武時開始的。隆武帝為形勢所迫，無力再與農民軍為敵，當他接到湖廣總督何騰蛟第二次有關李自成死因的奏疏之後，才確信「元兇已除」，為了維繫其政權於一時，決計通過何騰蛟、堵胤錫等實現與農民軍合作。繼隆武倒臺之後建立起來的永曆朝廷，對李自成已死的問題是沒有多大爭議的，我們可能通過四個具有代表性的南明官員來證實。

　　王夫之，湖南衡陽人，曾任過永曆朝廷行人司行人，在其私修史籍《永曆實錄》中，別開生面地為堅持抗清的大順軍餘部將領李赤心[22]、高必正[23]、李來亨、劉體純等立了列傳。王夫之對李自成死於九宮山說是持肯定意見的，《永曆實錄・高李列傳》說：「五月，自成至九宮山，食絕，自率輕騎野掠，為土人所殺。」這一條記述並非來自一般性傳聞，因為王夫之與大順軍主要首領之一的高一功有過直接聯繫。王夫之在永曆朝中雖然位卑職小，但他能夠向永曆帝陳述「匡時求國」的政治見解，對朝中的吳、楚黨爭端頗為憤慨，數次上疏，力主團結抗清，反對製造分裂的派系之爭，痛斥「奸黨」誤國，陷害「志士」，因而得罪權臣王化澄，受到「謀反」的誣陷，幾乎被置於死地。王夫之蒙冤難申，竟至「憤激咯血」[24]，同僚因懾於權勢者的淫威，不敢出面主持公道。幸賴高一功「慕義營救」[25]，王夫之才免遭殺身之禍。高一功是李自成的妻弟，時為大順軍餘部的「主帥」，對王夫之有過救命之恩。王夫之在《永曆實錄》中節錄過高一功整頓朝政的奏疏，對他作出了較為客觀公正的評價，說明二人並非一般的關係。因此，王夫之持李自成「走死九宮山」說，是有可靠依據的。

---

[22] 即李過、李錦，隆武時賜名赤心。
[23] 即高一功，隆武時賜名必正。
[24] 王敔《薑齋公行述》。
[25] 潘宗洛《船山先生傳》。

文安之，夷陵人，明朝天啟間進士。在翰林院掌修國史期間，不附閹黨巨魁魏忠賢而被罷官，崇禎時起用為南京國子監祭酒，因冒犯首輔薛國觀，遭誣陷再次罷官。永曆四年（1650），文安之在南寧出任永曆朝東閣大學士，因受到頑固派的排斥，自請督師川、楚。翌年，永曆帝任命他為太子太保兼吏、兵二部尚書，「總督川、湖軍務，賜劍，便宜從事」[26]，攜敕印前往川、鄂邊境，授予夔東十三家首領的封號。為了配合大西軍餘部李定國在西南地區的抗清鬥爭，文安之曾兩次率夔東十三家之兵由水道襲擊重慶，「戰艦蔽江，勢甚猖獗」[27]，蜀中大震。文安之注重協調抗清農民軍各部之間的關係，在巴東「依劉體仁（純）以居」[28]。劉體純是大順軍名將，是李自成撤離陝西進入鄂南的隨行將領，也是李自成死於通山的知情者之一。文安之與劉體純在鄂西相處十餘年，對李自成之死應有所聞。在此期間，文安之以欽差大臣的身份，遍巡鄂西山區，廣泛結納各部抗清首領，在長樂[29]與容美土司田甘霖交往甚密，土家族的頭人們尊稱他為「文國相」。長樂鄰近湘西石門縣，倘若李自成在石門為僧，富有使命感、老謀深算、資訊靈通的文安之，應該知道一些蛛絲馬跡，可是文安之留下的詩文中，對此事隻字未提。

毛壽登，公安[30]人，「有謀略，能耐勞苦，楚奇才也」[31]，深為永曆帝「所依恃」，曾任永曆朝僉都御史，到川東「監督聯絡」夔東十三家。興山《聖帝行宮之碑記》和大寧《鹽廠龍君廟碑記》均系他的手筆，碑文中自署其職為「欽命總督各路勳鎮恢剿兵馬兵部右侍郎」。王夫之鄙薄其為人，說他「庸誕，無忠義志」，「潛有乞活心」[32]。誠然，這位毛御史的確晚節不終，在康熙三年正月「革面」降清，清湖廣總

---

[26] 《明史・文安之傳》。
[27] 《明清史料》丙編第十本。
[28] 《明史・文安之傳》。
[29] 今湖北五峰土家族自治縣。
[30] 今湖北公安縣。
[31] 錢澄之《所知錄》卷五。
[32] 王夫之《永曆實錄・李來亨列傳》。

督張長庚還為其「請敕優敘」[33]。據同治《公安縣誌》記載，毛壽登
降清後，「蒙將軍、督撫交薦其才，擢授天津衛道」，後「改組歸里」，
在家鄉活到六十五歲才死去。何璘在《書李自成後傳》中說：「自成受
我軍追躡，由襄陽南奔時，何騰蛟為明守，料其病君父之仇，必不容
己，故令其妻、侄乞降，已而由公安別竄，蓋欲走辰、沅，從黔入川，
與張獻忠合兵」[34]。這段話曾被「石門禪隱」說者作為李自成「設疑
代斃」的原始依據事實之一。我們可以設想，毛壽登在南明朝廷中，
是與大順軍餘部打交道時間最長的一位官員，他經歷了大順軍餘部從
聯明抗清到敗亡川、鄂邊境的全部過程，對農民軍的內情瞭若指掌。
再者，他的故里公安縣，正是何璘臆斷的李自成「別竄」時所經之地，
他若得悉李自成在石門為僧，只要略微向地方當局打個小報告，將李
自成拿獲，無疑會得到清廷優賞，其地位即使不能與洪承疇、吳三桂
平起平坐，但決不會僅僅任個小小的天津衛臬司。

樹

---

[33] 《清聖祖實錄》卷十一。
[34] 《澧州誌林》卷二十三。

　　洪育鼇，晉江人，隆武時以諸生身份授衡州通判，復改知道州，此時與郝搖旗搭上了關係。郝搖旗為人近乎狂悖，草莽氣習甚濃，不大受大順軍紀律的約束，他在道州強行索餉時，受到過洪育鼇的訓斥，洪育鼇向農民軍講了一番「賊」與「官軍」所不同的「大道理」之後，「諸軍皆嗔怒」，郝搖旗「獨奇之」，對洪育鼇說：「公非百里之才，行當佐吾軍」[35]，永曆時洪育鼇任「總督兵馬右侍郎」，尾隨郝搖旗進入川東，「鎮撫」十三家之兵，康熙三年（1654）十月，在巫山被清軍擒殺。何騰蛟在《逆闖誅疏》中說過：「郝搖旗現在臣標，時時道臣逆闖之死狀」[36]，可見郝搖旗是李自成死於通山的又一位知情者。如果李自成未死於通山，難道這位一向出言不慎的大順軍老將，對同他患難相處十餘年的洪育鼇也不透露一點真情嗎？洪育鼇被俘前，有人勸其逃走，他說：「吾受命督師，師亡與亡，去將何之？」結果「被執不屈死」[37]，他可稱得上是南明的一位忠臣義士，倘使他生前得知李自成遁跡空門的資訊，是決不會向永曆帝隱瞞的。

四

　　清朝對夔東十三家進行「會剿」時，曾經利用了一些舊明官軍和農民軍中的降將，這些叛將降臣中，熟悉農民軍內情者，不乏其人。如向清廷獻「三省會剿」之策的李國英，原是左良玉手下的總兵官，早在崇禎時就與李自成、張獻忠、羅汝才部為敵。清軍入關後，李國英見大勢已去，於順治二年與左良玉之子左夢庚同時降清，後隨清肅王豪格入川圍攻張獻忠部。吳三桂由漢中南下遵義時，李國英奉命對川東加強防衛，繼續與大順軍餘部為敵，步步高升，擢為四川總督。在鄂西方面投入「三省會剿」的清湖廣提督，則是大順軍的叛將董學

[35] 溫睿臨《南疆逸史》卷二十三《洪育鼇傳》。
[36] 文秉《烈皇小識》卷八附。
[37] 溫睿臨《南疆逸史·洪育鼇傳》。

禮。董學禮原系明軍中的一員偏將，歸順李自成後授「制將軍加都督
銜」[38]，順治元年（1644 年）八月，在河南見到懷慶府（今焦作市）失
守，敗退潼關降清[39]，奉清豫王多鐸之命，入陝西向已歸順大順軍的明
官進行策反，因勸降有「功」，被授予鳳翔總兵之職[40]，後升任湖廣提督。

此外，在圍攻夔東十三家的清將中，還有辰常總兵高守貴。高守
貴是李自成妻高夫人之侄，也是大順軍的降將。他於康熙二年（1663
年）會同襄陽總兵于大海、鄖陽總兵穆生輝等，在保康、興山交界處
「鑿山開道」，突破李來亨防地李家店，擒殺農民軍將領宋段，「獲旗
幟、器械無算」[41]。他後來又參加圍攻茅麓山之役，並以李來亨表舅
的身份前去勸降。李來亨拒絕投降，給高守貴「遺書，以其母[42]托之」[43]。
高氏因其侄「辰常總兵力保，得免死」[44]。明清時辰州治沅陵，常德
治武陵，距石門甚近。李自成如在石門為僧，似乎有點人情味的辰常
總兵高守貴，既然能夠「力保」高氏「免死」，當然有能力破除佛門清
規戒律，暗中將高氏送往石門夾山靈泉禪院，與其姑父李自成見上一
面。可惜查繼佐僅以高氏「得免死」作為《李來亨傳》的結束語，未
能給何璘之輩編造奇文提供素材。

李國英、董學禮等為清朝招降納叛，在川、鄂邊境充當了鎮壓抗
清農民軍的急先鋒，在清初檔案資料中，可以找到他們的許多奏疏、
塘報、揭帖和諮文。他們積累了數十年與農民軍為敵的經驗，一方面
在軍事上對夔東十三家分割包圍，嚴密封鎖關津要隘；另一方面則十分
注意農民軍內部的動向，尤其注意盤查、搜捕、審訊農民軍與南明往來
的密使，他們截獲了許多兵符、敕令和印信，並將這些情況詳細具文，
如實上報清廷。李來亨犧牲後，李國英仍然心有餘悸，立即向穆里瑪等

[38] 錢釪《甲申傳信錄》卷六。
[39] 《清世祖實錄》卷八。
[40] 《明清史料》丙編第五本。
[41] 《清聖祖實錄》卷八。
[42] 應為祖母，即李自成夫人高氏。
[43] 王夫之《永曆實錄‧李來亨列傳》。
[44] 查繼佐《罪惟錄‧李來亨傳》。

發出諮文，強調「上寨官兵，不許隱瞞人口。嚴諭領兵將領，遍傳官兵有識李來亨面目，及未經投順偽官響往者，使其指引，作速搜求。李逆果死，可將其詳細之人帶來，解送將軍軍前審問外，合先咨復」[45]。李國英是在得悉李來亨死訊之後發出的諮文，一式多份，傳送各部「查照執行」，其防範嚴密之程度與諮文發出之速度，非同一般。

　　據《聖帝行宮之碑記》所載，南明曾在興山縣設立過地方政府，並委派王業昌出任興山縣令。李來亨敗亡之後，清朝的地方官員曾在川、鄂邊境搜查過南明與農民軍的檔案材料。清朝第一任興山縣令名叫胥遇，他是圍攻夔東十三家時的隨軍文職官員，曾編纂了清代第一部《興山縣誌》，該誌序言中說：「興邑自崇禎以後，則弘光繼統，未幾而隆武帝復立，僅二年有餘，而永曆嗣位……李賊（李來亨）獨立難支，遂歸順永曆，遙授以國公之職，所以常有本章啟奏，故興邑止有隆武、永曆約據。」如果認為李自成石門為僧時，仍然是大順軍的幕後指揮者，在決定大順軍存亡的茅麓山之戰中，石門與興山之間應有信使往來，為何在李國英、董學禮的塘報、諮文以及胥遇編修的《興山縣誌》中，絲毫沒有涉及到這一關鍵問題？在清初的歷史檔案中固然可以找到有關李自成犧牲的材料，如順治二年（1645）七、八月間山東巡撫丁文盛和陝甘巡按魏琯的啟本[46]可為例證，但是這兩份啟本的大意都是說聞李自成已死，表示向清廷「慶賀」，意在歌功頌德，與李自成石門為僧說風馬牛不相及。

　　　（1995 年 5 月 24 日，由《光明日報》理論部、湖北省社聯、
　　　湖北大學、湖北省文化廳和湖北省通山縣人民政府聯合舉辦
　　　　　　「紀念李自成殉難三百五十周年學術研討會」
　　　在光明日報社舉行，本文係作者應邀與會時提交的論文）

---

[45] 《清代檔案史料叢編》第六輯。
[46] 《清代檔案史料叢編》第六輯。

李來亨——大順軍後期的傑出將領

　　清順治二年（1645）五月，李自成在湖北通山九宮山犧牲後，大順軍分為兩支，一支由李自成妻子高氏、妻弟高一功、侄子李錦（過）等率領，進抵湖南常德，另一支由郝搖旗、劉體純、袁宗第等率領，由岳州（今湖南岳陽）南下湘陰。這兩支農民軍曾「聯合明室」，從事抗清鬥爭。高、李「渡（洞庭）湖，屯公安，江陵，連營百里」。劉、袁部「渡（長）江，趨江陵之西，過荊門、鄖西，北渡漢江，勢力達到陝南，又南歸自夷陵（宜昌），入巴東，依蜀東塞，據險而居」[1]。

　　自 1645 年至 1651 年七年中，大順軍同各階層抗清力量一道，轉戰湘、鄂、川、黔，數次重創清軍，收復了許多失地，可是南明永曆小朝廷，只想偏安一隅，對農民軍懷著敵視態度，極力在內部製造分裂，造成農民軍給養無著，腹背受敵，致使中南地區抗清武裝蒙受很大損失。為了擺脫南明政權的羈絆，李錦病死後，高一功毅然於 1651 年率部自黔走蜀，不料被大西軍中的野心家孫可望所「遮殺」，唯獨李來亨力戰得脫，率三萬之眾，「自黔東北走入巴（東）、秭（歸）間」，聯合郝搖旗、劉體純、袁宗第等部及川東、鄂西的其他抗清武裝，形成夔東十三家，繼續堅持抗清鬥爭。

　　李來亨（？－1664 年）陝西清澗人（史籍未載其籍貫，此據現存興山縣白羊寨的「聖帝行宮之碑」）是李自成之侄大順軍後營制將軍李過（錦）的養子，聯明後，因功授總兵官都督同知，繼而封侯，又晉爵為臨國公[2]。李來亨突圍進入鄂西山區以後，實際上是以興山縣境「巖

---

[1] 王夫之《永曆實錄・高李列傳》。

[2] 分見《明史・文安之傳》、王夫之《永曆實錄・李來亨列傳》、溫睿臨《南疆逸史・洪育鼇傳》。

百城山營寨殘垣

壁陡峻，周百里，高三十里」的茅麓山為根據地[3]。這支農民軍響亮地
提出了「鐫虜媧民」（聖帝行宮之碑）的戰鬥口號，他們不僅能征慣戰，
而且能夠主動聯合當地農民屯田墾荒，解決給養。所謂「屯耕山田，
歲收麥粟草綿，供糧食衣履」[4]，就是當時農民軍「耕田自給」的真實
寫照。白羊寨一帶流行的「小李王」（當地群眾對李來亨的尊稱）「人
吃蘿蔔馬吃菜」的歌謠以及茅麓山區的蘿蔔園、倉米河等地名，也可
與當年農民軍開發山區的事跡相印證。

　　早在崇禎年間，張獻忠、羅汝才等就出沒於興、歸山中，沉重地打
擊了當地的封建勢力，在客觀上為李來亨在這一帶地區的活動掃除了一
些障礙。從主觀而言，李來亨入駐興山后，採取了一系列自救措施，除
「耕田自給」外，還「私遣人市鹽鐵荊西」[5]，解決生活必需品、生產
工具和武器的主要原料問題。這些措施都本著「媧民」的原則，農民軍

---

[3] 乾隆《湖北通誌・山誌》。
[4] 王夫之《永曆實錄・李來亨列傳》。
[5] 同上。

永昌通寶

小當陽
（清湖廣提督董學禮敗退處）

與外地從事物資交往時，採取保護民間貿易的措施，「亦不殺掠」[6]，就是清朝統治者，也不得不承認，「彼與百姓公買公賣，並不殺擄」[7]。近年來，在興山縣出土的「永昌通寶」（李自成建立政權後發行的制錢）正好是李來亨領導農民軍以錢購物，「公買公賣」的見證。這充分說明，即使在艱難的歲月裡，在窮鄉僻壤之中，李來亨仍然採用李自成的「平買平賣」、「一民不殺」的愛民口號。因此，農民軍受到群眾的擁戴，當地居民同農民軍「士卒雜處」，「往來市販」[8]，從者「如流」[9]。農民軍的正確行動，為建立比較穩固的根據地打下了良好的群眾基礎與物質基礎，為堅持十餘年的抗清活動創造了有利條件，從而使當時川鄂邊境呈現出一片暫時穩定的局面。

在長期的戰爭環境里成長起來的李來亨，深知川、鄂邊境的穩定局勢是暫時的，因而沒有放權警惕。李來亨組織軍民在興山境

6　《明史・左良玉傳》。
7　《明清史料》丙編第六冊。
8　《明清史料》丙編第六冊。
9　光緒《興山縣誌・兵事》。

鎖子溝

內的白羊寨、七連坪、李家店、界牌埡、百城、長坪、雙龍觀等地立壘築寨，構築炮臺，架設紅爐，鑄造武器，練習騎射，層層佈防，做好長期抗清的準備。士氣「稍振」之後，李來亨採用了以攻為守的戰術，聯合附近各路反清武裝力量，「襲鄖（陽）、襄（陽），下荊州，取施州（恩施），攻巫山」[10]，聲勢最大的是農民軍十六營於 1659 年由水道襲重慶，楚蜀震動，掀起了夔東十三家抗清鬥爭的高潮。

「鐫虜」與「嫗民」是相輔相成的，為了打擊清朝統治者，激勵將士的抗清鬥志，統一部屬的思想，李來亨在白羊寨修築了一座關帝廟，並於 1655 年在廟前勒石立碑（即「聖帝行宮之碑」），用以表明矢志不移的抗清決心。碑文用關羽、張巡、岳飛的正氣與誠心來感召部屬，贊頌了不畏強暴的忠義之士，貶斥了貪生怕死的懦夫，這在當時的歷史條件下和特定環境裡，確實起過鼓舞士氣的作用，這塊石碑現今還屹立在白羊寨山頂，它是中南地區人民抗清鬥爭難得的實物資料。

清朝統治者早就對李錦、李來亨領導的農民軍視為心腹之患，認為「如欲平天下，必先除此輩」[11]，只是因為要集中力量對付西南戰事，還來不及對鄂西農民軍「迅發大軍，立為殄滅」。1662 年，永曆帝被吳三桂絞殺於雲南昆明，西南戰事基本結束。於是，四川總督李國英奏請

---

[10] 乾隆《湖北通誌・兵事》。
[11] 光緒《興山縣誌・兵事》。

以荊州、夷陵兵圍攻遠安、興山、巴東一帶的農民軍[12]。次年，清兵部疏奏「夔、鄖、襄界處腹心，長江阻塞，詣川、陝、湖廣三省發兵」[13]，圍攻農民軍。清廷命李國英經略西山（泛指鄂西山區），調集陝西、四川、湖廣三省兵十餘萬會剿夔東抗清基地，並調餉夫二十萬轉運糧草[14]。1663 年春，清軍從房縣、保康等地「鑿山開道」，進入興山境內，攻下農民軍據守的李家店、界牌埡、三柏埡，雙龍觀等要塞[15]，農民軍將領宋段、邱萬里被俘犧牲，清軍氣焰十分囂張。李來亨不愧為夔東十三家中堅力量，在緊要關頭能夠沉著應戰，率萬餘人堅守譚家寨，與清湖廣總督董學禮相持百餘日。六月二十七日，李來亨趁大霧彌漫之機，率手持「大刀籐牌」的部眾襲擊清營[16]，擊斃荊州鎮游擊張應坤、荊州中營參將武君相、襄陽鎮將趙星照等人。使「北協湖廣之師大挫」[17]。總兵于大海、穆生輝、金萬鎰等狼狽逃竄，敗退百餘里。同年八月，李來亨趁秋雨連綿，泥爛路滑，清軍「衣甲盡濕，士有懈心」的時機，派百餘人化妝成運糧丁夫，剃髮打入清營，深夜舉火為號，裏應外合，奇襲萬朝山下的大茶園，「虜兵大潰，殺傷萬計」，擊斃荊州鎮標前營守備張所蘊以及把總孫繼綱、李嗣名、千總李三畏等數名清將。清軍被「殺傷萬計」，「除殺創外，擠竄於南陽河，水為不流」[18]湖廣總督張長庚敗退四十餘里，「走保夷陵」。「楚蜀守將不能禦」，湖廣提督董學禮狼狽逃往當陽。

清軍將近一年的會剿，李國英龜縮在巫山城中，乞求清廷迅發大兵。清廷決計再次發動會剿，任命都統穆里瑪為靖西將軍，都統圖海為定西將軍，於康熙二年（1663）八月，集中總督、提督、總兵以上官員十餘名，率清王室禁旅和滿漢八旗、綠營官兵二十萬人[19]，「盡起楚蜀丁夫，輓糧赴軍，為持久計」[20]，以絕對優勢向農民軍猛撲過來。

12　彭遵泗《蜀碧》卷四。
13　《明清史料》丙編第六冊。
14　計六奇《明季南略・楚師會剿》。
15　計六奇《明季南略・楚師全勝》。
16　計六奇《清史稿・科爾崑傳》。
17　查繼佐《罪惟錄》卷二十二，參見光緒《荊州府誌・忠烈》。
18　查繼佐《罪惟錄》卷二十二。參見光緒《荊州府誌・忠烈》。
19　王夫之《永曆實錄》。
20　《清代檔案史料彙編》第六輯。

雙龍觀（農民軍外圍據點之一）

夔東抗清武裝力量分兵迎敵，經過半年苦鬥，袁宗第、郝搖旗、劉體純等相繼失敗，夔東十三家中的譚宏、譚詣、王光興等或降或逃，李來亨勢孤，此後，農民軍轉入守勢，主要依憑險峻的地勢與清軍周旋，堅持鬥爭。

在清軍進入巫山、巴東的同時，穆里瑪、圖海率領的王室勁旅已抵達興山地界，向李來亨防地七連坪附近的南陽河河谷推進。七連坪位於興山縣西北四十五里，是茅麓山門戶，地勢險要，易守難攻。大敵當前，李來亨積極進行戰前準備，倚山傍險，壘巨石為城垣，石城外築土城，「週三十里」，寨門前沿築炮臺封鎖山口。

康熙三年（1664）春，各路清軍會剿李來亨。重兵壓境，其勢洶洶。在此緊要關頭，農民軍內部發生了分化，七連坪外圍據點守將黨守素、塔天寶、馬騰雲被清軍聲勢所嚇倒，紛紛投敵，使七連坪大寨和黃龍山要塞相繼失守。李來亨精心營造的防禦體系遭到破壞。在內外夾擊，勢單力薄的情況下，他鼓勵部屬重振士氣，率領孤軍再建大營於茅麓山絕頂，準備與數十倍於己的強敵決一死戰。

茅麓山位於興山縣西北七十里，距七連坪二十五里，方圓約八十里。山高林密，小道崎嶇。李來亨在山頂選擇水源充足的有利地勢，建立了長三里、寬一里的營寨，築「城柵三匝」嚴密防守。三月二十八日夜晚三更時分，農民軍襲擊清營，「四路齊擁，俱各身披綿被棉甲，人背挨牌一面，倒退而下……自子（時）至卯（時），鏖戰半

夜。[21]」清軍深夜突遭襲擊，在深谷鳥道上受到阻遏，裝備精良的騎兵不能發揮作用，科爾崑的滿軍遭到沉重打擊，損失慘重。

清軍在地勢複雜地區多次受挫後，穆里瑪改變以往窮追狂奔的戰術，採用重點設防，立壘圍困的戰術，兵力部署大體是：「大將軍穆（里瑪）屯黃

萬朝山茶園
（1663 年 8 月，李來亨擊敗清湖廣總督張長庚、
湖廣提督董學禮於此）

龍山，扼其前；陝西提督王（一正）屯茅麓山北，杜其後；將軍查（名字不詳）屯相坪，拒其左；四川提（總）督李（國英）屯顯靈觀，據其右；提督董（學禮）屯於山之西南大茶園，防其逸」[22]。清軍在茅麓山周圍挖掘塹壕，釘上排樁，將軍民軍團團圍困。為了防止農民軍劫營，清軍分別在營盤周圍構築土壘，以竹纜藤索為棚，欲使農民軍遠不得出，近不得戰。清軍於閏六月初九日開始進攻農民軍。鄭蛟麟部從正面進攻，在通往茅麓山絕頂的山梁上，與農民軍發生激烈的爭奪戰。李來亨率部拒敵，「勢如風雨驟至」[23]，將粗木巨石投擲崖下，用鐮刀大斧砍斷棚索，不少清軍葬身溝壑。駐守黃龍山的王室勁旅苦於深塹阻隔，不能直接投入戰鬥，只有隔山觀戰，發炮助威，虛張聲勢。農民軍發巨炮擊毀隔澗對峙的黃龍山清軍炮臺，聲震幽谷，炮子、矢石如雨。雙方傷亡慘重。雖

21　《李文襄公撫督秦蜀奏議》卷二十三。
22　光緒《興山縣誌·茅麓山記》。
23　《李勤襄公撫督秦蜀奏議》卷二十三。

然時隔三百多年，當地仍可撿到彈丸和箭簇，「茅麓山打黃龍山，炮子飛過火焰山」的民謠還在群眾中流傳，可以想像當時的鏖戰是空前激烈的。

清軍見強攻一時不能取勝，決定暫時停戰，改用招撫的辦法。早在大順軍餘部抗清鬥爭初期，清廷就採用過「剿撫並用」的兩手，對李錦、李來亨等一面進剿，一面招撫，說「鄉里遠違，墳墓捐棄，親戚睽絕，骨肉仳離，揆諸人情，能無動念？[24]」只要農民軍就範，則「不吝高官厚祿」，結果是「招撫六次，人信不還」[25]，當李來亨處於絕境之時，清軍又耍出誘降花招，派早年降清的李來亨的表舅高守貴去勸降。身陷重圍的李來亨大義凜然，嚴辭拒絕，表現了寧為玉碎，不為瓦全的高尚氣節。

招撫失敗，各路清軍繼續對茅麓山「晝夜環攻」。1664 年八月初四日，清軍暗遣叛徒陳經帶路，帶領黃步雲、張雄等率小股武裝，繞道至後山絕壁下，身披花草偽裝，攀援樹木藤條，爬上山頂，舉火為號，周圍清軍蜂湧而上，衝入寨門。農民軍無不奮不顧身，拼死力戰。但糧盡援絕，寡不敵眾，大寨終於失守。除百餘人被俘外，「餘眾散入秦蜀山中」[26]

八月初五日，李來亨下令點燃大帳，全家及身邊將領焚毀營寨，投身烈火，壯烈犧牲。清朝統治者雖然將中南地區僅存的這支農民軍鎮壓下去，但是付出了極其慘重的代價。直到清中期嘉慶年間，滿族敬王昭槤在《嘯亭雜錄》中還載有一條「京師諺語」，說是當時人們將辦事艱難比作「又上茅麓山耶！」足見清朝統治者在長時間內對李來亨領導的農民軍仍然心有餘悸，談虎色變。

李來亨是大順軍後期的一位傑出將領，是著名的抗清英雄，他忠誠地繼承了李自成的農民革命事業，在川鄂邊境竭盡全力堅持抗清鬥爭達十四年之久，在反抗封建統治和民族壓迫的鬥爭中立下了不朽的功勛，他的業績是永存的。

（本文原載《歷史教學》1981 年第八期）

---

[24] 《明清史料》丙編第十冊。
[25] 《明清史料》丙編第六冊。
[26] 王夫之《永曆實錄》李來亨列傳。

李來亨《聖帝行宮之碑記》校勘

　　在湖北興山縣西北 45 里的白羊寨（今百羊寨）山頂，矗立著一塊通高 3.88 米、寬 0.96 米的「聖帝行宮之碑」。這塊石碑是大順軍後期的傑出將領李來亨樹立的。

　　李來亨（？－1664 年），陝西清澗人，明末時期參加陝北農民起義軍，為大順軍著名將領李錦（過）養子。1645 年李自成戰死後，李來亨同李錦、高一功等在洞庭湖濱與南明將領堵胤錫聯合，從事抗清鬥爭，轉戰於湘、鄂、黔、桂等地，戰績卓著，被南明永曆王朝晉爵為「臨國公」[1]。李錦病死、高一功戰歿後，李來亨重整大順軍餘部，於 1652 年由黔東北經湘西入駐興山縣境[2]，聯合其他抗清力量，在川鄂邊境堅持抗清鬥爭達十四年之久。康熙三年（1664）八月，李來亨率領著最後一支農民抗清武裝，在興山縣西北七十里的茅麓山，與二十萬清軍決戰，糧盡援絕，寧死不降，闔家自焚，壯烈犧牲[3]。

　　李來亨不愧為大順軍的後起之秀。在民族矛盾和階級矛盾錯綜複雜的動盪局勢中，他毅然領導著三萬抗清農民軍，以勤勞的雙手在川鄂邊境「屯田自給」[4]，開闢了抗清根據地。十七世紀五十年代，由於清朝統治者集中力量對付西南地區的大西軍餘部，因而李來亨慘澹經營的抗清根據地，曾經出現過相對穩定的局面。但是，在這暫時安定的情勢下，李來亨並沒有放鬆思想上的警惕。為了表明矢志不移的抗清決心，激勵將士的抗清鬥志，使部屬在特定的環境裡得到統一的精神支柱，李來亨於 1655 年（南明永曆九年，清順治十二年）在白羊寨

1　溫睿臨：《南疆逸史》卷二十三，《洪育鼇傳》。
2　光緒：《興山縣誌》卷十六《兵事誌》轉引康熙舊志。
3　蔣良騏《東華錄》卷九；參見乾隆：《湖北通誌》卷六十九，《武備·兵事》。
4　《明史》卷二百七十九，《文安之傳》。

聖帝行宮碑原貌

「帥府」附近建築了一所關帝廟。廟前立了一塊「聖帝行宮之碑」。「聖帝」，指關公；「行宮」，帝王出行時居住之宮室，也指帝王出京後之臨時居所。聖帝行宮，即關帝廟。

「聖帝行宮之碑」不是一塊普通的神道碑，而是清初人民反抗民族壓迫的豐碑。它的碑文恰似李來亨領導的抗清農民軍聲討滿洲貴族統治集團的檄文。碑文通過對明清之際農民軍頗為信仰的關羽的祀奉，以名節巍巍的張巡、岳飛等歷史人物為表率，讚頌忠懸日月的堅貞之士，抨擊寡廉鮮恥的叛將貳臣，以「正」氣和「誠」心感召部眾，號召部眾作好精神準備，立下「鐫虜嫗民」（即抗清愛民之意）的決心，同心協力抗清禦侮，向暴力統治者奮勇衝殺。碑文中注明了李來亨的籍貫以及聯明後南明王朝授予他的封爵，列出了許多於史無載的抗清農民軍部將的姓名和封號，甚至連修廟的工匠、莊役和住持僧的姓氏，都一一鐫刻其間，這正好反映了抗清根據地的居民與農民軍「士卒雜處」[5]的融洽氣氛。這通碑刻的價值，還在於它提供了川鄂邊境的抗清農民軍「遙稟」南明永曆王朝「正朔」的實據。在此，又一次找到了李自成餘部始終堅持「聯明抗清」策略的確證。總之，它是清初人民抗清鬥爭的難得的實物資料。

李來亨建築的關帝廟早被清軍的鐵蹄踏平了，承受過烽火狼煙的熏灼而倖存的「聖帝行宮之碑」，又蒙受過三百多年的時代風塵，歷盡了自然風雨的剝蝕。在抗清農民軍將士的碧血澆灌過的山野裡，在斑爛的山花覆蓋著的「萬人坑」旁，在傲然屹立於峻嶺之上的「聖帝行

[5] 王夫之：《永曆實錄·李來亨列傳》。

宮之碑」面前，我們不由自主地撫今追昔，被抗清英雄們的凜凜正氣所感動，對可歌可泣的民族精靈油然而生敬意。高山景行，人所仰止，「聖帝行宮之碑」其所以比較完整地留存到現在，碑上的文字迄今基本上仍可辨識，無疑與當地群眾的精心保護是分不開的。在此，我們是不難理解歷代人心向背的。

《聖帝行宮之碑記》由毛壽登撰文。毛壽登係崇禎朝御史毛羽健之子，明末文學流派「公安派」領

聖帝行宮碑細部

袖袁宏道之外孫，「雅好讀書，有謀略，能耐勞苦」，被南明當權者譽為「楚之奇才」[6]，深得南明大學士瞿式耜所賞識。他曾與南明將領堵胤錫共事，因謀劃收復常德有功，在南明小朝廷中為永曆帝所器重，授兵部右侍郎、僉都御史，命其赴楚「監督勳鎮兵馬」。他除了在興山縣白羊寨為李來亨撰有《聖帝行宮碑記》外，還在大寧縣（今重慶巫溪縣）鹽廠以賀珍（李自成部屬，夔東十三家成員之一）名義撰有《龍君廟碑記》，碑記中稱讚川鄂邊境的抗清武裝「出則以勤王滅虜為事，入則以課農練兵為本」[7]，一度表明過抗清的決心。作為監軍御史的毛壽登，始為永曆帝「所倚恃」，後為抗清農民軍將領「所推重」，但是，在緊要關頭卻與李來亨、劉體純等抗清英雄走上了截然不同的道路。在茅麓山戰役前夕、清朝大兵即將壓境之時，毛壽登未能保持晚節，於康熙三年（1664）正月向清朝「革面來歸」[8]。毛壽登降清後，以清湖廣總督張長庚為首的「將軍督撫交薦其才，擢授天津衛道（臬司）」，

---

[6]　錢澄之《所知錄》卷三。

[7]　道光《夔州府誌》，《藝文》。

[8]　《清聖祖實錄》卷十一。

後「解組歸里」[9]。明清之際著名思想家王夫之，在永曆朝廷中與毛壽登是同僚，稱其人「庸誕無忠義志，潛有乞活心」[10]，不無道理。

「聖帝行宮之碑」的碑文，在光緒《興山縣誌・藝文》中有記載，由於輯錄時僅以同治六年的殘損拓片為依據，未到現場與原碑校對，因此闕文甚多。如原碑中的「臨國公清澗李來亨」八字，至關重要，而《縣誌》僅刊一「清」字，可能是拓片在此處有嚴重殘損。這一闕損，致使撰志者不明瞭碑題上的「臨國李公」為何意，反而捕風捉影地將李來亨的爵號錯誤考訂為「興山伯」[11]。又如「鐫虜媼民」亦係碑文關鍵之所在，今睹原碑猶赫然在目，但《縣誌》是清光緒年間編修的，不敢觸犯清廷的忌諱，遂將「虜」字付闕，使人莫知所云，嚴重損害了原意，降低了史料價值。再者，《縣誌》對許多抗清農民軍將吏以及修廟刊碑的工匠雜役，或略去封號，或不載姓氏，有損於原碑的完整性。此外，《縣誌》將碑題附於碑文之後，與原碑款式不符，等等。訛誤之處，不一而足。

他山之石，可以攻玉，決非淺嘗輒止者所能濟事。為了給研究明清史的專家學者們提供一點可靠的資料，現將光緒《興山縣誌・藝文》中所錄之《明白羊寨關廟碑記》與原碑碑文核對，全文校勘如下並加標點和簡注。校勘時本著寧闕勿濫的原則，力求恢復原貌。《縣誌》中之錯字，據原碑訂正者，用〈 〉號表示；《縣誌》以□號所代之闕字，據原碑補訂者，均填入〔 　 〕號內；凡被《縣誌》刪去，現據原碑補充之字，均用【 】號表示；《縣誌》與原碑皆闕之字，以□號代之。

聖帝行宮之碑（篆額）

臨國李公鼎〈為〉建興山縣聖帝行宮碑記：天也而衷於人，唯其正，正者天之屬也，天斯神矣。然誠而一者，其神也恒大而久，故勸

9　同治《公安縣誌》卷六，《人物志》。
10　王夫之《永曆實錄・李來亨列傳》。
11　光緒《興山縣誌・按語》。

人以天也。有自正唯以誠，斯以神
矣，是道也。壽嘗識之，嘗以是觀
之，粵若勿正於誠也者，雖神有方，
故蚩尤之怪，項羽之雄，神弗被於
天〈下〉也；弗誠於正也者，雖神
有時，故漢之景寶、晉之蔣侯[12]，
神弗顯於奕世；唯正也，誠斯其神
也，故關帝以神於漢，睢陽[13]以神
於唐，武穆[14]以神於宋，代興而不
相為代者也。臨國李公率王師駐牧
興山之四載，鐫〔虜〕嫗民，則既

聖帝行宮碑碑額

有敘，乃興關帝之祠而祀焉。李公志而弗言，予也知其志而言之，蓋
忠獻而〈於〉帝蜀，帝之正；鬼〈兔〉操[15]而鼠權[16]，帝之正。而誠故
文若[17]、文遠[18]弗屑也，子布[19]、子敬[20]弗齒也，功於文舉[21]之正，戛於
孔明之誠，宜乎神之大且久，而肩長睢陽、弟畜武穆也。當今之世，
擬古為〈而〉倫〈論〉，則有若炎其季，則有若口其人。李公之志也，
必以正，如火必熱，如水必寒。正之誠者也，夫以正合正，如萬火可

12　同治《上江兩縣誌》載：「蔣祠有玉澗祠，祀蔣帝，帝即後漢蔣子文也，常自
　　謂骨貴，死當為神，吳大帝為立廟於鍾山，封為蔣侯，在六朝時禱焉若有神，
　　齊永明中封以帝號，南唐追謚莊武帝，有廟碑。」蔣子文事見《搜神記》卷五。

13　張巡（708-757），唐代河南南陽鄧州人，安史之亂時，戰死於睢陽（今河
　　南商丘睢陽區）。

14　岳飛（1103-1142）字鵬舉，南宋抗金名將。被陷害而死。後平反，謚武穆。

15　曹操（155-220），即魏武帝，字孟德，魏國的締造者和奠基者。

16　孫權（182-252），字仲謀，三國時期吳國的開國皇帝，吳郡富春縣（今浙
　　江富陽）人。

17　荀彧（163-212）字文若，潁川潁陰（今河南許昌）人。東漢末年曹操帳下
　　首席謀臣，官至侍中，守尚書令，謚曰敬侯。

18　張遼（169-222年）字文遠，三國時魏國雁門馬邑（今山西朔州市）人。曹
　　操麾下名將。

19　張昭（156-236），字子布，彭城（今江蘇徐州）人。三國時期吳國重臣。

20　魯肅（172-217），字子敬，東漢臨淮東城（今泗洪縣臨淮）人，三國時期
　　東吳重臣。

21　孔融（153-208年），字文舉，被曹操以「謗訕朝廷」等罪名殺之。

合為一火；以誠合誠，如萬水可合為一水，斯神也，蓋志之合也。吾
以是知之，建諸天，質諸地，勒諸豐石，進人無極時。

【皇明】永曆九年歲在乙未季冬之吉
【欽命】總督各路勳鎮恢剿兵馬兵部右侍郎公安毛壽登撰文
【欽命】監軍兵部職方司員外郎武林阮龍德篆額書丹
【欽命】提督御營直省各路恢剿兵馬行招討事掛懷遠大將軍印太子少保〔臨〕
　　　　〔國〕〔公〕清〔澗〕〔李〕〔來〕〔亨〕鼎建
各營總兵官
【掛騎威將軍印左軍都督府左都督太子少保】□春
【掛贊懷將軍印後軍都督府左都督太子少保】緱應照
【掛驃威將軍印前軍都督府左都督太子少保】余〈佘〉加日
【掛巨懷將軍印右將軍都督府左都督太子少保】張盡孝
【掛驃武將軍印前軍都督府左都督太子少保】王從新
【掛驤懷將軍印後軍都督府右都督太子少保】高凌雲
【掛虎驤將軍印右軍都督府右都督太子少保】揚山
【掛崇懷將軍印前軍都督府右都督太子少保】周士貴
【掛武懷將軍印右軍都督府右都督太子少保】李玉
【掛湘雄將軍印右軍都督府都督同知太子少保】□進明
【掛忠威將軍印左軍都督府左都督太子少保】高國玉
【掛威略將軍印右軍都督府左都督太子少保】郭升
【掛驃騎武將軍印左軍都督府左都督太子少保】王學禮
【掛騎武將軍印左軍都督府左都督太子少保】李可明
【掛龍驤將軍印左軍都督府左都督太子少保】王希忠
【掛忠義將軍印前軍都督府左都督】□虎
【掛折沖將軍印前軍都督府左都督】梁國運
【掛湘騰將軍印右軍都督府都督同知】李學秀
監軍廣西布政使司右參政曹一銓
贊畫兵部職方清吏司主事鄧林琛
總兵官
　李守俊　　緱明顯　　余明　　　王政新　　馮可興　　王任　　　劉光先
　黑有功　　張士英　　王加錄　　文良桂　　張士秀　　王有智　　張文表
　馬如青　　陳可榮　　吳性敏　　盧三畏　　□一虎　　姬蒿　　　□宏智
劉滿榮
監紀推官署興山縣事王業昌
【督　郭守標】【工　金應明】【管　李守玉】
【住持僧　普澄　昭明】
【莊役　楊弘芳　向高　黃文學　張尋　楊學正】
【刊碑　胡守清】（碑文完）

（原刊《江漢考古》1983 年第三期，2006 年 11 月修改）

李來亨殉難茅麓山

　　在湖北興山縣西北四十五里的白羊寨山頂上，矗立著一塊「聖帝行宮之碑」。這塊石碑，是大順軍後期的傑出將領李來亨在清順治十二年（1655）樹立的。

　　李來亨，陝西清澗縣人，十多歲就參加了李自成的起義軍，是李自成之侄大順軍後營制將軍李過的義子。李自成犧牲後，大順軍餘部採取聯明抗清的策略，轉戰於湘、鄂、黔、桂等地，在中南地區一度掀起抗清高潮，李來亨戰功卓著，被南明永曆朝廷封為臨國公。順治七年（1650）冬，李來亨率三萬餘人自貴州經湘西進入巴東、歸州、興山一帶，與先期到達川、鄂邊境的李自成舊部劉體純、郝搖旗、袁宗第、賀珍等聯合抗清，形成了以大順軍餘部為主體的夔東十三家。李來亨以興山縣境內的茅麓山為根據地，響亮地提出了抗清愛民的戰鬥口號，採取保護民間貿易的措施，與百姓公買公賣。派人至荊州西部地區，購買鐵器和食鹽。當地居民樂意與農民軍一道屯田墾荒，共同解決物資需求問題。在此同時，李來亨組織軍民在白羊寨、七連坪、李家店、雙龍觀、百城、長坪等地，立壘築寨，層層佈防，作好長期抗清的準備。農民軍採用以攻為守的戰術，聯合各路抗清武裝力量襲鄖（陽）襄（陽），下荊州，取施州（恩施），攻重慶，威震天下。

　　康熙元年（1662），南明永曆帝被吳三桂絞殺於雲南昆明，西南戰事基本結束。清朝調集四川、湖廣、陝西三省約十萬人的兵力，會剿夔東抗清基地，於次年春季從房縣、保康等地鑿山開道，進入興山境內，佔領了農民軍據守的李家店、界牌埡、雙龍觀、三柏埡等到要塞，農民軍將領宋段、邱萬里被俘犧牲，清軍氣焰十分囂張。李來亨沉著

應戰，率萬餘人堅守譚家寨，與清湖廣提督董學禮部相持百餘日。六月二十七日，李來亨乘大霧瀰漫之機，率領手持大刀藤牌的部眾襲擊清營，擊斃荊州鎮游擊張應坤、荊州中營參將武君相、襄陽鎮將趙星照等人，清湖廣之師大潰，總兵于大海、穆生輝、金萬鎰等狼狽逃竄。敗退百餘里。同年八月，李來亨抓住秋雨連綿、泥爛路滑、清兵衣甲盡濕、鬆懈麻痺的時機，派百餘人化裝成運糧的丁夫，打入清營，深夜舉火為號，裏應外合，奇襲萬朝山下的大茶園，擊斃荊州鎮標前營守備張所蘊、千總李三畏、把總孫繼綱、李嗣名等清將數名，清軍被「殺傷萬計」，清兵「除殺創外，擠竄於南陽河，水為不流」[1]。清湖廣總督張長庚被迫「退守夷陵」，提督董學禮逃往當陽。

清軍的三省「會剿」遭到了挫敗，清朝決定繼續發動大規模「會剿」，於康熙二年（1663）八月集中都統、總督、提督、總兵以上官員十餘名，率清「王室禁旅」和滿漢八旗、綠營兵三十萬人，「盡起楚蜀丁夫」運送軍餉，以絕對優勢向農民軍猛撲過來。夔東抗清武裝力量分兵迎敵，經過半年苦鬥，劉體純在巴東天池寨兵敗自縊，郝搖旗、袁宗第在巫山黃草坪被俘犧牲。三員大順軍老將的犧牲，是川、鄂邊境抗清農民軍反「會剿」鬥爭的重大損失。此後，農民軍轉入守勢，主要依憑險峻的地勢與清軍周旋，堅持鬥爭。

在清軍進巫山、巴東的同時，穆里瑪、圖海率領的「王室禁旅」已抵達興山界，向李來亨防地七連坪附近的南陽河河谷推進。七連坪位於興山縣西北四十五里，是茅麓山的門戶，地勢險要，易守難攻。大敵當前，李來亨積極進行戰前準備，倚山傍險，壘巨石為城垣，石城外築土城，週三十里，寨門前沿築炮臺封鎖山口。

康熙三年（1664）春，各路清軍「會剿」李來亨，重兵壓境，其勢洶洶。在此緊急關頭，農民軍內部發生了分化，七連坪週邊據點守將黨守素、塔天寶、馬騰雲，被清軍的聲勢所嚇倒，紛紛投敵，使七連坪大寨和黃龍山要塞相繼失守。李來亨精心營造的防禦體系遭到破

---

[1]　康熙十五年《巫山縣誌》。

壞。在內外夾擊、勢孤力單的情況下，他鼓勵部屬重振士氣，率領孤軍，再建大營於茅麓山，準備與數十倍於己的強敵決一死戰。

茅麓山位於興山縣西北七十里，距七連坪二十五里，方圓約八十里。山高林密，小道崎嶇。李來亨在山頂上選擇了水源充足的有利地勢，建立了長三里寬一里的營寨，築城柵三匝，嚴密防守。三月二十八日夜晚三更時分，農民軍襲擊清營，「四路齊擁，俱各身披綿被、綿甲，仍背挨牌一面，倒褪（退）而下夜。」[2]清軍深夜突遭襲擊，在深谷鳥道上受到阻扼，裝備精良的騎兵不能發揮作用，科爾崑的滿軍遭到沉重打擊，損失慘重。

清軍在地勢複雜的山區多次受挫後，穆里瑪決計改變以往狂奔窮追的戰法，採用重點設防、立壘圍困的戰術，在茅麓山周圍挖掘塹壕，釘上排椿，將農民軍團團圍困起來。為了防止農民軍劫營，清軍分別在營盤周圍構築土壘，以竹纜藤索為棚，欲使農民軍「遠不得出，近不得戰」[3]。清軍於閏六月初九日開始進攻農民軍。鄭蛟麟部從正面進攻，在通向茅麓山山頂的山脊上，與農民軍發生激烈的爭奪戰。李來亨率部拒敵，勢如風雨驟至，將粗木巨石投擲崖下，用鐮刀大斧砍斷棚索，不少清軍葬身溝壑。駐守黃龍山的王室禁旅，苦於深澗阻隔，不能直接投入戰鬥，只有隔山觀戰，發炮助威，虛張聲勢。農民軍用土炮還擊，炮子如雨，聲震峽谷，雙方死傷很重。「茅麓山打黃龍山，炮子飛過火焰山」的民謠，至今還在當地群眾中流傳，可見當時的鏖戰是何等激烈。清軍見強攻一時不能取勝，決定暫時停戰，改用「招撫」的辦法，派早年降清的李來亨的表舅高守貴勸降。身陷重圍的李來亨大義凜然，嚴詞拒絕招撫，決意血戰到底。招撫失敗，清軍各路將領繼續對茅麓山晝夜環攻。八月初四日，清軍暗遣叛徒陳經引路，帶領黃步雲、張雄等率小股武裝繞道至後山絕壁下，身披花草偽裝，攀援樹木藤條爬上山頂，舉火為號，周圍清軍蜂擁而上，衝入寨門。

---

2 李國英《李勤襄公撫督秦蜀奏議》。
3 《李勤襄公撫督秦蜀奏議》卷二十三。

農民軍「莫不奮臂爭呼，拼死力戰」[4]，終因眾寡懸殊而失敗，除百餘人被俘外，餘眾散入秦、蜀山中。八月初五日，李來亨下令點燃大帳，同妻子及身邊將領自縊於帳內，葬身於烈火之中，壯烈犧牲。清朝統治者雖然將中南地區僅存的這支農民軍鎮壓下去了，但是付出了極其慘重的代價。直到清朝中期嘉慶年間，北京城內滿州貴族中間還流傳著一條諺語，他們將辦事艱難比作「又上茅麓山耶！[5]」足見清朝統治者在長時期內，對李來亨領導的農民軍仍然心有餘悸，談虎色變。

李來亨是大順軍後期的一位傑出將領，他忠誠地繼承了李自成的農民革命事業，在川、鄂邊境堅持抗清鬥爭達十四年之久，他那種寧為玉碎、不為瓦全的高尚氣節，也是中華民族寧死不屈精神的寫照。

4　《李勤襄公撫督秦蜀奏議》卷二十三。
5　昭槤《嘯亭雜錄》卷八《茅麓山》。

劉體純轉戰夔東

在神農架西部大九湖鄉坪阡村，有一塊小盆地，名叫國公坪，因南明皖國公劉體純在此安營紮寨而得名。

劉體純，綽號劉二虎，陝西延安人，生年不詳。明末時參加陝北農民起義軍，隨李自成在陝甘寧一帶征戰。明崇禎十六年（1643），李自成在襄陽建立政權時，實行軍制改革，所部編為五營，劉體純被任為右營果毅將軍，後被封為光山伯，成為大順軍重要的將領之一。清順治二年（1645）五月，李自成在湖北通山犧牲後，劉體純與李過、高一功等率大順軍餘部，在中南、西南等地從事抗清活動。早在明崇禎年間，劉體純等在川、鄂、秦、豫等地，就有過頻繁的活動，農民軍在這一帶地區，有著堅實的群眾基礎。清順治七年（1650），劉體純率部由湘西到達三峽地區，以巴東長豐為基地，在川、鄂交界處的長江南北，堅持抗清鬥爭。當農民軍初到巴東時，百姓不明真相，紛紛逃往山寨洞穴中躲避。劉體純派人招撫流民，勸導他們安於農事，山民得以「安身立命」，長豐一帶「蔚然成一都會」[1]。不久，李自成餘部袁宗第（原大順軍前營制將軍）、黨守素（原大順軍帥標威武將軍）、郝搖旗（原大順軍大旗手）、李來亨、塔天寶、馬騰雲等，先後到達三峽地區，與分據川、鄂邊境的賀珍、譚弘、譚詣、譚文、王光興、王光昌等部，組成「眾猶數十萬」的抗清武裝集團，毛奇齡《後鑒錄》稱夔東十三家。劉體純「驍勇有方略」[2]，在大順軍中資歷深、威望高，又是夔東抗清基地的創始人，因此被各部推舉為首領，聽從他的指揮。

---

[1] 陳詩《湖北舊聞錄》。

[2] 光緒六年《巴東縣誌》卷十四《事變志·寇亂》。

　　為了爭取南明王朝，廣泛團結抗清義軍，夔東十三家採取了聯明抗清的策略，在名義上接受了流亡於西南地區的南明永曆朝廷的封爵，劉體純被封為皖國公。當吳三桂率清軍由漢中南下遵義之時，南明永曆朝廷危在旦夕。劉體純與南明監軍文安之決計解西南之危，於順治十六年（1659），兩次率十三家農民軍由水道進攻重慶，聲勢浩大，「戰船蔽江」，連克夔州、萬縣、忠縣、涪陵等州縣，前鋒抵達重慶朝天門，後續部隊水陸並進，雲集重慶城下，分三路攻城，蜀中大震。清四川總督李國英慌忙自保寧調集重兵防守合州，要求南下的吳三桂部回師救援。在緊要關頭，譚弘、譚詣殺害譚文後降清，造成十三家內部分裂，致使會攻重慶的戰役沒有達到預期的目的。儘管如此，這一戰役牽制了楚、蜀清軍南下，減輕了東南沿海一帶的抗清活動的壓力。鄭成功等於同年夏季破鎮江，攻南京，江淮民眾紛紛響應。三路大軍遙相呼應，清朝統治者大為震驚。清康熙元年（1662）年四月，南明永曆政權滅亡。清朝統治者集中力量對付夔東抗清農民軍，令四川總督李國英、陝西總督白如梅和湖廣總督張長庚調集三省兵力十萬人，運糧丁夫二十萬人，分道進入川、鄂邊境，欲使農民軍三面受敵，然後「一舉蕩平」。

　　這時，夔東十三家已不足原有的家數。重兵壓境，農民軍奮起應戰。他們採取分兵拒敵，互相策應的策略，捕捉有利戰機打擊來犯之敵。劉體純由巴東進駐巫山老木崆，與守衛大昌、大寧的袁宗第一道圍擊李國英的四川兵；郝搖旗屯保康、房縣，馬騰雲、塔天寶扼竹山、竹谿，抵禦清秦豫兵；李來亨據守歸州、興山，與清湖廣兵對壘。在綿亙數百里的戰線上，農民軍嚴陣以待。

　　康熙二年（1663）正月，李國英由雲陽、萬縣順流而下，控制夔州、巫山，伐山開徑，奪取了大昌西南五十里的羊耳山，屯兵七里壩。袁宗第率農民軍退守茶園坪，與清軍相持四個月。五月十五日，劉體純、袁宗第按預定部署，出其不意冒雨夜襲清營，農民軍喊聲震天，銳不可當。清軍猝不及防，敗退至巫山城中。農民軍反會剿首戰告捷。

七月初，劉體純決定聯合李來亨、郝搖旗、袁宗第、黨守素、塔天寶、馬騰雲七部，會攻巫山縣城。經過充分準備，七部以五萬兵馬齊集於巫山城下。從八月二十五日開始，農民軍披堅執銳，構築土囤，架設雲梯，挖掘地道，以多種戰術輪番攻城。戰鬥十分激烈，雙方損失很大。九月初六、初七日，連降大雨，清軍暗中出城潛伏在農民軍運糧的通道附近，擊殺運糧的士卒，使農民軍的糧餉斷絕。城內清軍乘機分四路出擊，激戰一天，農民軍雖英勇奮戰，但由於師疲糧乏，損失七千餘人，只得暫時撤退，待機再戰。李國英龜縮在巫山城中，身不解甲，僥倖取勝之後，不敢冒險進軍，一再向大清朝廷告急，乞求迅發大兵，以保全危城。

清朝統治者傾三省之兵，對川、鄂邊境的抗清農民軍進行了為期半年的會剿，沒有取得進展，反而接到各路求援文告。為了消除心腹之患，清朝統治者於八月間作出增兵決定：命都統穆里瑪為靖西將軍，都統圖海為定西將軍，同都統輔國公宗室穆琛、護軍統領孫達里、都統覺羅巴爾布、統領科爾崑，統帥大軍前往「征剿」。並派西安將軍傅誇蟾（富喀禪）、副都統杜敏、提督鄭蛟麟以及吳三桂部屬重慶鎮總兵陳廷俊、遵義鎮標中軍副將陳福等，協同征剿。連同原有的三路清軍，兵力總計不下三十萬人，援軍中多為久經征戰的八旗兵與綠營兵，靖西將軍穆里瑪是權臣鼇拜胞弟，其率領的部隊為王室禁旅，頗有戰鬥力。這次增兵會剿的聲勢和規模之大，是清軍入關以來罕有的。

十一月底，清陝西援兵越秦嶺過古棧道入蜀，再改由水道直下夔、巫，與李國英部會合，氣焰囂張。十二月十八日，清川、陝聯軍在巫山高唐觀誓師，經鐵剎山、秦羅坪直撲巴東江北，進逼劉體純的長豐大營。

巫山之役後，農民軍未作休整，面對來勢洶洶的清軍，劉體純部避之不及，雙方在陳家坡（在今巴東縣沿渡河鎮）遭遇。農民軍雖奮勇禦敵，但終因後勤保障不力，損失慘重。傷之過半。駐守大寧、大昌的郝搖旗、袁宗第，得知劉體純部遭到清軍重創，準備率部前去救援，不料在白玉坪受到清軍截擊，傷亡甚多。劉體純下令焚毀長豐大

營，打算東走興山，向李來亨部靠近，但未及轉移，在陳家坡天池寨被清杜敏部包圍。劉體純率殘部「倚峙山險，排列陣營，層層扼拒」[3]，與敵展開激烈搏鬥，打死打傷大量清兵。後因寡不敵眾，天池寨被攻破。康熙二年十二月二十三日（1664 年 1 月 20 日），劉體純見大勢已去，在最後關頭，誓死不落入清軍之手，令妻妾自殺，他又親手勒死兩個女兒，然後用弓弦自縊身亡。劉體純殉難後，郝搖旗、袁宗第率親兵突圍未成，在巫山黃草坪陷入清梁加琦、巴達世部伏擊圈中，農民軍「各執利刃，抵死交鋒」[4]，但在清軍重重包圍之下，農民軍最終未能突出重圍。二十六日，郝搖旗、袁宗第被俘犧牲。劉體純、郝搖旗、袁宗第三員大順軍老將，在明末清初反抗暴力統治的鬥爭中，轉戰南北，在川、鄂邊境悲壯地結束了他們的一生。

驍勇善戰的劉體純，「馭眾嚴明」，「頗知愛民」[5]，深得民心。他犧牲之後，巴東百姓無不傷心落淚。連鎮壓農民軍的劊子手四川總督李國英也不得不下令對劉體純「以禮葬之」。劉體純、郝搖旗等農民軍中的傑出人物，在巴東、神農架一帶留下了許多遺址，供後人憑弔。

巴東有許多地名（如誤子埡、五子坪、缺子坪、國公洞、教場坪等）都是以劉體純悲壯的鬥爭故事而得名。

時至今日，國公坪東面仍有一棵 350 多年的椰榆樹巋然屹立，枝繁葉茂，相傳為劉體純親手所植，因永曆帝名朱由榔，他植樹以表聯明抗清的決心。

（原刊《三峽文化研究》1998 年第二期）

---

[3] 《清代農民戰爭史資料選編》之《康熙三年二月十九日李國英題稿》。
[4] 同上。
[5] 李天根《爝火錄》卷二十。參見張允炘《湖北通誌・武備誌》。

聯合農民軍抗清的文安之

　　南明政權之所以能夠維繫十六年（1645－1661），與各地人民堅持抗清鬥爭是分不開的。在南明抗戰派中，也出現過同農民軍聯合抗清的慷慨悲歌之士，文安之就是其中的一位佼佼者。

　　文安之，字鐵庵，湖廣夷陵（今湖北宜昌市鴉雀嶺）人，明朝天啟間進士。在翰林院掌修國史期間，不附閹黨巨魁魏忠賢而被罷官，崇禎時起用為南京國子監祭酒，因冒犯權臣薛國觀，遭誣陷再次罷官。清軍入關後，南明弘光、隆武朝廷相率建立，先後任命文安之為詹事府詹事、禮部尚書。由於交通阻滯，「敕使不達」，文安之未及赴任，弘光、隆武就已接連倒臺。不久桂藩朱由榔在廣東肇慶建立永曆政權，大學士瞿式耜廣延人才，稱讚文安之為「歷朝人望，宜入綸扉」[1]，奏請永曆宣召入粵供職。此時，清軍大舉南下，大順、大西農民軍餘部已同南明聯合，聯軍在中南地區一度掀起過抗清高潮。但是，南明腐朽的政治局面也已顯露無遺，甚至連隆武帝朱聿鍵也不得不承認：「近來情弊因仍，貪者工擾取，傲者喜逢迎，以致民窮無告……殊可痛恨」[2]。永曆朝依然如故，當局者「如醉如夢」，「天子已不能自令」[3]。官僚集團互相傾軋，爭權奪勢。一部分頑固守舊勢力，害怕甚至極端仇視「陷京師、毀神器」的農民軍，對這些「闖、獻餘孽」處處設下障礙，製造裂痕，造成抗清陣營中始終沒有形成統一的軍事力量。大順軍餘部師疲糧乏，腹背受敵，被迫向北轉移。大西軍將領孫可望與李定國構

---

[1]　王夫之：《永曆實錄》卷五，《李、文、方列傳》。
[2]　佚名《思文大紀》卷四。
[3]　鄭達《野史無文》卷九。

隙，割據地盤，各自為戰，瀕於分裂。這些紛爭，使永曆王朝一時陷於內外交困的境地。

　　文安之見國勢愈危，「慨然思起扶之」[4]。1650 年（順治七年，永曆四年），文安之在廣西南寧朝覲永曆，「帝未深知其人」，對文安之任職事拖延了半年。經過臣僚們一番爭議，「論資排比」，有人願意「自處其下」，永曆帝才勉強讓文安之任東閣大學士。文安之入閣「不及旬日」，就遇到了一系列棘手的問題。王化澄、朱天麟之流，深通謀官術，大發國難財，徇私植黨，奸詭叵測。他們表面上「以安之翰林先輩，欲假其望以動人」[5]，暗中則對這位「先輩」議論猥雜，上樓拔梯。正當他準備整飭「朝綱」的時候，有一批趨炎附勢的政客又出來搞鬼，慫恿孫可望充當朱溫式的角色，攪亂抗清陣線。孫可望個人野心惡性膨脹，逐漸背叛了農民革命事業。他兵權在握，獨據滇、黔，脅迫永曆封他為「秦王」，甚至大作皇帝夢，「私製天子鹵簿」，擬訂朝儀，自設內閣，暗許文安之為大學士，想借助其名望以「自專」。文安之「深知可望豺狼之性」[6]，不能依託，斷然拒絕了這一利誘。

　　文安之對孫可望持反對態度，而對大西軍的卓越將領李定國卻十分器重，確認李定國是一員堅貞不渝的驍將，委以防衛西南的重任，「欲以車駕托之」[7]。同時，他認為北上川東的大順軍餘部，是久經征戰的勁旅，奏請永曆遙授「川中諸鎮」的封爵，使這些有生力量成為抗清的前鋒。他甘擔風險，「屢請督師川、楚」[8]，團結抗清武裝，「冀收蜀為迎蹕計」[9]。

　　文安之入閣後的處境是十分困難的，永曆的猜忌，頑固派的排擠，孫可望的威逼，使他無法在朝中站住腳跟。文安之請求督師川、楚，永曆順水推舟，任命他為太子太保兼吏、兵二部尚書，「總督川、湖軍務，

---

[4]　溫睿臨《南疆逸史・文安之傳》。
[5]　王夫之《永曆實錄》卷五。
[6]　溫睿臨《南疆逸史》卷二十二。
[7]　溫睿臨《南疆逸史》卷二十二。
[8]　魯可藻《嶺表紀年》卷四。
[9]　王夫之《永曆實錄》卷五。

賜劍,便宜從事」[10],攜敕印前往川、鄂邊境,授予夔東十三家首領的封號。永曆的委任狀既是一連串的空頭銜,又是一道逐客令,對於手中無一兵一卒的文安之來說,無疑是一項苦差事。此事為孫可望所覺,又引起了一場軒然大波。孫可望早有火併大順軍的意圖,雙方結怨很深,他得知文安之要聯絡大順軍,大為惱恨,在入川途中設下圈套,將文安之拘禁在貴州都勻,扣留了兵符印信,欲置之死地。幸而有一批正派官員極力解救,文安之才免遭殺身之禍,但仍然避免不了受到謫戍貴州畢節的處置。文安之在羈縻期間,極其悲憤地說:「豺虎心何饜?兇殘眾所驕」[11]。他認為孫可望所以橫行無忌,濫施淫威,實因永曆朝中昏庸腐朽的官僚們的縱容所致。後來他幾經周折,含辛茹苦潛行群山,才於1651年春季到達鄂西,深入抗清農民軍駐地,「依劉體仁(純)以居」[12],與大順軍老將合作,共圖抗清大業。當時川、鄂邊境的各路武裝「眾猶數十萬」,統稱夔東十三家。其中主要是劉體純、李來亨等領導的大順軍餘部,此外還有一些「嘯聚山林」的烏合之眾,如反覆無常的地主武裝譚弘、譚詣,一味守土保寨的王光興等,「各自雄長,不相統屬」[13]。有的打著抗清旗號,幹著擾民勾當,真偽難辨,魚龍混雜。單憑空頭敕印封官許願,是很難控制這些割據勢力的。文安之遍巡鄂西山區,「日以忠義激勵諸鎮,銳意復興」[14],除廣泛結納各部首領外,還設法爭取世居湘、鄂、川、黔邊境地區的容美土司加入抗清行列。容美宣撫使唐鎮邦擁兵自雄,文安之「知其才」,親臨山高林密的白溢寨,曉以大義,多方斡旋,因勢利導,使其「挈眾來歸」。

土家族的頭人們尊稱文安之為「文國相」[15],並樂意籌辦軍餉。明末農民軍素以流動作戰著稱,這時處在特殊環境裡,要以貧瘠的巴巫山區作為抗清根據地,勢必要克服流寇主義。史載,抗清農民軍分

---

[10] 《明史‧文安之傳》。
[11] 光緒《長樂縣誌》卷十五。
[12] 《明史‧文安之傳》。
[13] 乾隆《湖北通誌》卷六十九,《武備‧兵事》。
[14] 光緒《長樂縣誌》卷十三。
[15] 田舜年《田氏一家言》。

據川、湖間，屯田自給，興鹽鐵之利，與百姓公買公賣，當地民眾「翕然歸之」，文安之、劉體純的駐地巴東長豐一帶「蔚然成一都會」[16]。通過數年慘澹經營，川、鄂邊境已略具抗清根據地的雛形，連處在閩、浙地區的抗清志士張煌言也為之欣慰不已，寄恢復中原的希望於夔東十三家。相對穩定的局面固然是農民軍艱苦奮戰的結果，但與文安之的精心調度也是分不開的。

如果說「屯田自給」是抗清農民軍為形勢所迫採取的一項有效的自救措施，而十三家進攻重慶之役則可證實文安之是一名卓越的組織者和指揮員。順治十六年（1659），吳三桂向西南地區發動大規模進攻，由陝西漢中南下貴州遵義，行經四川時偵知十三家兵強馬盛，頗有後顧之憂，急調陝西炮隊入川防範，以備不虞，又以嚴自明充任永寧總兵，協同重夔總兵程廷俊「合防固根本」[17]。清軍大舉進入滇、黔，永曆由南寧退居雲南永昌，南明王朝危在旦夕。李定國遣使「間道四出聯絡諸故將」，「期大舉出楚」[18]。為了挽回西南的敗局，文安之傾注全力，兩次率十三家之兵由水道進攻重慶，「戰艦蔽江，勢甚猖獗」[19]，連克夔州、萬縣、忠州、涪陵諸州縣，在重慶城下與清軍鏖戰，蜀中大震。清四川總督李國英慌忙自保寧調集重兵防守合州，乞求南下的清軍回師救援，並一再向清廷要求集中秦、楚兵對抗清義軍進行「會剿」[20]。文安之率義師入川，牽制楚、蜀清軍南下，減輕了清軍對雲南大西軍餘部的威脅，使李定國贏得時間集結力量實行反擊。這一戰役也密切配合了東南沿海一帶的抗清活動。鄭成功、張煌言於 1659年夏季「破鎮江，趨南京，維揚、蘇、常旦夕待變，安徽四府、三州、二十餘縣望風納款，江淮半壁為之震動」[21]。三路大軍遙相聲援，主動出擊，使清朝統治者大為驚恐。

---

[16] 陳詩《湖北舊聞錄》。
[17] 計六奇：《明季南略》卷十五，《吳三桂兵取雲南》。
[18] 王夫之《永曆實錄》卷十四，《李定國列傳》。
[19] 《明清史料》丙編第十本。
[20] 劉景伯《蜀龜鑑》卷五。
[21] 溫睿臨《南疆逸史》卷三十二，《張煌言傳》。

　　然積重難返的永曆王朝已是名存實亡，為清軍所迫，永曆政府由永昌退至騰越，繼而流亡緬甸。文安之聽到滇土盡失，西南邊陲易幟的消息後，沉痛地感到「收蜀以迎蹕」的願望斷難實現，憂憤致病，「薨於軍中」[22]。此後，川、鄂邊境的抗清組織再度陷入混亂狀態，在清軍的「會剿」之下，十三家的首領或死或降，「諸軍皆潰」，中南地區有組織的抗清活動則於康熙三年（1664）八月宣告終止。

　　文安之是有明自天啟迄永曆的「歷朝人望」，無庸諱言，是南明統治集團中的上層人物，他同抗清農民軍首領在「扶明」與「聯明」的問題上，無疑存有分歧觀念。文安之「扶明」的觀念，是其階級藩籬所決定的，與南明抗清派將吏有著共性。基於當時的歷史條件，則不必苛求於他。文安之的獨到之處是他在民族矛盾上升時期悉心鑒衡，與農民軍求同存異，並能聯合這些武裝堅持抗清鬥爭，足以表明他在一定程度上看到了人民群眾的力量。

　　文安之說過：「予惟舊史，得紀新勳」，要以「立德、立言、立功」[23]來自勉。他在高度愛國熱忱的支配下，能夠體察民意，見危授命，身居抗清第一線，與農民軍風雨同舟達十餘年之久，雖屢受挫折而矢志不移，近於垂垂暮年而壯心不已，為恢復河山鞠躬盡瘁，為實踐「三立」的諾言直到以身殉職，的確無愧為南明的有勳之臣。

　　據宜昌《文氏族譜》記載；文安之出生地為今宜昌市夷陵區鴉鵲嶺鎮文畈村，生於明萬曆二十年（1592年）五月初四，卒於永曆十三年（清順治十六年，1659年）九月初八，葬於湖北巴東縣平陽壩。近年有人考察，證實平陽壩實為假墳。顧彩《容美紀遊》載：「（鶴峰縣）紫草山林茂幽深，全體皆石疊成，其上有草廬三五楹，君所築以居隱士宋生者，生常德武陵人，故明督師學士文安之幕客也。文公以避賊，流寓司中，君父少傅公，禮為上賓，卒葬是山。宋生守之不去。今年八十餘，誓不下山。」「少傅公」指田甘霖，「君」指其長子田舜年，

---

[22] 王夫之《永曆實錄》卷五。
[23] 田玄《秀碧堂詩集·序》。

順治十五年（永曆十二年，1658年）正月，容美宣慰司田甘霖及其叔田圭被「扼之於皖國公劉體純營中……後多方解險」。文安之卒後，田甘霖、田圭等即同其幕客宋生一道，在巴東平陽壩築一假墳，然後送靈柩返回容美，並將其安葬在紫草山上，宋生守墓直到康熙四十三年（1704）。

（原刊《文史知識》1989年第十一期）

關於文安之「復明」觀念之我見

　　筆者曾撰《聯合農民軍抗清的南明大臣文安之》一文（發表於《文史知識》1989 年第十一期），側重於表述文安之的抗清事蹟，對其「復明」觀念未作過多評議，茲就此問題作一補述。

　　文安之是南明大臣，思想上存在著「反清復明」的觀念，與他處於同一時期，走過同一條道路的史可法、張煌言、王夫之、顧炎武等均持有相同的觀念。在反清的漢族士大夫階層中，之所以產生這種帶有共性的「復明」觀念，無疑是其階級屬性和歷史條件決定的。

　　清初社會矛盾尖銳複雜，滿洲貴族對漢族廣大人民和中小地主推行民族高壓政策，政治上極力維護其貴族特權，強制漢人剃髮，易服，當奴婢，經濟上圈佔漢人的土地房屋，軍事上對不「歸順」、「迎降」者，「即行誅剿」。廣大農民成為這種民族高壓政策的主要受害者，同時，這一政策也危及漢族和其他民族各階層的利益，除投降派以外，不少地主分子的利益也受到損害，生命受到威脅。因此，在全國各地爆發了以農民為主體的抗清鬥爭。

　　在抗清活動中，既有農民和市民對清軍暴行的自發反抗，也有漢族士大夫為恢復明朝統治的圖謀。包括文安之在內的地主階級知識份子，從維護本階級利益出發，打著恢復「大明江山」的旗號，奔走呼號，借此激揚民族感情，對抗清活動的確起到了推波助瀾的作用。

　　眾所周知，清軍入關時期，進行的是一場野蠻的掠奪戰爭，對中國社會的經濟、文化造成了很大的破壞。國內的民族鬥爭也存在著民族壓迫問題，存在著保衛民族正當利益問題，存在著妥協投降還是進行抵抗的是非問題。人民群眾理所當然要起來反對壓迫，反對掠奪，一部分地主階級及其士大夫抱定「復明」的動機，也參加了抗清鬥爭。

在地主階級中有無真正的抗清派，可能有人因其具有「復明」動機而持否定態度。其實，以「復明」作為政治口號，在某種程度上也是一個策略問題。大順、大西農民軍餘部提出過「聯明抗清」的政治口號，這並不意味著他們早期要推翻明朝，後期則要歸順、恢復明朝。事實上，「聯明」不過是農民軍抗清的一種策略。直到清朝中葉的會黨，清末的興中會、光復會等資產階級革命團體，也採用過類似口號來開展反清活動，起過一些積極作用。因此，評價歷史人物及其政治口號，不能僅僅根據其動機和表面意義，一個歷史人物的行為的效果往往會超越其狹隘的動機，而一個政治口號在不同時期，不同階級的人手中也具有不完全相同的意義。文安之和史可法都具有「復明」觀念，這與岳飛、文天祥「扶宋」的觀念如出一轍，都具有階級局限性和狹隘性，這是不容掩飾的。但是，不能因此而否定他們在抗金、抗元和抗清鬥爭中表現出來的高尚的民族氣節。清朝初期，「地主階級的抗清武裝和農民的抗清武裝，自然存在著差異和矛盾，但兩者處在同一條戰線上，都是抗清力量的組成部分，對其比較堅決的人物和集團，理應給以肯定的歷史評價。」[1]

文安之是明朝天啟年間的進士，任過司業、祭酒、大學士等官職，他反對明朝的腐敗政治和清初的暴力統治，與不少正派官員過從甚密。明清之際的著名思想家王夫之，在南明永曆朝廷中任過行人司行人，是文安之的下屬，深知他的閱歷，二人在反對民族壓迫的政見上有過共鳴。王夫之在其著作中認為保衛民族利益是「古今之通義」。民族敗類是「萬世之罪人」。無情鞭撻了歷史上的投降派，熱情歌頌了捍衛本民族正當利益的英雄人物。因此，他在《永曆實錄》中為文安之立傳，同意南明另一位大學士瞿式耜對文安之的評價，稱讚他為「歷朝人望，宜入綸扉」[2]。可見文安之在南明的正派官員中是一位受到尊重而頗有影響的人物。

1 戴逸《簡明清史》第一冊第 120 頁。
2 王夫之《永曆實錄・李、文、方列傳》。

　　本世紀三、四十年代的抗日戰爭時期，著名史學家翦伯贊[3]、詩人柳亞子[4]等，通過對南明史的研究和整理，寫出了不少讚揚抗清派人物的歷史論文和文學作品，以此來增強人民抗日禦侮的決心，樹立抗戰必勝的信念。在此期間，著名劇作家阿英先生[5]，在以南明史為題材的歷史劇《楊娥傳》中，讓文安之的形象出現在戲劇舞臺上，將他塑造為一位臨危受命、甘擔風險的正面人物，讚頌了他的高尚情操和民族氣節。建國以後，著名明清史專家謝國楨先生，在《南明史略》（上海人民出版社 1957）中，對文安之督師川楚、率領以李自成餘部為主體的夔東十三家會攻重慶的壯舉評價較高。無論是新版《辭海》（1978年版）還是《湖北歷史人物辭典》（湖北人民出版社 1984 年版）都立有文安之條目，肯定了他的抗清業績。這些事實充分表明，文安之其人在歷史上是站得住腳的，對他的抗清事蹟應該給予肯定的評價。

　　此外，文安之閱歷豐富，博學多聞，熟悉歷朝掌故，他曾注釋過《易經》，在南明朝廷中、湘鄂川黔地區以及容美土司轄境之內，留下了許多詩文，散見於《明史》、清代野史稗乘及地方誌和譜牒之中。建議有關部門對其生平事蹟及其著作進行搜集整理，彙編成集，用以充實三峽文庫。

3　翦伯贊（1898-1968），湖南桃源人，維吾爾族。歷史學家。
4　柳亞子（1887-1958），著名詩人，原名慰高，號安如，改字人權，號亞盧，再改名棄疾，字稼軒，號亞子，江蘇吳江人。
5　阿英（1900-1977），作家、文學理論家。安徽蕪湖人。原名錢杏邨。著有《阿英劇作選》（中國戲劇出版社，1980）。

王夫之與農民軍
——兼及傳統愛國主義思想

　　王夫之（1619－1692）是明清之際將我國古代唯物主義推進到一個階段的著名思想家，也是一位具有巨大總結性與創造性的史學家，同時也是一位堅持反對民族壓迫的愛國主義者。本文試就王夫之與農民軍的關係並聯繫其愛國主義思想談一點淺見。

一

　　王夫之所生活的時代，正是十七世紀中國歷史上階級矛盾、民族矛盾異常尖銳的時代。大動盪的社會條件和急遽變化的政治風雲，使統治階級內部出現了分化。某些在政治上受歧視排斥或在仕途上失意受挫的地主階級知識份子也加入了農民軍，有的還成為農民軍的領導成員。明末農民起義發展到一定的階段之時，需要熟悉典章制度的知識份子為其起草文告，出謀劃策。因此有「大索名士」，廣延人材之舉。崇禎十四年（1641）李自成攻克洛陽後，有些官紳家庭出身的士子歸順了農民軍。如李岩、牛金星等即是，他們在農民軍中擔任了要職，倡言「行仁義、收人心」，宣傳農民軍是「不殺不掠，又不納糧」的仁義之師，起過積極作用。1643 年張獻忠進軍湘、贛，主動爭取地方上有名望的文士參加農民軍，時年二十五歲的衡州舉人王夫之自然屬於招請的對象。王夫之出身於一個由下級官僚下降為中小地主的家庭，家境頗為殷實，其父為衡州名士。王夫之自幼熟讀經史，受過嚴格的封建教育，同其他小地主出身的知識份子一樣，想通過科舉考試「冀

得出身致主」[1]。由於「選政大壞，官以賄定」[2]，使其進士夢破滅，在家閒居。

衡州被農民軍解放之後，貧苦農民倍受鼓舞，殺牛羊，備酒漿歡迎農民軍到來。有些地主豪紳懾於農民軍的威力，怕「投諸湘水」，被迫投降義軍，有的則乘機逃離家鄉。王夫之的名望較高，農民軍將領艾能奇數次禮聘他出山，王夫之卻拒絕與農民軍合作，藏到南嶽雙髻峰下不願露面，農民軍求賢心切，將王夫之的父親作為「挾質」，促其應召。王夫之基於孝道，為了讓老父脫身，自己竟然採用殘毀肢體，「刺身作重創」的手段偽稱病重，才免於出仕。王夫之的「苦肉計」說明他的思想上打下了很深的階級烙印，他不但不願與農民軍合作，而且對農民軍懷著頑固的對抗情緒，事後他說抗拒農民軍的征招是不能容忍「從賊者斥國為賊」[3]。在政治思想上與朱明王朝休戚相關，正是受著這種封建正統思想支配的。

二

1644 年清軍入關後，國內階級關係發生了變化，滿族貴族集團上升為國內的統治者，代替明朝漢族地主階級對全國的統治。清朝統治者為了維護滿族貴族的特權，對漢族和其他民族推行民族壓迫和民族歧視政策，或圈佔漢人土地房產，強迫漢族剃髮易服，對不願「歸順」、「迎降」者進行「誅剿」等。這種民族高壓政策，使民族矛盾尖銳激化，廣大農民奮起反抗，部分漢族地主官僚也起來抗清。王夫之在國內民族矛盾上升而又與階級矛盾交織的形勢下，同一些漢族士大夫知識份子一樣，不以主觀意志為轉移地捲進了這一潮流之中。

---

[1]　王敔《薑齋公行述》。
[2]　1658 年王夫之自編《家世節錄》。
[3]　王夫之《九礪》。

　　一部分明朝將領，以儒家正統思想為精神武器，各自擁戴朱明皇室後裔，先後組織了幾個南明小朝廷，同清朝對抗。1645 年李自成、張獻忠戰死後，大順軍與大西軍餘部，在民族危亡當頭之時，堅持民族大義，顧全大局，先後提出「聯明抗清」、「合師北拒」等口號，主動與南明合作。農民軍在中南地區打過一些勝仗，一度掀起了抗清高潮，開創了抗清鬥爭的新局面。南明小朝廷其所以能夠維繫十六年（1645－1661），與各地人民堅持武裝抗清是分不開的。在中國社會「天崩地解」的時刻，王夫之敵視農民起義和懼怕農民軍的態度有了一定程度的改變。他和清初著名的進步思想家黃宗羲、顧炎武等持同樣觀點，要與民族國家共命運，極力宣揚民族意識和民族感情，號召並組織人們起來抗清，「求先君之遺裔，聯草澤之英雄，有一日之生，盡一日之瘁」[4]，正是王夫之強烈的民族意識形成的抗清指導思想，這一思想表明他的愛國主義的主要內容是「反清復明」。他主張擁戴朱明藩王，以地主武裝為主體，聯合農民軍，為保護南明政權挽救危機鞠躬盡瘁。王夫之「反清復明」的思想是以地主階級主戰派為出發點的，帶著濃厚的忠君思想，具有一定的狹隘性，自然同農民軍為反抗民族壓迫與剝削而提出的「聯明抗清」的策略有著本質上的不同，但在民族矛盾空前激化的情況下，仍有其積極意義。因為二者都主張把主攻方向對準實行民族高壓政策的清朝統治者，有助於抗清形勢的發展。

　　王夫之不但有抗清的主張，而且有積極的行動。他於 1646 年奔赴湘陰，向南明抗清將領「指畫兵食」[5]，「調和南北，以防潰變」[6]。兩年以後，他毅然抱定「思以頸血濺乾淨土」[7]的決心，在衡山揭起義旗，「涉歷險阻」，「枕戈待旦」，參加了抗清鬥爭。由於孤軍出擊，導致戰敗軍潰，使他在實際鬥爭中認識到聯合農民軍的必要性。王

---

[4]　王夫之《宋論》。
[5]　王敔《薑齋公行述》。
[6]　潘宗洛《船山先生傳》。
[7]　王夫之《章靈賦・序》。

夫之出師敗績，並未灰心，又於南明永曆四年（1650）奔赴廣西梧州，就任永曆朝行人司行人，充當持節傳旨、撫諭藩屬的微職。他不計較位卑職小，只求以此得到朝中陳述「匡時救國」的政治見解的機會。

南明王朝實質上是腐敗的明朝政權的繼續，並未因抗戰派臣僚的極力挽救而稍有生機。農民軍負弩前驅抗擊大敵，但受到南明官僚集團中頑固守舊勢力的排斥。頑固派對農民軍「以舊軍參之」，遣散其部眾，製造分裂，剋扣軍餉，使其腹背受敵。大敵當前，國勢危如累卵，朝中吳、楚黨爭卻日甚一日，陷於內外交困的境地。王夫之對黨爭頗為憤慨，他主持正義，數次向永曆帝上疏，力主團結抗清，反對製造分裂的派系之爭，痛斥「奸黨」誤國，陷害「志士」，因而得罪內閣權臣王化澄，受到「謀反」的誣陷，幾乎被置於死地。

王夫之蒙冤難申，竟至「憤激咯血」[8]。朝中同僚因懾於權勢者的淫威，一個個噤若寒蟬，不敢出面主持公道。幸賴大順軍將領高必正（高一功）「慕義營救」[9]，王夫之才免遭殺身之禍。王夫之在上永曆帝奏疏中僅僅是勸阻吳、楚黨爭，絲毫沒有為抗清農民軍受到頑固派打擊排斥而鳴不平。他死裡逃生後，也不答謝高必正的救命之恩，在他的著述中對此事隻字不提，似乎引以為恥，心存所謂「君子小人之防」，對農民軍懷著戒備心理，足見他的思想仍然帶著明顯的階級局限性。這一事實也可證實南明統治者同意與農民軍聯合，只不過是為了利用農民武裝力量維持其政權於一時，他們仇視農民軍的思想在本質上仍未改變。農民軍抗清鬥爭一再受挫直至失敗，究其原因固然與敵我力量懸殊有關。但與他們對南明王朝喪失警惕，模糊了自身應該擔當的歷史使命這一主觀原因也是不無關係的。

---

8 王敔《薑齋公行述》。
9 潘宗洛《船山先生傳》。

三

　　儘管王夫之的思想帶有明顯的階級局限性，始終未能衝破士大夫階層的藩籬，但綜觀其抗清時期的言論和行動，仍然不失為清初的一位傑出的愛國主義者。王夫之的愛國主義思想表現在他在民族危機到來之時極力維護民族尊嚴，反對民族壓迫和民族奴役。他繼承了祖國歷史上的愛國主義思想傳統，堅決主張不同階級、階層「自固族類」，「各安其所」[10]。團結抗清，反對投降主義，痛斥民族敗類，重視民族氣節，這是他的愛國主義思想的精髓。在此須得提及的是王夫之在民族危亡的關鍵時刻，曾提出過一種寧可失位於「賊臣」，不能亡國於「異族」的觀點[11]。這與清末那拉氏「寧亡『友邦』，不與家奴」的賣國主義思想形成了鮮明的對比。王夫之所稱的「賊臣」是指本民族的非正統臣僚，無疑也包括他心目中的農民軍首領，因而有「聯草澤之英雄」的主張。這一認識過程與他的「保其族類者為之長」的觀點是相通的，這種認識在一定程度上超出了中國歷史上傳統愛國主義思想中「忠君」思想的範疇。

　　明末農民戰爭的風暴幾乎遍及全國，清初人民抗清的烈火燃遍了半個中國，作為政治頭腦比較清醒的進步思想家王夫之，或多或少地看到了人民群眾的強大力量，因而對農民軍的感情多少有些轉變。他在永曆朝中受到頑固派的排擠之後，於1652年懷著憂鬱的心情回到家鄉「摒跡幽居」，至死不仕清朝，閉門著述，「為往聖繼絕學，為萬世開太平」[12]。明末清初複雜尖銳的階級矛盾與民族矛盾，促使他總結歷代興衰存亡的經驗教訓，《永曆實錄》就是他寫的一部重要的南明史著作。在這部史籍中，他以親身的經歷，本著「通古今之變」的思想，

---

[10] 王夫之《讀通鑒論》。
[11] 王夫之《黃書》。
[12] 王敔《薑齋公行述》。

鞭韃了投降派，熱情歌頌了捍衛本民族正當利益的英雄人物。如與王夫之同時的文安之，曾授永曆朝東閣大學士要職，身兼吏、兵二部尚書，總督川、湖軍務，「以修綱紀、收敗局為任」，率領以李自成餘部為主全的夔東十三家，在川、鄂邊境堅持抗清鬥爭達十餘年之久，戰績卓著。王夫之對文安之評價甚高，並引用當代名臣瞿式耜的話稱讚他是「歷朝人望，亦入綸扉」[13]。王夫之除了懷著「亡國之痛」讚頌南明王朝中的有功之臣和「死節之士」以外，還別開生面地在這一著作中為堅持抗清的大順軍將領李赤心（李過）、高必正、李來亨、劉體純以及大西軍將領李定國等立下了專傳。他從愛國主義思想出發，為李定國抗清大捷而慶幸，為李來亨英勇拒敵壯烈犧牲而痛惜。謳歌了他們在民族鬥爭中的業績，這是難能可貴的。

王夫之畢竟是地主階級知識份子中的一員，從他的家世、經歷和政治立場來看，在明朝末年他不可能支持或贊成李自成、張獻忠的反封建鬥爭，在清朝初期他不可能同抗清農民軍長期風雨同舟從事抗清鬥爭。他一方面為抗清農民軍將領立傳並肯定其功績，另一方面又詛咒這些農民軍「本起群盜」，是「殘餘遠附之眾」[14]。把農民軍與南明的主動聯合稱之為「降附」，甚至連農民軍的衣帽穿戴以及言談舉動都不順眼，說他們穿上南明的朝服其貌不揚，毫無威儀，如負芒刺，極盡嘲諷之能事，把自己擺在農民軍的對立面，無不滲透著維護封建正統觀念的政治思想傾向。他看到了一些社會弊端卻不能挖掘其根源，提出過改革主張但不可能得到實施，只有滿懷孤憤齎志而終。

（原刊 1991 年《全國黨校中華民族
優秀文化傳統學術討論會論文專集》）

---

13 王夫之《永曆實錄》。
14 王夫之《永曆實錄》。

王夫之《永曆實錄・李來亨列傳》正誤

　　王夫之參加過南明桂王政權，所著《永曆實錄》記載了永曆帝朱由榔在位始末，為朝中百餘人立傳，尤其是保存了不少南方人民抗清史料，可補史乘之闕，誠然是研究南明歷史的重要史籍。但作者著書時隱居湖南衡山，所記川、鄂地區的抗清事蹟多憑傳聞，難免有失實之處。茲以該著卷十五《李來亨列傳》(王光昌王光興郝永忠附)為例，試擇要勘誤。

1.「永曆五年，高必正率黨守素、賀錦、李來亨，自黔走蜀。」

　　此時賀錦已死，不可能在其列。
　　賀錦死因有二說，《明史》卷三零九《李自成傳》云「賀錦稱左金王」，《明史紀事本末》卷七十八記載，崇禎十六年年三月癸卯（1643年三月），「李自成襲殺革里眼、左金王，並其眾。」而《平寇志》卷六則說「左金王名藺養成」。似此，賀錦不是李自成所殺。同書卷七又載，崇禎十六年十二月，李自成命賀錦攻取甘州、蘭州等地，「西寧衛堅守不下，至明年二月詐降，殺偽將賀錦等。」以上二說雖出入甚大，但均可證實賀錦已死於崇禎年間，自不可能於永曆五年（1651）隨高必正、李來亨等「自黔走蜀」。

2.「吳三桂以□兵追自成」。「□兵大潰，殺傷萬計」。

　　空缺字「□」在文中出現較多，其中不少是屬於同治四年（1865）曾國藩刊印《船山遺書》（金陵書局刻印本）時有意造成的。上引例句中的空缺字顯然係作者對清方之蔑稱，當補作「虜」較為符合原意。

如王夫之在永曆朝中的同僚毛壽登，出任川、鄂邊境抗清武裝夔東十三家監軍時，先後在四川大寧（今屬巫溪縣）和湖北興山縣，撰有《鹽場龍君廟碑記》[1]、《白羊砦聖帝行宮之碑記》[2]（此碑迄今完好保存於原址），其中有「出則以勤王滅虜為事，入則以課農練兵為本」、「鐫虜嫗民」字樣，碑記對清方稱謂均作「虜」。

3.「巴巫之間，萬嶺插天，中有僻壤，曰九蓮坪，來亨據之，
　大起營舍，建帥府其上。」

　　「九蓮坪」應作「七連坪」。
　　《明季南略》卷十六載湖廣總督張長庚疏報：「惟逆賊李來亨敗遁，逃回七連坪老巢。」順治九年（1652）洪承疇《陳兩湖情形並議分駐剿剽題本》：「有一隻虎[3]養子小李[4]、馬蹶子[5]……諸賊，住七連坪等處。」[6]光緒《興山縣誌》卷八《山誌》：「七連坪山，即《一統志》所稱七里坪也，為茅麓山門戶。李來亨據茅麓山時，壘石門於此。」卷十九《茅麓山記》說得更為翔實：「來亨本自成餘孽，兵敗竄四川……率眾四五千自建始縣竄歸、巴，旋至興山七連坪，據險結聚。因地屬層崖復嶺，官軍未能深入，負嵎凡十二年。」

4.「壽登庸誕，無忠義志，不能輯和諸將，潛有乞活心，故慫
　恿光興叛眾納款，而來亨之勢孤矣」，「晚節不終，以速來亨
　之敗」。「壬寅，王光興降□」

　　「壬寅」應作「乙巳」。

1　道光《夔州府誌》卷三十六藝文志。
2　光緒《興山縣誌》卷十九藝文志。
3　指李錦。
4　指李來亨。
5　指馬騰雲。
6　《清代檔案史料叢編》第六輯第186頁。

　　壬寅年即康熙元年（1662），此時夔東十三家首領之一的王光興蟄居施州衛（今恩施土家族苗族自治州）戎角村，尚未降清，作者誤將時間提前了兩年。再者，作者將王光興降清視為李來亨敗亡原因之一，近代有些史學專著亦循此說，與正史相悖。其實，上述事件均發生在康熙三年（1664），況且毛壽登與王光興並非同時降清。應是毛壽登降清在先，李來亨犧牲在後，王光興降清又在其後。《清聖祖實錄》卷十一載康熙三年正月楚督張長庚疏報：「偽部院毛壽登，始為偽永曆朱由榔所倚恃，繼為眾逆寇所推重，今革面來歸。」卷十三載張長庚同年疏報：「八月初五日，李來亨全家自縊，舉火焚巢。」同卷載湖廣提督董學禮十一月疏報：「偽國公王光興全夥薙髮，遣伊親子王世德同偽巡撫蔣尚膺齎繳闖營偽官敕印，並各官職銜、兵丁花名冊，已於十月二十三日抵荊州。」同治《施南府誌》卷十七《兵事》所記更為具體，說王光興在夔州、巴東、興山「諸賊蕩平」之後，「始懼」，於「乙巳正月出山」降清，五月，驅所在地區居民抵達衛所，湖廣總督張長庚令其自巴東乘船至荊州，聽候發落，「時康熙四年也。」若依此說，王光興降清時間比《清聖祖實錄》所說更晚，故王光興降清造成「來亨勢孤」、「以速來亨之敗」之說不能成立。

5.「癸酉春，楚督張長庚自夷陵進。」

　　「癸酉」應作「癸卯」。
　　癸卯即康熙二年、1663 年。清軍對夔東十三家大舉「會剿」系康熙二年至三年（1663－1664）間事。《清聖祖實錄》卷八載康熙二年董學禮疏報：「前奉命會剿湖廣西山巨寇李來亨、馬騰霄（按：應作馬騰雲）、黨守素等……以正月初五日進至李家店，遇賊兵萬餘人，各路奮擊，斬馘過半。」卷九載，張長庚同年四月疏報：「提督董學禮同各鎮將……於三月初九、初十日大破逆賊李來亨，擒殺賊黨。」光緒《興山縣誌》卷十九《茅麓山記》：「二年癸卯三月，又至南陽河、雙龍觀

與賊戰,賊敗走,遂拔七連坪寨。」足見張長庚督楚師在夷陵、興山境內鎮壓抗清農民軍,始於癸卯春季。

明清之際農民軍活動紀略

明天啟七年（1627）

三月

陝西白水縣農民王二、鄭彥夫等，聚集數百人於山中，皆以墨塗其面，入澄城縣城殺知縣張鬥耀。至此，揭開明末農民大起義序幕。

七月

廣東、浙江大水。

八月

明熹宗病死，其弟信王朱由檢即位。次年改元崇禎元年。

十一月

府谷王嘉胤、宜川王左掛攻城堡，殺官吏，安塞高迎祥、漢南王大梁聚眾回應，迎祥稱闖王，大梁稱大梁王。明末大規模農民起義於陝北爆發。

明崇禎元年（1628）

全陝遇連年凶荒，災以繼災，五月不雨，以至於秋，三伏亢旱，禾苗盡枯，百姓流離，絡繹載道。每一經過處所，災民數百成群，擁道告賑，白晝剽掠，蓋饑迫無聊，鋌而走險。

明崇禎二年（1629）

正月

王二兵敗，被明商雒道劉應遇殺害。

十二月

明廷以原陝西布政使參議洪承疇升任延綏巡撫，配合三邊總督楊鶴，進剿農民軍。

明崇禎三年（1630）

二月

老回回、橫天王、八金剛、王左掛、苗美、上天猴等，率農民軍由陝西東渡黃河，進入山西平陽地區，此為農民軍入晉之始。

三月

老回回等進破蒲縣，與明逃兵會合，活動於秦晉間。

十二月

延綏明軍神一元等發動兵變，回應農民軍。

明崇禎四年（1631）

六月

王嘉胤犧牲於陽城。

七月

趙四兒（點燈子）率眾六千，東渡山西，破隰州、蒲縣等地。此時農民軍大部活動與山西境內。

十二月

神一魁在陝西寧塞兵敗被殺。山西境內農民軍三十六營活動於黃河沿岸，主要集中在鄉寧、聞喜一帶。

明崇禎五年（1632）

正月

混天猴扮作米商，襲取宜君，復占保安（今陝西志丹縣）、合水。農民軍由秦入晉，攻佔蒲州（今永濟市）、永寧。山西巡按御史羅

世錦因此「歸咎於秦，謂以鄰為壑。」[1]此時山西境內農民軍計有飛虎將、闖天王、李晉王、樊山虎、小紅狼、蠍子塊、定天紅、撞天柱、強天王、李存孝、翻天鷂、曹操、一隻虎、一字王等眾約二十餘萬。

明崇禎六年（1633）

十一月

農民軍首領闖王高迎祥、闖將李自成、八大王張獻忠、曹操羅汝才、老回回馬守應等，率領二十四營十餘萬人，在河南越過黃河天險，進入中原大地，農民軍分頭向湖廣、四川和安徽進軍。

十二月

高迎祥等由豫西入湖廣，扮作朝拜武當山之香客佔領鄖西。羅汝才等五營，進至竹山、光化（今老河口市）、均州（今丹江口市）、隨州等地，黑蠍子攻破房縣。

明崇禎七年（1634）

正月

農民軍由穀城東進，攻克當陽、遠安，離荊州五十里屯駐，別部進入夷陵（今宜昌）境內。

老回回、過天星、闖塌天、射塌天、滿天星、混世王等部佔領竹谿、房縣、保康，殺明房縣知縣貢從貴、保康知縣方國儒等。

二月

農民軍主力十三營號稱十萬人，會集於秦、楚、豫邊境。老回回、過天星、滿天星、闖塌天、混世王等五營，攻佔興山，殺明知縣劉定國，經大寧（今巫溪）、大昌（今巫山縣西北）、巫山縣，攻下夔州（今奉節）。

---

[1] 計六奇《明季北略》，卷八，崇禎五年壬申。

七月

　　農民軍在興安車廂峽被困兩月，高迎祥、李自成、張獻忠皆在其中。李自成用顧君恩謀，偽降於明總督陳奇瑜，陳奇瑜遣之還。起義者既出，殺押領之明安撫使，勢復大振。

十二月

　　陝南農民軍約二十萬人進入湖廣，前哨抵達鄖陽（今湖北十堰），擊殺明守將張上達。

明崇禎八年（1635）

正月

　　各路農民軍二三十萬人，大小七十二營，集中于河南，西自潼關，東至歸德，南連楚境，北達黃河，深入明王朝中原腹心之地。闖王高迎祥、老回回馬守應、八大王張獻忠、革裏眼賀一龍、曹操羅汝才、射塌天李萬慶、左金王賀錦、混十萬馬進忠、過天星惠登相、順天王葛曆延、改世王許可變、橫天王、九條龍等十三家，在河南滎陽召開重要軍事會議，商討迎擊明軍策略，史稱「滎陽大會」。闖將李自成作為高迎祥部下參加會議，提出「各定所向，分兵迎擊」之正確建議，十三家首領對此項提議一致贊同。

　　高迎祥、李自成、張獻忠等相率由鄂東大別山區進入安徽，攻克鳳陽，火燒「龍興寺」（即朱元璋年輕時為僧之皇覺寺），毀明祖陵享殿，明廷大為震動。

二月

　　崇禎進洪承疇兵部尚書，總督五省軍務兼三邊總督，統兵「圍剿」農民軍。

四月

　　張獻忠部由鄖陽入陝南，與高迎祥、李自成部會合。

八月

　　明廷命湖廣巡撫盧象升總理直隸、河南、山東、四川、湖廣五省軍務，與洪承疇「合剿」農民軍。

明崇禎九年（1636）

二月

　　九條龍、張胖子攻佔竹山，城中征糧為農民軍所有，食盡後，分路進攻南漳、穀城、竹谿、房縣等縣。

三月

　　高迎祥、闖塌天等部在光化渡漢江，深入鄖陽、襄陽等府所屬各州縣。

五月

　　羅汝才、順天王、闖塌天、掃地王等營，由鄖、襄山區東進，前鋒直抵荊州沙市近郊之草市。農民軍屢勝輕敵，在荊門遇伏受挫，退走鄖、襄山中。

七月

　　高迎祥在陝南盩厔縣黑水峪戰敗被俘犧牲。農民軍潛跡鄖陽山中。

十月

　　張獻忠至均州，與老回回、羅汝才、闖塌天等合營。三股農民軍共七營，約二十萬人，分道攻打襄陽。

　　關中農民軍推闖將李自成承襲闖王稱號。自此，李自成、張獻忠各為雄長。

明崇禎十年（1637）

三月

　　楊嗣昌為兵部尚書，提出四正、六隅、十面網之策，會剿農民軍。並向明廷請求增兵十二萬，增餉二百八十萬。以百日滅賊為期限。

閏四月

　　熊文燦總理南畿（南京）、河南、山西、陝西、湖廣、四川軍務，「督剿流寇」。

　　張獻忠由安徽入湖廣。

十月

　　李自成聯合過天星、混天星，滿天星、中斗星、混天王、爭管王等九部，共十七營，數十萬人，由漢中大舉入川，共破川中三十六州縣。

十二月

　　熊文燦遣使者對張獻忠、闖塌天進行誘降。

明崇禎十一年（1638）

正月

　　闖塌天由承天（今鐘祥）至隨州，向明總兵左良玉投降。

　　張獻忠攻南陽，身負重傷，敗走麻城。隨即回師，兩晝夜急行七百餘里，佔領穀城。

二月

　　張獻忠數次失敗，欲爭取緩衝時間，派孫可望攜帶尺餘長之碧玉兩方，直徑寸餘之珍珠兩枚，以及黃金白銀、錦繡綢緞、珍奇古玩等物，賄通熊文燦，進行議和談判。熊文燦受賄後上疏請旨，云張獻忠「正切輸誠，終無異志」[2]。經崇禎御批認可，命張大經至穀城代表官方受降。

四月

　　張獻忠擁兵萬人踞穀城，造報受撫姓名文冊，降於熊文燦，假意誇口道：「能制郢、襄、荊、承（天）數百里內無一賊」[3]，向明廷要求保留十萬兵丁，請十萬人餉。

八月

　　羅汝才、老回回、過天星、混十萬、射塌天、革里眼、左金王、順天王、順義王、安世王、改世王、關索王光恩等豫楚十三家（一作十五家）農民軍，進入襄陽境內。

---

[2]　《范文忠集》卷四，南京兵部尚書范景文《剿賊未可輕信疏》。
[3]　《明史紀事本末》，卷七十七，《張獻忠之亂》。

九月

熊文燦進駐襄陽，派左良玉、龍在田部擊敗豫楚十三家於雙溝[4]。

十一月

李自成在陝西潼關南原遭到洪承疇、孫傳庭襲擊。農民軍潰敗，李自成與其妻女失散，僅率十八騎突圍。

羅汝才在湖北均縣得到李自成戰敗消息，大恐，率一丈青、小秦王、一條龍、過天星、王國寧、常國安、楊友賢、王光恩等八營首領，往武當山太和宮向明太監李繼政投降。熊文燦招羅汝才等至襄陽，大宴於官署，奏授羅汝才為游擊。羅汝才紮營於均縣、房縣、竹山、竹谿、南漳、保康等地，與農民「錯壤而居」，暗中則和張獻忠來往。此時，明末農民戰爭暫時轉入低潮。

十二月

李自成由漢南至穀城與張獻忠、羅汝才秘密會晤。臨別時張獻忠送給李自成騾馬、衣甲等物。

明崇禎十二年（1639）

五月

張獻忠在穀城重新起義，殺知縣阮之鈿和湖北巡按御史林鳴球，命人在交通道口白粉牆上，寫出反明理由在於明五省總理熊文燦貪婪索賄，並開列清單，將曾向農民軍勒索財物之明政府官員姓名、得錢數目以及受賄日期，逐一寫在牆壁上，公之於眾，以此揭露明朝貪官污吏之醜惡行徑。

羅汝才、白貴、黑雲祥等三部重舉義旗，與張獻忠部合攻房縣。房縣知縣郝景春與其子郝鳴鸞督守軍據城頑抗，農民軍傷亡甚多。張獻忠督士卒掘地道攻城，郝鳴鸞射傷其左足。城破後郝氏父子被殺。

---

[4] 今湖北襄樊市雙溝鎮。

七月

張獻忠、羅汝才在房縣以西設伏，大敗明總兵左良玉部，擒斬明副將羅岱。左良玉大敗，「兵符印信盡失，棄軍資千萬餘，士卒死者萬人[5]」。

崇禎接到穀城之變奏報與左良玉敗訊，下令將熊文燦革職，令其「戴罪視事」，左良玉「降三級，圖功自贖」[6]，楊嗣昌被解除部務。

八月

李自成與張獻忠、羅汝才再度相會於竹山縣境，農民軍力量大增。張、羅、李三部聯合攻下竹山縣城，殺明知縣李孔效。張獻忠欲入陝西，遇阻，「乃還走興山、太平（今四川萬源），據楚、蜀之交以屯其眾。」[7]

九月

崇禎授予楊嗣昌禮部尚書兼兵部尚書、東閣大學士三銜，令其前往襄陽督師。

羅汝才率部從房、竹深山經大寧、大昌進入興山、歸州（湖北秭歸），李自成亦隨後南下。

十一月

李自成率千餘人由陝南入湖廣，晝伏夜行，走山間小道至夷陵境內。楊嗣昌偵知後，命楚將楊世恩、羅安邦自當陽趨興山、遠安堵截，又遣閔一麒、尹先民至夷陵搜索。農民軍轉入巴東。

十二月

羅汝才、過天星等與明軍戰於興山香油坪，李自成亦至興山參戰。農民軍斷水道，明軍糧盡，大潰，楊世恩、羅安邦二將被擊殺。

明崇禎十三年（1640）

閏正月

左良玉遣降將馬進忠進攻張獻忠於四川太平縣構坪關，張獻忠退走。

5　《明史》列傳第一百六十一左良玉傳。
6　《明季北略》卷十九，崇禎十六年癸未。
7　《明史》卷二百六十・列傳第一百四十八鄭崇儉傳。

二月

　　左良玉會集鄭崇儉部，同張獻忠激戰於太平縣山勢險峻之瑪瑙
山。明軍秦將賀人龍、李國奇，楚將張應元、汪雲鳳與川軍張令、羅
尚文等部均投入戰鬥。張獻忠全軍潰散，十六員戰將陣亡，部卒犧牲
三千五百餘人，自用鑴有「天賜飛刀」字樣之大刀、刻有「西營八大
王承天澄清川嶽」字樣之虎符、鏤金龍棍、兵符、令旗、令箭、卜卦
器具都被明軍擄獲，馬騾、甲仗丟失殆盡。張獻忠七名妻妾及軍師潘
獨鼇被俘，關進襄陽監獄。明軍誤認張獻忠已死。崇禎得報後欣喜異
常，催促楊嗣昌、左良玉乘勝進軍。

三月

　　張獻忠偃旗息鼓返回興山、房縣地區，用重價向山民購買米、鹽
等物。山民喜近農民軍，為之打探消息。

　　楊嗣昌由襄陽移駐荊門，分別在步兵與騎兵中建立「大剿營」、「上
將營」，又從其家鄉募集「湖南殺手」二千人編入其中。

　　楊嗣昌移駐夷陵，提出「圓盤計畫」：放棄四川大寧、大昌與湖廣
竹谿、房縣連界之三十二處隘口，誘使農民軍入川，然後利用當地山
川險阻，四面環攻，將其剿滅於川、鄂邊境。

四月

　　羅汝才、過天星等部屯駐興山、遠安、南漳、房縣等地，殺明「安
撫官」冷水道人姚宗中，西走巴東、巫山，屢敗明軍。張獻忠在興（山）、
房（縣）山中，與山民市鹽粈米酪，收潰散自保，不久，赴興山白羊
山與羅汝才會師。

　　李自成被圍困於「巴西魚腹諸山中」（今巴東縣以西，奉節以東），
農民軍輜重不能運進，士卒斷糧月餘，處境危急。楊嗣昌檄令投降，
遭到李自成「謾語」拒絕。後趁明軍稍懈，率輕騎奮勇突圍。

　　楊嗣昌在夷陵調集禁兵、楚軍、秦軍、蜀軍、「白杆兵」於川、楚、
秦、豫邊境，以大寧、竹山、竹谿、房縣、保康為之尾，興山、大昌
為之腰腹，歸州、巴東則為之頭，將重兵集中於夔、歸，企圖將入川
農民軍一網打盡。

五月

　　張獻忠潛行至房縣長荒栗子坪，與李自成相會，雙方各僅有千餘人。

　　羅汝才、過天星等七部在大昌巴霧口敗明軍守將劉貴，進至夔州境內。

六月

　　李自成駐房縣上龕，張獻忠進入興山縣境內，羅汝才、過天星等七部在川東活動。農民軍數萬人冒著酷暑在深山密林中作戰，瘟疫流行，人馬俱病，損失慘重。掠山虎、流金錘、金狗兒、滾地狼等被擒，可天虎、托天王、大天王、鎮天王、滿天星、過天星、張妙手、邢家米、小紅狼、一條龍等降明。

七月

　　羅汝才、小秦王、上天王、白貴、張胖子、混世王等部越巴霧河，攻開縣，被明軍賀人龍部所阻，折入興山地界。賀人龍、李國奇會合張應元、王允成、王之綸所率之楚軍以及孔貞會帶領之京營兵，在興山縣豐邑坪[8]大敗羅汝才等部，農民軍陣亡二千餘人（一作三千三百餘人），被俘五百餘人。明方稱其為「荊楚第一功」。白貴、混世王、張胖子率部眾四千人在羊角寨降明。羅汝才感到兵單勢孤，同張獻忠部合營於興山白羊山（今名百羊寨），共有眾數千人，勢稍振，合力向四川挺進。

八月

　　楊嗣昌由夷陵入川，督剿張獻忠。張獻忠、羅汝才在巫山摩旗山大敗明軍。

九月

　　張獻忠、羅汝才克大昌城，向開縣、新寧（今開江縣）、梁山（今梁平縣）行進。明總兵「神弩手」張令在竹菌坪阻擊農民軍，大敗，中流矢死。明石柱女總兵秦良玉趨救不及，所部三萬「白杆兵」折損殆盡。

　　農民軍首領王光恩率其副將楊光甫等數人降明，楊嗣昌將其安置在鄖陽，白貴、混世王、黑雲祥等派往荊門、當陽一帶。

8　今湖北興山縣古夫鎮豐邑坪村。

十一月

楊嗣昌在重慶下令「赦羅汝才罪，降者授官」，刻榜懸賞通緝張獻忠，榜上畫著張獻忠頭像，榜尾大書賞格：「能擒張獻忠者賞萬金，爵通侯。」[9]張獻忠見榜後令人在楊嗣昌住所張貼佈告：「營中有獲嗣昌者賞銀三錢。」[10]楊嗣昌瞠目四顧，懷疑手下有人與農民軍相通。

明崇禎十四年（1641）

正月

楊嗣昌令總兵猛如虎堵截張獻忠、羅汝才部。農民軍在開縣黃侯（陵）城擊斃明參將劉士傑、郭關、李實忠等，猛如虎潰圍脫逃，其子猛先捷、侄兒猛忠自刎死，人馬亡失過半，甲仗、關防盡失。張獻忠、羅汝才出夔門經巫山入湖廣。楊嗣昌圍剿農民軍之「圓盤計畫」徹底破產。張獻忠等在營中飲酒鼓掌而歌：「前有邵（捷春）巡撫，常來團團舞；後有廖（大亨）參軍，不戰隨我行；好個楊（嗣昌）閣部，離我三天路！」[11]

張獻忠、羅汝才攻克興山，殺守將吳國戀。東進至當陽時，探得襄陽城內守備單薄，乃定計奇襲。

二月

張獻忠、羅汝才攻當陽，明都司楊治與農民軍降將白貴固守縣城。張獻忠留羅汝才繼續圍攻，自率輕騎疾馳至荊門，過而不攻，北趨宜城，兵不停留，一晝夜行軍三百餘里，命部將持繳獲之楊嗣昌調兵文書混入城內，智取襄陽。明襄王朱翊銘被活捉，跪地求饒。張獻忠說道：「吾欲斬嗣昌頭，而嗣昌遠在蜀，今當借王頭使嗣昌以陷藩伏法」[12]。將襄王處決後，又殺襄藩宮眷妃妾及其子貴陽王朱常法、郎襄道張克儉、推官鄺日廣等四十餘人。農民軍打開監獄，放出瑪瑙山戰役中被

9　李馥榮《灩澦囊》卷一。
10　同上。
11　同上。邵，指四川巡撫邵捷春，因兵敗被朝廷治罪，在獄中自殺；廖，指邵的繼任者廖大亨。
12　彭孫貽《平寇志》卷四。《明季北略》卷十七。

俘之軍師潘獨鼇和張獻忠妻妾。襄陽府積存之錢糧、布帛、軍用物資以及襄王宮中全部財產，盡為農民軍所獲。張獻忠發銀十五萬兩以賑饑民。左良玉屯兵河南唐縣，聞襄陽陷，「股栗不能起」。[13]農民軍主動撤離襄樊後，左良玉才會同鄖陽撫治王永祚「統兵赴援」。[14]

　　楊嗣昌從夔州東下夷陵，接到襄陽失守、襄王被殺塘報，上疏請罪、請死，到達沙市，又聞福王在洛陽被李自成所殺消息，深知連陷兩藩，罪無可逃。

三月

　　楊嗣昌畏罪服毒自殺（一說自縊）於沙市徐園寓所。

　　丁啟睿為兵部尚書兼右都御史，以代楊嗣昌之職，出師鄖陽，調賀人龍、李國奇入駐當陽。

五月

　　張獻忠攻佔鄖西，殺知縣曹同申。此時擁眾數十萬，產生驕傲輕敵情緒。

六月

　　張獻忠與李自成會見於河南永寧，雙方協議分兵南北，李自成取開封，張獻忠攻鄖陽，確定劃地作戰方針。

八月

　　張獻忠攻鄖陽，為明督師丁啟睿、左良玉聯軍所敗，損失慘重，遁入鄂北山中，與一斗穀、瓦罐子合夥，扼險自保。

明崇禎十五年（1642）

閏十一月

　　李自成部主力四十萬人，由河南南陽向湖北襄陽進軍。擁眾二十萬之左良玉部，因朝廷欠餉，將士毫無鬥志，向當地居民大肆搜刮，百姓對其恨之入骨，放火燒毀左軍船艦。

[13] 文秉《烈皇小識》。
[14] 同上。

十二月

李自成佔領樊城、襄陽，迅速攻克均州、穀城、光化、宜城，連破荊門、夷陵、荊州。李自成入荊州城時，士民焚香執旗迎接。明惠王朱常潤逃往湘潭，湘陰王全家被殺。承天獻陵（顯陵）享殿被農民軍焚毀，明巡按御史李振聲、總兵錢中選投降。

明崇禎十六年（1643）

正月

農民軍攻克承天，明湖廣巡撫宋一鶴、故留守沈壽崇被殺，知府王璣、欽天監博士楊永裕投降。李自成派遣任光榮、孟長庚與老回回等由荊州渡江，連破松滋、枝江[15]、公安、石首，直指湘西。川、鄂邊界巫山一帶之本地反明武裝，亦假借李自成旗號，東下歸、巴，前來回應。李自成令左、右威武將軍藺養成、牛萬才領兵一千四百人，都尉張禮率水師六百人，共同守衛「楚蜀之門戶」夷陵。又分別令任光榮守荊州，葉雲林守荊門，高一功（李自成妻弟）守信陽。

二月

李自成在襄陽建立大順政府，改襄陽為襄京，自稱「奉天倡義文武大元帥」，授予各將領以正式職務，如：右果毅將軍劉體純、前營制將軍袁宗第、後營制將軍李過（李自成侄）、帥標副威武將軍黨守素等。

李自成針對明軍擾民之種種不法行為，在經濟方面採取兩項重要措施：其一，取消明政府之橫徵暴斂，宣佈「不催科」，「三年不徵，一民不殺」[16]；其二，提出保護和恢復農業生產之措施，貧苦農民如缺少生產資料，農民軍為其提供耕牛、種子。又在襄陽、南陽等地實行屯田，除募民墾田以外，還實行軍屯（將明王室、官僚豪紳之莊田以及無主荒地，由農民軍屯種）。

---

[15] 治所位於今宜都市枝城鎮。
[16] 《明季北略》卷二十。

四月

李自成部佔領保康，殺明知縣石惟壇，委派苗佐舜為縣令，分兵進取房縣。

五月

張獻忠部攻克武昌城，俘獲楚王朱華奎，將其置於鐵籠內，沉之湖中（一說江中）。

六月

張獻忠在武昌建立大西政權，改省城為京城。明廷立下賞格：「擒斬闖賊李自成，賞萬金，爵通侯；擒斬張獻忠，賞五千兩，官一品，世錦衣指揮使。」[17]

八月

張獻忠部佔領岳州[18]，一軍南下長沙，一軍北上荊州。

明鄖陽撫治高斗樞與駐守武當山之農民軍降將惠登相合兵，佔領光化、穀城，進抵襄陽。

九月

老回回駐夷陵，為明軍所襲，屯湘、鄂邊境。

十二月

張獻忠決策入川，與老回回聯軍進入荊州、夷陵境內，招募枝江、宜都等地群眾入伍，作入川準備。

明崇禎十七年，清順治元年（**1644**）

正月

初一日，李自成在西安建國，國號大順，改元「永昌」，大封諸臣。登記步兵人數為四十萬，騎兵人數為六十萬。

是月，老回回在夷陵病故，其部眾由張獻忠統領。三十萬農民軍，集木船萬隻，分水陸兩路大舉入川，江中舟楫絡繹不絕，「越下牢，渡三峽，古稱天險，如蹈無人之境」[19]，順利攻克夔州。

---

[17] 李遜之《三朝野記》。
[18] 今湖南岳陽市。

二月

張獻忠擊敗明石柱土司秦良玉援軍，進破萬縣（今重慶萬州區）。因江灘水漲，農民軍暫屯於忠州（今忠縣）葫蘆壩。

三月

十九日，大順軍破京師，李自成入承天門，登皇極殿。明崇禎帝朱由檢自縊於萬歲山之壽皇亭。明亡。

二十七日，明平西伯吳三桂自山海關向清乞師。

四月

二十三日，吳三桂軍與清軍在山海關外一片石敗李自成部。

二十九日，李自成即皇帝位於武英殿，冊立妻高氏為皇后。是夜，大順軍焚燒宮殿及九門城樓，將拷掠所得金銀及宮中帑藏，熔鑄為餅（約數萬餅），載以騾車。

三十日，大順軍挾明太子及永、定二王撤出京師，西奔長安。

五月

初一日，明臣立原福王朱常洵之子朱由崧於南京。

初二日，清軍進入北京，清政府隨即遷都北京，統治關內。

十五日，江南舊明官員擁立福王為皇帝，建立南明政府，以明年為弘光元年。

是月，張獻忠農民軍及其家屬和隨從人員共四十萬人，由忠州溯江西上，步、騎兵「置橫陣四十里」[20]，直趨重慶。川東搖黃農民軍亦頻繁活動，以擾明軍之後。

六月

初八日，張獻忠大西軍攻下涪州。

張獻忠在懸掛著「澄清山嶽」字樣之巨舟上，指揮攻重慶，派人警告守城官員：「歸誠則草木不動，抗拒即老幼不留」[21]。二十一日，

---

[19] 楊鴻基：《蜀難紀實》。見乾隆四十二年《富順縣誌》卷五，《鄉賢》下。

[20] 彭遵泗《蜀碧》。

[21] 李馥榮《灩澦囊》卷二。

大西軍破浮圖關[22]，用火藥炸開通遠門附近城牆，攻克重慶。明瑞王朱常浩、四川巡撫陳士奇、重慶知府王行儉、巴縣知縣王錫等被處死。

八月

張獻忠率大西軍自瀘州向成都進軍，下令「只殺貪官，不犯順民」。初九日，農民軍用火藥炸開城北角錦江樓，佔領成都。明蜀王朱至澍和王妃投井死，四川巡撫龍文光、總兵劉佳胤等投溪水自殺，明原四川巡按劉之勃及府道等官員被殺。

路應棟率領大順軍數萬人圍攻鄖陽，欲奪取川、楚、秦、豫四省交界之要隘，叛徒王光恩和明將孫守法防守甚嚴，農民軍未能攻下鄖陽。

大順軍制將軍董學禮降清，後晉升湖廣提督，充當鎮壓夔東十三家急先鋒。

十月

初一日，清王朝統治者福臨即皇帝位，紀元順治。

命英親王阿濟格為靖遠大將軍，往征大順軍。命豫親王多鐸為定國大將軍，征南明。

十九日，平西王吳三桂、智順王尚可喜隨從阿濟格西討大順軍。

十一月

初六日，張獻忠在成都即皇帝位，國號大西，稱西王，以成都為西京。其養子孫可望、艾能奇、劉文秀、李定國等皆為將軍，賜姓張氏。

十二月

初七日，南明命楚撫何騰蛟以原官提督川、廣、雲、貴諸軍。

清順治二年，南明弘光元年、隆武元年（1645）

正月

初一日，清護軍統領圖賴等破大順軍於潼關。

是月，李自成撤離西安。大順軍當時總數約五十萬人：李自成、劉宗敏率領二十萬人集結於西安、潼關至河南內鄉一帶，李過、高一

---

[22] 浮圖關，位於重慶城西，是重慶陸路的門戶，位於西上成都的要衝。

功率八萬人駐紮在陝北、晉西地區，白旺、馮養珠等共約七萬人在湖北境內活動，賀珍等五六萬人在陝南對付張獻忠部，劉體純、袁宗第等五六萬人屯駐豫西，扼秦楚孔道。

二月

二十日，大順軍由陝西出武關，到達南陽、鄧州等地，自樊城渡江至襄陽，與南明左良玉部激戰。牛金星逃離大順軍。

是月，李自成會合原駐荊、襄部眾，令孟長庚、鄭四維等留守荊州，自己率眾沿漢江東下，水陸並進，聲言欲趨武昌，取南京，左良玉告急。

三月

李自成經荊州、承天、潛江、沔陽（今仙桃），在荊河口擊敗左良玉部將馬進忠、王允成部，向武昌進發。

南明寧南侯左良玉惶恐不安，以「清君側」為名舉兵反明，放棄武昌，東下南京。

留守陝南之大順軍賀珍部降清。

清軍陷襄陽，明鄖陽撫治徐啟元與王光恩降清。

四月

李自成佔領武昌，擬略作休整，等待李過、高一功等前來會師。清英親王阿濟格率領滿、蒙、漢軍跟蹤而至，「圍武昌數匝」[23]。劉宗敏、田見秀出戰不利，棄武昌東下，進入金牛（今大冶市金牛鎮）、保安（今黃石保安鎮）一帶。阿濟格部擊敗大順軍於陽新富池口，在九江以西破大順軍老營，大將劉宗敏、軍師宋獻策、李自成之兩位叔父以及隨軍將領家屬均被俘。劉宗敏及李自成之兩位叔父被殺，宋獻策投降。大順軍撤出武昌，由保安、金牛走咸寧、蒲圻（今赤壁市）。

清將譚泰、滿達海抵荊州城下，大順軍將領孟長庚憑城固守，鄭四維叛變，殺孟長庚降清。

李過（此時又名李錦）、高一功從陝西入川，經達州、夔州，東進至荊門、當陽一帶。

---

[23] 張玉書《張文貞公集》卷七。

五月

初四日，李自成率領大順軍進入湖北通山縣境內。途經離縣城八十里之九宮山，遭鄉兵程九伯襲擊，李自成在搏鬥中被殺，年三十九。

七月

李過、高一功率領李友、劉汝魁、馬重禧、張能、田虎、楊彥昌等九部攻打荊州，從城南、西、北三面填壕搭梯，紮柵挖窟，百計攻打，叛徒鄭四維固守，半月未下。

八月

劉體純、郝搖旗、袁宗第、田見秀、吳汝義、藺養成等大順軍餘部，由通山、蒲圻南下，移駐湖南湘陰、長沙附近。郝搖旗等向南明督師何騰蛟表明合作抗清意圖。何騰蛟鑒於清軍壓境，自己兵微將寡，無力再與農民軍對抗，因此接受大順軍建議。郝搖旗派人「招其黨袁宗第、藺養成、王進才、牛有勇皆來歸，驟增兵十餘萬」[24]。南明抗清力量頓時加強，使何騰蛟威名大振。

大順軍田見秀部從岳州西上，與李過、高一功九部（在大順軍餘部中人數最多）會師於松滋縣草坪。二路大順軍共十八部，連同家屬，共約三十萬人，又稱「高李十三家」。農民軍「與百姓公買公賣，並不殺戮」，繼續維持良好軍紀。清廷派人招降，「招撫六次，人信不還」[25]。

九月

李過、高一功、田見秀等十八部大順軍，採取「聯明抗清」策略，與南明湖廣巡撫堵胤錫聯合，仍屯駐於公安、松滋一帶。堵胤錫親自到李過營中，稱詔賜李自成妻高氏命服，賜李過、高一功蟒玉金銀器。何騰蛟亦拜見高氏，執禮甚恭。隆武帝拜何騰蛟為東閣大學士兼兵部尚書，督師湖廣；進堵胤錫為兵部右侍郎兼右僉都御史，總管李過、高一功部。封高氏貞義夫人，建坊，題為「淑贊中興」，賜李過名赤心、高一功名必正，為左右軍，皆封侯，部眾號「忠貞營」。李過等雖接受

24　《明史》卷二八零列傳第一百六十八。
25　《明清史料》丙編，順治二年五月李可學奏疏。

隆武封號和堵胤錫領導，但仍保持農民軍之獨立性，營中奉李自成為先帝，稱高氏為太后。此後四五十萬大順軍餘部分屬各將領，沒有統一領導人。

南明小朝廷中之頑固派，對大順軍實行防範、限制。何騰蛟對農民軍同樣存在戒備心理，剋扣大順軍糧餉，派南明軍官打入農民軍內部，進行監視，將舊明軍和農民軍統一編制，實行新舊滲合。題授明副將黃朝宣、張先璧為總兵官，與劉承胤、李赤心、郝永忠（郝搖旗賜名）、袁宗第、王進才、董英、馬進忠、馬士秀、曹志建、王允成、盧鼎等開鎮湖南北，稱作十三鎮，人們又稱「荊襄十三家」。其中既有大順農民軍，又有何騰蛟部和左良玉舊部，陣營十分龐雜，摩擦與糾紛時常發生。

大順軍諸將與南明組成抗清聯軍後，由於明方不供應器械、糧餉，劉體純、袁宗第即率軍分別離開長沙北上，進入巫山、巴東一帶，重新開闢抗清根據地。

十一月

南明官僚與四川官紳地主反對大西政權之復辟活動，迫使張獻忠實行武力鎮壓。張獻忠遍屠川中郡縣，殃及百姓，濫殺無辜，喪失民心，造成最後慘敗之結局。

劉體純、袁宗第帶領數萬人攻克荊門，經承天進抵襄陽。李過、田見秀、吳汝義等合師北上。清湖北巡撫馬兆奎、荊州總兵鄭四維先後向朝廷告急，稱荊州城內「里無糧草，外無救兵，勢誠危急。伏祈皇上速發大兵，立為殄滅」。[26]

十二月

劉體純、袁宗第部用火攻法攻克樊城，進攻襄陽，後經鄧州向陝西商洛地區進軍。此次北上，引起各地抗清義軍回應。

賀珍倒戈抗清。

（是年五月，清軍破南京，南明弘光政權覆沒。閏六月，明唐王朱聿鍵即位於福州，建號隆武。明魯王朱以海監國於紹興，和清軍劃江而守。）

26　《清代農民戰爭史資料選編》上，鄭四維揭帖。

清順治三年，南明隆武二年（1646）

正月

隆武「謀大舉」，發兵分兩路北上。何騰蛟率馬進忠、王允成、郝
搖旗、王進才取岳州。堵胤錫率忠貞營渡澧水，進駐公安、松滋，準
備進攻荊州。

二月

初三日，李過、高一功率忠貞營圍荊州，戰艦千餘艘泊江上，
勢在必克。激戰六晝夜，「大小神器（火器）如雷轟不絕，遠近聞
數十里，雲車炮石，百道齊攻」[27]。農民軍降將、清荊州總兵鄭四
維拼力死守。清貝勒勒克德渾[28]，率滿兵數萬自武昌經石首馳援荊
州。清軍至長江南岸斷大順軍退路，乘大霧彌漫之時，突然進擊，
從側翼偷襲大順軍設在松滋草坪之「老營」（家屬及輜重所在地）。
南明督師堵胤錫墜馬傷臂，幾乎喪命。因戰船被奪，無法渡江。撤
圍後李過、高一功敗走夷陵，「數日不得食，乃散入施州衛[29]，聲言
就食湖南」[30]。此役大順軍傷亡萬餘人，驍將劉芳亮戰死，田見秀、
張鼐、李友、吳汝義及李自成之弟李孜等在當陽降清。清攝政王多
爾袞下令，將大順軍投降將士及其隨軍家屬五千餘人，無論長少盡
誅之。

劉體純、袁宗第由襄樊北進南陽，與韓𣚴子合營攻鄧州，「上用雲
梯，身背門扇，下挖地窯，攻至初七日，七面城破，七面俱上」[31]，
因糧草匱乏撤圍。聞賀珍已由陝南轉入夔東大寧、大昌，乃自西鄉、
鹽廠走太平，經達州，向巫山、巴東一帶靠近。

---

[27] 《明季南略》卷十四粵記。
[28] 勒克德渾（1619-1652），代善第三子和碩穎親王薩哈璘的第二子，是清王
室努爾哈赤家族的第四代。
[29] 今湖北恩施。
[30] 《明史》列傳一六七。
[31] 《清代農民戰爭史資料選編》上，潘士良揭帖。

十一月

清和碩肅親王豪格[32]率軍至四川，大西軍將領劉進忠降清。二十七日，豪格以劉進忠為嚮導，與護軍統領鰲拜[33]率滿、蒙軍乘大霧襲擊四川西充縣鳳凰山大西軍主力所在地。大西軍當時尚有六十萬人，未作任何戰鬥準備。張獻忠猝不及防，被清將雅布蘭射中咽喉，墜馬身亡。清軍趁勢進攻，大西軍慘敗，傷亡數萬人，損失騾馬一萬二千餘匹。張獻忠死後，孫可望、李定國、劉文秀、艾能奇、白文選、馮雙禮等將領，聚集大西軍餘部自順慶[34]撤向川南。

十二月

孫可望、李定國、劉文秀、艾能奇等在重慶佛圖關，大敗南明總兵曾英部。大西農民軍乘勝出川，向貴州轉移，與南明聯合，協助永曆政權抗清。

劉體純、袁宗第進入巴、巫地區，與賀珍會合，此系夔東十三家最初之三家成員。此後劉體純、袁宗第部受挫，又回師湖南，在川、湘、黔邊境活動。

（是年八月，清軍進攻福建，隆武帝被俘，死於汀州，隆武政權覆亡。十一月，明桂王朱由榔在廣東肇慶即皇帝位，以明年為永曆元年。明督師何騰蛟和大順軍餘部又在永曆旗幟下繼續抗清。）

清順治四年，南明永曆元年（1647）

二月

永曆朝大學士瞿式耜奏請永曆帝，宣召文安之（夷陵人，明天啟進士，原翰林院編修、南京國子監祭酒、詹事府詹事）入朝供職。

---

[32] 豪格（1609-1648），皇太極長子，在清朝入關平定天下的過程中，戰功卓著。崇德元年四月，以軍功晉肅親王。順治三年正月，授靖遠大將軍，征四川。十二月，滅張獻忠。五年二月，凱旋。三月，被多爾袞構陷削爵，幽系。後自殺。
[33] 鰲拜（？-1669）清朝三代元勳，康熙帝早年輔政大臣之一。康熙八年，鰲拜因專擅弄權而被拘禁，不久死於幽所。
[34] 今四川南充市順慶區。

三月

　　永曆封黃朝宣、張先璧、曹志建、馬進忠、王進才、盧鼎、王允成、侯性，周仕鳳、郝搖旗、劉體純、袁宗第、牛萬才等「十三鎮」首領均為伯爵。

四月

　　李過、高一功部在巴東縣平陽壩一帶休整後，陸續渡江南下。其部眾尚多，有「頭住建始縣，尾住巫山縣」[35]之說。

五月

　　李過部攻破大昌縣橫磎、二墩岩，執知縣劉嘉增。

　　清鄖陽撫治潘士良，彈劾鄖陽總兵王光恩與南明聯絡謀反，王光恩被逮，其弟王光興、王光泰聚眾嘩變，率部萬餘人佔領襄陽，殺守道劉開文、副使甘文奎、知府楊況、推官李實發以及知縣潘朝佐等。

七月

　　王光興稱魯侯，王光泰稱鎮武伯，用永曆年號，據鄖、襄，後退入房縣、竹山。

十二月

　　忠貞營牛萬才部由松滋進入歸州、巴東，聯絡土司，威脅夷陵。清荊州總兵鄭四維請求朝廷增兵防守夷陵、澧州。

清順治五年，南明永曆二年（1648）

正月

　　袁宗第部屯松滋金家場，南明督師堵胤錫駐公安縣申家渡（今申津渡），集結部眾，調整部署，準備在兩湖地區再次發動攻勢。

四月

　　二十四日，馬進忠等攻入湖南常德城。

七月

　　堵胤錫聯絡忠貞營自巴東、歸州出兵，南下湖南。

---

[35] 《清代農民戰爭史料選編》上，李錦等在川楚邊界活動情形。

九月

清廷命鄭親王濟爾哈朗[36]為定遠大將軍，同順承郡王勒克德渾等前往湖廣，進攻農民軍和南明軍。敕曰：「抗拒不順者戮之，不得已而後降者殺無赦。」[37]

十八日，賀珍所部在湖北竹山戰敗，遊擊可天飛（何惟秀）、上山龍（陳可印）等被俘。

十月

初五日，李過率忠貞營從夷陵南下，初六日渡江，至松滋合劉體純部，前往常德、澧州，攻取益陽，擊敗從長沙來援之清軍。

王光興據巴東南坪，實行屯田，「召集難民，約束軍旅，大江以南稍安」。民間稱其部眾為「王營」[38]。

十一月

忠貞營「連戰大捷」，佔領湖南湘潭、湘陰、衡山等縣，兵鋒直抵長沙。永曆帝稱讚「李赤心、高必正等雄冠諸軍」[39]。此時南明各鎮兵數十萬人，集中於湘潭一帶，抗清形勢甚好。

清順治六年，南明永曆三年（1649）

正月

二十一日，清軍陷湘潭，何騰蛟被俘。二十六日自縊。

三月

永曆晉封李過為興國公、高一功郢國公、黨守素興平侯。

六月

郝搖旗軍在廣西缺乏糧餉，無所棲食，不能再與南明軍合作，從桂林經湘西武岡退往湖北荊、襄地區。

---

[36] 濟爾哈朗（1599-1655），是舒爾哈齊第六子，努爾哈赤之侄。濟爾哈朗受封為和碩鄭親王，是清朝「鐵帽子王」之一。

[37] 《大清世祖章皇帝實錄》卷三十七。

[38] 乾隆《湖北通誌》卷69，《武備‧兵事》。

[39] 《瞿式耜集》卷一，奏疏《恢復大捷疏》。

清順治七年，南明永曆四年（1650）

四月

　　李過部入湖南永州，俘獲清朝官員李茂祖、余世忠等。

五月

　　高必正、李元胤入朝。

六月

　　永曆帝加封高一功、黨守素「總統御營兵馬，各佩大將軍印」[40]，令南明官員劉遠生「總督忠貞營兵馬」（實為監督防範）。駐防廣西梧州之南明鎮將陳邦傅，企圖拉攏高一功，擴張勢力，被高一功所拒絕。陳邦傅派兵襲擊大順軍老營，使高一功認識到同南明軍閥再無合作餘地，決意領兵西去。此時李過已病死於南寧地區，忠貞營由高一功、李來亨統領。

　　劉體純、袁宗第率部再次北上，由湘西經湖北建始、巴東等地，佔領房縣羊角寨，殺縣令李成礦。

十二月

　　永曆朝大學士文安之「念川中諸將兵力尚強，欲結之而共獎王室，圖興復，自請督師，加諸鎮封爵」[41]，希冀收復四川後迎接永曆帝駐蹕。永曆朝廷任命文安之為吏、兵二部尚書，「賜劍，便宜從事」[42]，總督川、楚、秦、豫軍務，負責協調川東鄂西各部抗清武裝。

清順治八年，南明永曆五年（1651）

閏二月

　　牛萬才率總兵以下官員八十餘人、士兵五千七百餘名降清。

---

40 王夫之《永曆實錄》。
41 《明史》卷二百七十九《文安之傳》。
42 同上。

五月

　　南明朝廷內部軍閥企圖借孫可望大西軍之兵力制服忠貞營。高一功、李來亨等原大順軍將領在失望中決定率部脫離永曆朝廷,分兵兩路經柳州、融縣[43]、靖州(今屬湖南)北上,準備前往川東鄂西地區另創局面。

十月

　　于大海降清,授都督僉事,駐武昌。

十一月

　　忠貞營進至湖南田家洞司(今保靖縣境內),遭到已經降清之當地土司彭朝柱襲擊,高一功戰死,陣亡將士數千名。李來亨保護高氏率部力戰,突圍抵達湖北興山縣境內,「屯耕山田,歲收麥粟草綿,供糧食衣履」[44],成為夔東十三家中堅力量,揭開了大順軍餘部抗清鬥爭的新篇章。

清順治九年,南明永曆六年(1652)

八月

　　清平西王吳三桂、定西將軍李國翰先後攻佔成都、重慶、敘州[45]、馬湖[46]等府縣。大西軍將領劉文秀、王復臣率步騎六萬從貴州入川,攻取敘州,生擒清都統白含貞、白廣生、總兵南一魁,乘勝攻克重慶。吳三桂敗走綿州[47],又被包圍於保寧[48],突圍後放棄四川,撤往陝西漢中,險勝之餘,歎道:「生平未嘗見如此惡戰」。

　　郝搖旗部乘霧渡江,五鼓入城,破夷陵,聞清援軍將至,當即撤離。清夷陵知州李榮因不能固守,「以失盜論罪」[49],儘管上書多方辯

---

43 今融水縣,在廣西北部,屬柳州市。距柳州市 100 公里。
44 《永曆實錄》卷十五。
45 今四川宜賓。
46 今屬屏山縣,位於四川南部邊緣、金沙江下游北岸。
47 今四川綿陽市。
48 今四川閬中市保寧鎮。
49 《清代檔案史料叢編》第六輯。

解，仍然受到「杖一百、折贖革職」處罰；荊州鎮將武君相、汪吉因援剿不力，「奉旨降級」。

十月

郝搖旗、劉體純攻南漳，「以炮摧城，麾眾突入」[50]，焚毀縣署、倉庫，殺知縣姚延儒、訓導賀泰來、典史濮昌國、副將龍現、中軍張光秀、千總吳鎮邦、把總尤國礎等文武官員十餘人，守衛兵丁死亡二百二十八名，丟失騾馬、盔甲、三眼槍甚多。農民軍進入房縣，據縣西水田坪，時而出襲擊竹山、竹谿、均州、穀城等地。

劉體純、郝搖旗、塔天寶、袁宗第率部二萬人據房縣，破竹山堡寨，佔據竹谿數月。當地民眾「回應投賊」，農民軍「聲勢益張，奔犯秦境」。

十一月

李定國在衡州設伏，大敗清軍，擊斃清敬謹親王定遠大將軍尼堪，獲得衡州大捷。清廷聞警，上下震驚，甚至有放棄川、滇、黔、粵、桂、贛、湘七省之議。

李來亨、劉體純、郝搖旗等，密切配合李定國在西南進攻，進襲房縣、竹山、宜城、南漳、均州、松滋、枝江等各州縣，北出商洛，西攻湘黔，牽制了清軍大量兵力。降清後任湖廣總督之洪承疇，在奏疏中云：「（川、鄂邊境農民軍）倘由澧州而犯常德，或截岳州以犯湘潭，不惟我兵腹背受敵，而大江以南，恐至騷動，此尤當急為籌畫」[51]，對清軍之處境甚感不安。

清順治十年，南明永曆七年（1653）

三月

郝搖旗攻武當山擂鼓臺，破穀城屏風寨，駐屯銅山、茅坪數月。

[50] 乾隆《襄陽府誌》卷二十一，《宦績》。
[51] 《台灣文獻叢刊》第 261 種洪承疇章奏文冊彙輯。

五月

全國抗清運動出現高潮，清朝文武百官憂惶無措，順治帝特任明朝降臣洪承疇為太保兼太子太師，經略湖廣、廣東、廣西、雲南、貴州五省，總督軍務，兼理糧餉，「撫鎮以下，聽其節制，兵馬糧餉，聽其調度」[52]。洪承疇提出「安襄樊而奠中州，固全楚以鞏江南」[53]之戰略防禦方針，主張對抗清農民軍在軍事上「以守為戰」，政治上「廣示招徠」。

七月

郝搖旗、劉體純、塔天寶等，在「秦、豫、楚三省界地，東擊西奔，南進北遁，狡謀百出，變態無常」[54]，清兵部尚書兼右副都御史祖澤遠請求清廷增兵增餉，對農民軍「合師掃蕩」，以除「腹心之患」。

八月

劉體純、郝搖旗率一萬五千人攻竹山，破鴛岩、鐵壁、羊角、蛟龍、虎伏、樂豐諸寨，以樹木為城，斷清軍水源。清竹山知縣謝泰督鄉丁在夜間以火把照明，發鳥銃拼死抵抗。農民軍糧盡，退往房縣。

十二月

明諸生高玉鉉，在興山縣結寨對抗農民軍，發出聲討李來亨檄文，其中有「以弒君蠹民之賊，濫膺上公之爵」[55]等語。農民軍破其寨，將其執殺。

清順治十一年，南明永曆八年（1654）

四月

文安之攜永曆敕令，幾經周折，輾轉至巴東縣平陽壩，「依劉體仁（純）以居」[56]，以全權大臣名義，給川、鄂邊境各部抗清首領加封

---

[52] 《大清世祖章皇帝實錄》卷七十六。
[53] 《臺灣文獻叢刊》第 261 種洪承疇章奏文冊彙輯。
[54] 《清代檔案史料叢編》第六輯，祖澤遠為會剿農民軍機宜事揭帖。
[55] 光緒《興山縣誌》卷二十一，《人物》。
[56] 《明史·文安之傳》。

晉爵：李來亨晉封為臨國公、郝搖旗益國公、王光興荊國公、劉體純皖國公、袁宗第靖國公、王友進寧國公、塔天寶宜都侯、馬騰雲陽城侯、賀珍岐侯、李復榮渭南侯、譚弘（宏）新津侯、譚詣仁壽侯、譚文淯侯、黨守素興平侯等，「眾猶數十萬」，史稱「夔東十三家」。

清順治十二年，南明永曆九年（1655）

四月

清四川巡撫李國英上疏：「請派李國翰由漢中分道並進，進取四川，既取蜀則可為收滇黔之張本。」[57]清廷對此奏疏進行「密議」。

十月

清刑部尚書圖海題本云：郝搖旗諜報人員周中啟、李良、廖應琪等，將空箚數十張「藏匿布甲內」，在南漳、房縣、保康一帶秘密填發，被清軍緝獲，押解至武昌府審訊後以「謀叛」罪處斬。

十二月

李來亨在興山縣白羊寨（南明興山縣署所在地）修建「聖帝行宮」（關帝廟），樹立「聖帝行宮之碑」，碑文以「鐫虜嫗民」（抗清愛民）為宗旨，用關羽、張巡、岳飛之「正」氣與「誠」心來感召部屬，讚頌「忠義」之士，貶斥降將儒夫，藉以鼓舞士氣。碑上刻有數十名抗清將吏姓名，以及南明朝廷所授之封號。此石碑現今還屹立在白羊寨山頂，是中南地區人民抗清鬥爭難得之重要實物資料。

清順治十三年，南明永曆十年（1656）

六月

清鄖陽撫治胡全才同提督柯永盛，在南漳縣境內擒剿並招降農民軍將丁車應倬、尤啟龍、王尚友等多名，在黑河龍潭寨擒斬「賊渠」威崇將軍張盡孝（興山縣「聖帝行宮之碑」上稱其職銜為「掛巨懷將軍印右軍都督府左都督太子少保」）。

---

[57] 《大清世祖章皇帝實錄》卷七十六。

七月

永曆帝晉封李定國為晉王，劉文秀為蜀王。李定國請求永曆下詔，命鄭鴻逵（鄭成功叔父）自海上發兵，劉體純、王光興等由川東出擊，「會師聯絡，共圖興復。」[58]

清順治十四年，南明永曆十一年（1657）

正月

容美土司田甘霖與農民軍發生摩擦，劉體純、塔天寶派遣劉應昌等率「銳卒二千渡江，擒土司田甘霖及其妻子以歸，盡驅江南民北渡」[59]。田氏家族以金數萬將其贖回。後經南明大學士文安之從中斡旋，矛盾有所緩和。

十月

劉體純部襲擊遠安，清游擊黃名世（明朝總兵黃得功之子）正在舉行家慶夜宴，被殺於何家畈[60]。

清湖廣巡按、荊州知府孟泰，命夷陵州中營游擊郝權、水師游擊賀繼戈等挑選精銳兵丁，隨八旗兵沿西陵峽溯江而上，攻下農民軍防地雞籠山、新灘，分水陸兩路進攻香溪口[61]。農民軍「把守甚嚴，大炮堆放如雨」。清將李兆捷、李進臣率領戰船「齊將大炮迎敵，兩下水陸夾攻」[62]，佔領要隘香溪口。

王光興由建始進入施州衛戎角村。戎角村地勢險要，四面絕壁，僅一路可上。王光興「驅士民入戎角，編伍派役，遍搜山谷，謂之打糧。湖（廣）、（四）川兩督以次招安，不聽，殺其使。」[63]

---

[58] 王夫之《永曆實錄》卷一。
[59] 康熙《巴東縣誌・事變》。
[60] 張允炘《湖北通誌》卷六十九《武備志・軍事三》作「向家畈」。
[61] 今湖北秭歸縣香溪鎮。
[62] 《清代檔案史料叢編》第六輯，孟泰為攻克農民軍駐地香溪口塘報。
[63] 光緒《施南府誌》。

清順治十五年，南明永曆十二年（1658）

四月

清平西大將軍吳三桂將要進軍遵義，為了防止川東農民軍從側背襲擊，以永寧鎮總兵嚴自明、重夔總兵程廷俊率部留守重慶，「合防固根本」，又調陝西炮營入川加強防衛。

南明蜀王劉文秀病死，遺表勸永曆在危難時去四川，以夔東十三家之兵「出營陝洛，庶幾轉敗為功。」[64]反映了大西軍部分高級將領希望同大順軍餘部並肩作戰、挽救危局之心情。

七月

譚弘、譚詣、譚文率眾駕舟攻重慶，清廷命陝川總督李國英入川撲剿，三譚敗還。

十二月

永曆派出使者聯絡夔東十三家進攻重慶。在閣部文安之、太監潘應龍組織下，李來亨、劉體純等發兵七千、戰船一百五十八隻溯江而上，聯合譚文、譚詣、譚弘所部直抵重慶城下，三面圍攻；後續部隊分水陸兩路源源而來，「戰艦蔽江，勢甚猖獗」[65]。此時吳三桂已經進入貴州，欲回軍救援重慶。

清順治十六年，南明永曆十三年（1659）

正月

文安之率劉體純、李來亨、袁宗第等十三家（一作十六營）攻重慶，連克夔州、萬縣、忠州、涪陵等州縣，在重慶城下與清總兵程廷俊「力戰五日」，蜀中大震。清四川總督李國英慌忙自保寧（今四川閬中市保寧鎮）調集重兵防守合州，請求南下貴州之吳三桂回師解救，並一再要求清廷集中秦、楚兵對抗清農民軍進行「會剿」。

鄧凱《求野錄》。
《明清史料》丙編第十本。

但在此時十三家發生內訌，譚詣、譚弘殺譚文降清，使會攻重慶挽救永曆朝廷之計畫未能實現。

閏三月

李定國遣使入鄂西聯絡王光興、王友進等，欲會合十三家由印江、沿河司[66]、大堡[67]分三路進擊貴州。

四月

清廷為了「剪除抗逆，獻土抒誠」，封叛徒譚弘為「慕義侯」，譚詣為「仁壽侯」，對夔東十三家進行分化瓦解。

六月

夔東十三家在春季對重慶出擊，牽制了楚、蜀清軍南下，減輕了清對雲南大西軍之威脅，使李定國贏得時間集結力量實行反擊。鄭成功、張煌言認識到此時同川東大順軍和西南大西軍休戚與共之關係，因此，率十七萬水陸大軍，兵分八十三營，由東南沿海大舉北伐，在崇明島登陸，「破鎮江，趨南京，維揚（揚州）、蘇、常旦夕待變，安徽四府、三州、二十餘縣望風款」[68]。三路大軍遙相聲援，主動出擊，轉戰於山區、海島，始終高舉抗清旗幟，使清朝統治者大為驚恐。

清順治十七年，南明永曆十四年（1660）

二月

清鄖陽撫治張尚命州縣官員，在農民軍活動地帶及水陸要道「刊發告示，宣佈皇上德意」，對農民軍將士多方招撫。農民軍內部亦有分化，據清方統計，順治十六年內，鄖陽境內出降者達三百七十餘人。在夔、巴、荊、夷等地，均有農民軍將士及其家屬出降。清廷責令地

---

66 明嘉靖《思南府誌》載：「沿河司，東抵四川酉陽宣撫司界五十里，又八十里至司，西抵婺川縣界一百六十里，又四十里至縣，南抵本府蠻夷司界九十里，北抵本府水德江司界一百里。」

67 今銅仁地區沿河土家族自治縣中寨鄉大堡村。

68 《南疆逸史》卷三十二，《張煌言傳》。

方官員，將此情況逐一造冊上報朝廷。命鄭蛟麟為四川提督總兵官，馮源淮任荊州總兵官，加強川、楚防衛。

清順治十八年，南明永曆十五年（1661）

二月

二十七日，清廷命陝西提督王一正率兵三千鎮漢中，總兵于奮起率兵四千駐守興安，準備進入鄂西北圍攻郝搖旗部。

八月

順治下達招撫劉體純等詔書，強調：「劉二虎（劉體純）等果能悔罪投誠，真心向化，即赦其前罪，優加升賞。若仍執迷不悟，梗化仍前，其部下偽官將士人等，有能將為首賊渠生擒來獻，或斬首來降，必破格論功，不吝高爵厚賞。」[69]並責令湖廣、陝西、四川、貴州總督、巡撫，鄖陽撫治、提督、總兵官「速行佈告，咸使聞知。」

清軍大舉進攻雲南，永曆朝廷岌岌可危。身處浙東之南明東閣大學士兼兵部尚書張煌言，仍想挽回敗局，派遣職方郎中吳佩遠持帛書（密箚）「入鄖襄山中，欲說十三家之軍，使之撓楚以救滇」[70]。但此時夔東抗清農民軍即將處於重兵包圍之中，難以解救雲南之危。

九月

十一日，清廷為了對地方加強控制，重新任命各省總督，以李國英總督四川，白如梅總督陝西，進剿川陝農民軍。

賀珍在大寧鹽廠修建龍君廟，南明督師毛壽登撰寫《大寧鹽廠龍君廟碑記》，稱讚賀珍功德：「自岐侯賀公建節茲土，招徠撫集，百堵皆作。籍什一之賦而民租減，革鹽法之弊而稅課蠲。……出則以勤王滅虜為事，入則以課農練兵為本」。史載，李來亨「鐫虜嫗民」；賀珍「保黔首如赤子」[71]，王光興「在諸將中猶愛民」，「招聚流民，約束

---

[69] 順治十八年八月初九日清廷招撫劉體純等詔書。
[70] 《小腆紀傳》卷第五十七。
[71] 道光《夔州府誌》卷三十六，《藝文》，毛壽登《大寧鹽場龍君廟碑記》。

軍旅，民多從之」[72]；劉體純「頗知愛民」[73]，召集難民，「俾各就業」，其駐地巴東長豐一帶「蔚然成一都會」[74]等等，均為夔東十三家在艱苦歲月裡，在窮鄉僻壤之中，屯田自給，愛護民眾，堅持抗清鬥爭之真實寫照。

是年冬，張煌言使吳鉏以帛書入西山結十三家營，將以救滇；李來亨等已無能為力。

清康熙元年（1662），南明永曆十六年（1662）

四月

十五日，吳三桂用弓弦絞死永曆帝父子於昆明篦子坡，南明最後一個政權終結。

五月

初八日，鄭成功病逝於台南。

清四川總督李國英向清廷上疏：總督府所在地成都，「僻在西偏，去夔東三千里，鞭長難及」[75]，為了剿滅川東農民軍，請求暫時移駐重慶，以便「就近調度」。清廷從其所請。

六月

二十七日，李定國病逝於猛臘（今屬西雙版納）。

七月

清四川總督李國英密奏：「賊巢橫據險要，我師進攻，未能聯合，宜豫會師期，分道併入，使賊三面受敵，彼此不暇兼顧，一路既平，就近會師，賊可盡殲。」[76]請求朝廷統一部署，同時出兵，由四川、湖廣、陝西三省會剿川東抗清武裝。

---

[72] 同治《建始縣誌》卷一，《方輿》。
[73] 同治《巴東縣誌》卷十四，《事變・寇亂》。
[74] 陳詩《湖北舊聞錄》。
[75] 《清實錄康熙朝實錄》。
[76] 《清史稿》列傳二十七李國英傳。

九月

清兵部疏稱:「夔門、鄖、襄,界處腹心,與邊隅不同。袁宗第、賀珍等諸有名巨寇,各擁眾數千於大昌、巫山寨中。湖廣荊州之界,如興山縣水筒梁村等處,無非盜賊盤踞。長江阻塞,商賈弗通。鄖、襄之賊,強盛者莫如郝永忠,精兵約有數萬。」[77]為了消除心腹之患,因而作出決定:令四川總督李國英、陝西總督白如梅和湖廣總督張長庚,調集三省之兵十萬人,運糧丁夫二十萬人,分道進入川、鄂邊境,對夔東抗清基地實行三省會剿,欲使農民軍三面受敵,然後一舉蕩平。

十二月

李國英奉旨率領四川兵由萬縣進駐夔門,統領秦、豫、楚三省之兵,會師四川,進剿抗清農民軍。三省之兵到達指定地點後,於二十日同時發起進攻。

清康熙二年(1663)

正月

清四川總督李國英命重夔鎮總兵程廷俊、撫剿署總兵梁加琦率領川軍,於大年初一開始對巫山縣羊耳山袁宗第大營發起進攻。袁宗第退入密林中,倚山勢陡絕之茶園坪,與清軍迂迴作戰二十餘日,欲以羸弱之兵誘敵深入,李國英「按兵不動」,嚴令封鎖劉體純、郝搖旗援兵必經之地。在農民軍疲憊時,清軍「出奇冒險突擊,攀藤而上,搗茶園坪」[78],農民軍總兵、副將犧牲數十人,將士傷亡、被俘者數以千計。大雪封山,袁宗第糧盡,焚毀營寨後率殘部跳崖退走巴東。

清湖廣提督董學禮、鄖陽總兵穆生輝、襄陽總兵于大海、辰常總兵高守貴,率領三萬人鑿山開道,進至興山縣李家店。李來亨、馬騰雲、黨守素率萬餘人拒敵。清軍中伏,襄陽鎮游擊王進忠中炮死。農民軍焚毀營寨後撤退,總兵宋段被俘。清軍繳獲旗幟、器械甚多。

---

[77] 計六奇《明季北略》卷十八。
[78] 《蜀碧》卷四,參見光緒《巫山縣誌》卷二十,《武功》。

二月

李國英催促各路清軍會集巫山，兵分三路斷絕農民軍通道。夔東十三家叛徒譚弘、譚詣，也奉命糾集雲陽水師和四萬土兵前去助戰，向清朝統治者效犬馬之勞。

陝西提督王一正率興安總兵于奮起、河北總兵鮑敬至房縣橫水進剿郝搖旗。農民軍羅軍門率萬餘人拒戰，敗走。清軍將一百七十三名俘虜全部殺害。農民軍在竹谿、竹山、房縣、保康之據點白土關、赤土坡、陳家鋪、茅坪、鄧川峪、土龕、石擋溝、白玉坪、紅花垜、三座庵，均被清軍佔領。時值霖雨連綿，清軍進入神農架深山老林，糧草已斷，腳腿被雨浸淖，體無完膚，而染患時疫痢瀉者十之四五，困苦乞哀之聲接踵而至，未敢窮追，只得撤回大營休養。

賀珍之子富平伯賀道寧，派總兵劉三顧赴清營納款投誠，交出永曆敕印（岐侯銀印）以及百餘名投降部屬名單，其中掛將軍印者一人，總兵三十五人，副將三十人，參將十九人，游擊二十三人，都司三十三人，此外，還有南明大寧知縣及其縣署人員數名。

三月

郝搖旗在房縣焚磐口糧，退出羊子山。清陝西提督王一正派兵追擊，農民軍將領白良甫戰死。郝搖旗又在張老河失利，敗走興山、巴東。

李國英進攻大寧、大昌，袁宗第乘夜遁去，部將犧牲六十餘人，新化伯馮起龍、總兵黃守庫等降清。

清湖廣總督張長庚自夷陵、四川總督李國英自夔門，夾擊興山縣李來亨駐地。清提督董學禮同各鎮將由興山縣魚刺坡（今名余士坡）進抵長坪，進攻南陽河以東「最為險要，以為天塹不拔之處」雙龍觀、三白堖（今名三步堖）兩關。李來亨、馬騰雲、黨守素以精兵把守兩關，「雙龍（觀）插天，路不能正步，咫尺折，亂石突兀，一失足千仞之墮矣。湖（廣）兵裹膝跪而行，裹處用鐵錐綴其上，靴底亦然，蟻附而登。」[79]清湖廣軍付出慘重代價，奪下兩關。農民軍焚寨

---

[79] 《明季南略》卷十八。

後西走七連坪，復創寨拒守黃龍山。清軍屯萬朝山下，與農民軍相持三月。

五月

清湖廣提督董學禮報稱，所部「共招撫西山餘黨洞寨一百四處，繳到偽敕印一百六十餘件。」[80]

六月

郝搖旗率「老營精兵」由房縣向巴東、興山轉移，準備與劉體純、李來亨聯合出擊清軍，建議各部先打湖廣軍，然後反擊四川軍。

七月

初十日，郝搖旗率部與劉體純會合於巴東。十七日，郝搖旗、劉體純到達興山縣三對（堆）河，「密差約會李來亨領精兵前來合攻湖廣兵馬」，李來亨以牲豬犒賞郝、劉二部，商定先打湖廣軍。農民軍派小股部隊剃髮後化裝成小商販和運糧丁夫，潛入清營，盡得其虛實。二十三日，乘陰雨連綿，道途泥濘，清軍衣甲盡濕，士有懈心之機，潛伏敵營之農民軍戰士忽揭大旗，發動夜襲，焚毀清營。郝搖旗、劉體純阻擊清陝西、四川軍，李來亨在黃龍山發兵出擊，袁宗第、塔天寶、黨守素、馬騰雲等四路環攻，與董學禮部在萬朝山下大茶園血戰三晝夜。楚軍全師失利，三萬人馬潰不成軍，傷亡萬餘人，「除殺傷外，擠竄於南陽河，水為不流」[81]。清襄陽鎮前營守備張所蘊、千總李三畏、把總孫繼岡戰死，總兵于大海、高守貴，金萬鎰落荒而逃。湖廣總督張長庚逃至香溪口，帶領殘兵敗將「走保夷陵」，董學禮逃往當陽，與部下失去聯繫，楚蜀震動。

八月

因湖廣、陝西、四川等省清軍會剿大順軍餘部久而無功，清廷又接到各路求援文告，為了消除心腹之患，於十九日作出增兵決定：命都統穆里瑪為靖西將軍、都統圖海為定西將軍，同都統輔國公宗室穆

---

[80] 《清聖祖實錄選輯》。
[81] 乾隆《直隸澧州誌林》卷十九。

琛、護軍統領孫達里、都統覺羅巴爾布、護軍統領科爾昆,從京師率領大兵南下湖廣,增強東線兵力。又調西安將軍傅喀禪、副都統杜敏、提督鄭蛟麟以及清吳三桂部屬重夔鎮總兵程廷俊、遵守義鎮標中軍副將陳福等,「協同征剿」,增強西線兵力。連同原有三路清軍,兵力總計不下三十萬人,其中多為久經征戰之八旗與綠營兵,靖西將軍穆里瑪是權臣鰲拜之胞弟,其率領之部隊為「王室禁旅」,頗有戰鬥力。這次增兵「會剿」聲勢和規模之大,為清軍入關以來所罕見。

清廷從各地調集大量軍用物資和糧餉,設立三處轉輸點,「秦軍上庸[82],蜀軍巫山,楚軍當陽,轉輸絡繹,兵夫不下數十萬」[83],「挽糧丁夫,死者積崖谷」[84]。

二十五日,李來亨、劉體純、郝搖旗、袁宗第、黨守素、塔天寶、馬騰雲七部,冒著大風雨乘勝西上,進攻清四川總督李國英、提督鄭蛟麟固守之巫山縣城。農民軍喊聲震天,來衝壁壘。清軍戰敗,逃入巫山縣城,眾議退守夔門。李國英身佩匕首以示必死之決心,一面嚴令部下官兵負隅頑抗,一面向清廷請求急派援兵。李國英認為巫山縣城地勢低凹,易攻難守,下令加固城垣,在城北釘梅花樁,挖品字形深坑,在地勢較高之高唐觀建立敵樓炮臺,在城東築土寨,水師鎮總兵譚詣防江面,為內外翼。農民軍數萬人會集巫山城下,築土囤、架雲梯,以多種戰術,晝夜環攻。戰鬥十分激烈,雙方損失很大。清軍加強防禦,農民軍猶無退志,且挖地道攻城如故。

九月

初一日,農民軍繼續挖地道進攻巫山城,雙方架炮相互轟擊,戰鬥十分激烈。守城清軍以矢石、火炮、拐槍、火罐向下齊發,城下屍積如丘,李國英見狀亦為之膽寒。初五、初六兩日,連降大雨。清軍暗中出城,潛伏在農民軍運糧通道三會鋪、鴛鴦池附近,擊殺運糧士卒,使農民軍糧草斷絕,陷入困境。初七日,城內清軍乘機分四路出

---

82 今竹山縣東南。
83 康熙八年《當陽縣誌》卷一《事紀》。
84 王夫之《永曆實錄》卷十五《李來亨列傳》。

城反撲，激戰一天，農民軍師疲糧乏，暫時撤退，待機再戰。是役歷時十二晝夜，農民軍陣亡七千餘人。

十月

清四川總督李國英龜縮在巫山城中，「身不解甲」，僥倖取勝之後，不敢冒險進軍，一再向清廷告急：「巨寇劉二虎（劉體純）、李來亨、郝搖旗、袁宗第、黨守素、塔天寶、馬騰雲七家，出犯巫山，水陸諸將戮力戰守，得全危城」，請求清廷「迅發大兵」[85]，前去解救。

十一月

清陝西援兵越秦嶺過古棧道入蜀，再改由水道直下夔、巫，與李國英部會合，氣焰十分囂張。

十二月

清川、陝聯軍在巫山縣高唐觀誓師，經鐵剎山、秦羅坪直撲巴東縣北岸，進逼劉體純之長豐大營。巫山之役後，農民軍未作休整，面對來勢洶洶的敵人，劉體純部避之不及，雙方在陳家坡遭遇。農民軍倉促禦敵，損失慘重，傷亡過半。郝搖旗、袁宗第退守大寧、大昌，部下降清之大小首領共六百九十二員，兵丁三千餘名，家口近三千人。儘管如此，郝搖旗、袁宗第仍然準備率不足百人之殘部前去救援劉體純，不料在白玉坪受到清軍截擊，傷亡甚多。劉體純下令焚毀長豐大營，打算北走興山，向李來亨部靠近，但未及轉移，在陳家坡天池寨被清杜敏部包圍。劉體純率部「倚崿山險，排列陣營，層層扼拒」，與敵展開激烈搏鬥，終因寡不敵眾，天池寨老木崆大營被攻破。

二十三日（1664年1月20日），劉體純見大勢已去，親手勒死兩個女兒，令妻妾自殺，然後用弓弦自縊身亡，「死之日，居民有泣者」[86]。郝搖旗、袁宗第率領親兵突圍未成，在巫山黃草坪陷入清梁加琦、巴達世部伏擊圈中，農民軍「各執利刃，抵死交鋒」[87]，但最終未能突出重圍。

---

[85] 《清聖祖實錄》卷十。
[86] 同治《巴東縣誌》。
[87] 《清代農民戰爭史資料選編》上，康熙三年二月十九日李國英題稿。

　　二十六日（1664 年 1 月 23 日），郝搖旗、袁宗第、洪育鼇被俘犧牲。

清康熙三年（1664）

正月

　　南明監軍毛壽登降清。

二月

　　清軍對農民軍再次採用招撫辦法，派李來亨之表舅高守貴（高氏之姪，降清後任辰常總兵）前去勸降。李來亨大義凜然，嚴詞拒絕。將年邁的高氏託之於高守貴，決意血戰到底。而隨李自成轉戰南北、身經百戰之黨守素、馬騰雲、塔天寶等，則不能保持晚節，於此時降清。

　　清軍三路直逼興山縣，李國英等率領四川軍至興山顯靈觀紮營，王一正帶領陝西軍駐湘坪，定西將軍圖海、靖西將軍穆里瑪率八旗兵會同湖廣軍，由夷陵經黃陵廟至歸州香溪口，都統科爾昆與葛布什賢葛喇依昂邦賴塔率領滿蒙騎兵為前鋒，進抵興山縣南陽河。三路清軍總計約二十萬人，將茅麓山圍得水泄不通。茅麓山位於興山縣西，鄰近神農架林區，山高十餘里，方圓約八十里，「橫嶺懸崖，窄不容履，山后深林壘嶂，人煙阻絕……峰巒簇簇，無路可行」[88]。李來亨在山頂上選擇了水源充足之有利地勢，建立了長三里、寬一里之堅固營寨，築「城柵三匝」，防衛嚴密。「來亨子（名字不詳）率四千餘賊築城垛，排列槍炮挨牌拒敵」[89]。

三月

　　二十八日夜，農民軍在七連坪襲擊清營，「四路齊擁，俱各披綿被、綿甲，仍背挨牌一面，倒退而下……自子（時）至卯（時），鏖戰半夜」。次日，李來亨以「大刀藤牌護陣」[90]，猛衝敵壘，清軍在深谷鳥道上受到阻扼，裝備精良之騎兵不能發揮作用，科爾昆部將李嗣名中流矢

---

[88]　光緒《興山縣誌》卷十九茅麓山記。
[89]　《八旗通誌》卷一四一《穆理瑪傳》；同書卷二二○《古楞格傳》、《倭和仁傳》有類似記載。
[90]　《清史稿》列傳廿八科爾昆傳。

死，滿軍遭到沉重打擊。清軍張兩翼合擊農民軍，李來亨突圍拒守譚家寨，調集糧草，作長期應戰準備。

六月

李來亨親率精兵數千人進攻清軍駐地，「蜂擁攻打，炮矢如雨，激戰於子夜」[91]，未能突圍。

閏六月

李來亨率士卒數千乘雨夜偷襲，試圖破敵防線以挫敗清軍之圍剿，連攻五陣，亦被清軍所敗。清鄭蛟麟部對茅麓山進行仰攻，在通向山頂之山梁上，雙方發生激烈爭奪戰。農民軍將粗木巨石投擲崖下，不少清軍葬身溝壑。清「王室禁旅」在黃龍山被深澗阻隔，不能直接投入戰鬥，只有隔山觀戰，發炮助威，虛張聲勢。農民軍用土炮還擊，聲震峽谷，「茅麓山打黃龍山，炮子飛過火焰山」的民謠，至今還在當地群眾中流傳。圖海督滿軍對茅麓山多方仰攻，都被擊退，「木石懸擊，所傷極眾」。清靖西將軍穆里瑪自以為兵精將勇，貿然下令向山寨發起進攻。李來亨指揮部眾憑藉山險予以迎頭痛擊，滿洲兵墜崖落澗，傷亡慘重，鑲紅旗副都統賀布索、一等阿達哈哈番桑圖、穆里瑪之子蘇爾馬均被擊斃。

七月

清軍對農民軍據點雖然逐步形成包圍圈，但山區地勢複雜，進攻多次守挫，因此決計改變以往狂奔窮追戰法，採用重點設防、立壘圍困戰術。李國英建議「合滿漢三省之兵分汛連營，樹立木城，挑塹排椿，密匝圍之」[92]。清軍在茅麓山周圍挖掘塹壕，釘上排椿，將農民軍團團圍困起來。為了防止農民軍劫營，清軍分別在營盤周圍構築土壘，以竹纜藤索為棚，欲使農民軍遠不得出，近不得戰。此時淋雨連綿，垛牆傾圮，圖海、穆里瑪嚴令各部對防禦工事嚴加修理，「務要倍加堅固，晝夜密防，勿得一刻懈疏」[93]。

---

[91] 《清代農民戰爭史料叢編》上，康熙四年五月初八李國英題稿。
[92] 同上。
[93] 《李勤襄公撫督秦蜀奏議》卷二十三。

八月

李來亨再次率健卒出擊，皆持鉤鐮大斧，各抬雲梯、挨牌，拉塹砍椿，槍炮齊發，勢如風雨驟至。由於兵力眾寡懸殊，農民軍未能突出重圍。初四日，小股清軍暗遣叛徒陳經引路，繞道至後山絕壁下，身披花草偽裝，攀援樹木藤條爬上山頂，舉火為號，周圍清軍蜂擁而上，衝入寨門。農民軍「莫不奮臂爭呼，拼死力戰」[94]，終因糧盡援絕而失敗，除百餘人被俘外，「餘眾散入秦、蜀山中」[95]。初五日（1664年 9 月 24 日），李來亨下令點燃大帳，同妻子及身邊將領自縊於帳內，葬身於烈火之中，壯烈犧牲。南明至此終結。

（原刊《香溪河》雜志，2004、2005 年連載。
2002 年 10 月初稿，2004 年 4 月刪節。）

---

[94] 《李勤襄公撫督秦蜀奏議》卷二十三。
[95] 王夫之《永曆實錄》卷十五《李來亨列傳》。

王昭君生籍地望辨析

　　人有人望，地有地望。人望、地望都是寶貴的無形資產。特別是地望，它是漫長的歷史形成的寶貴財富，是一種人文遺產，是一種積累，即歷史積累、文化積累。這個積累是鮮活的，它有自己的感召力，有自己的生命力。地名紀錄著歷史，鑴刻著人文精神。我們要保護中華民族寶貴的地望財富，要呵護她，愛惜她。下面就王昭君生籍地望略陳管見。

　　昭君出塞的故事發生在西漢元帝竟寧元年（前 33 年），但其史實則始載於東漢班固《漢書》的「元帝紀」和「匈奴傳」，況且記述十分簡略，對其籍貫也未作交代。關於王昭君的籍貫，早在東漢時期就存在著兩種說法。一是蔡邕的齊人說[1]，後人認為此說「雜出，無所考證」，與信史「最抵牾」[2]，故很少被人採納。二是東漢文穎注《漢書》時，指出昭君「本南郡秭歸人也」[3]。此說通常被人援引。到了南朝劉宋時期范曄（398－445）著《後漢書・南匈奴傳》中，稱昭君籍貫為南郡，但並未直接提到秭歸縣。漢代荊州南郡範圍很大，轄區包括今湖北中西部和重慶市東部的二十餘縣市，昭君村的具體位置尚不得而知。

　　魏晉至隋朝時期，詠歎昭君的詩文固然不少，而對其故里的記述似不多見。唐宋以來，有些名人的詩文中雖然時而提到昭君村、昭君宅、昭君廟，但不一定都持秭歸說。如杜甫的「若道巫山女粗醜，何得此有昭君村」[4]；「群山萬壑赴荊門，生長明妃尚有村」[5]等詩句，就

1　　蔡邕《琴操》。
2　　陳詩《湖北舊聞錄》卷三十，《名勝》六。
3　　《漢書・元帝紀》注。
4　　杜甫《負薪行》。

沒有直接提到秭歸。杜甫曾於代宗大歷年間在夔州[6]居住過兩年（766
－768），十分瞭解當地風土民情。歸州[7]與夔州毗連，杜甫對昭君（明
妃）村秭歸說不會不知道，為何說它或在巫山，或在荊門呢？因為漢
魏樂府詩中早已有過「巴東三峽巫峽長」的歌謠，杜詩中的「巫山」
應是對巴、巫山區的泛稱；「荊門」則指的是夷陵附近與虎牙山對峙的
荊門山，《水經注‧江水》稱其為「楚之西塞」，都不屬於行政區名稱。

　　距杜甫離蜀出峽半個世紀之後，白居易於元和十四年（819）授忠
州[8]刺史，經過三峽時，在《過昭君村》詩中寫道：「亦如彼姝子，生
此遐陋村。……竟埋代北骨，不返巴東魂。慘澹晚雲水，依稀舊鄉園。
妍姿化已久，但有村名存。村中有遺老，指點為我言。不取往者戒，
恐貽來者冤。至今村女面，燒灼成瘢痕。」即便白居易親自到過昭君
村，傾聽村中「遺老」談論過當地人對帝王選美產生的怨恨情緒，為
昭君死於「代北」[9]，不能魂歸故里歡惋不已，可是他筆下的昭君村似
乎在巴東。如同宋人蘇軾的「昭君本楚人」[10]和蘇轍的「峽女王嬙（昭
君）繼屈婆」[11]的詩句一樣，對昭君故里都是採用廣義的說法。文人們
賦詩往往借名勝古跡詠史抒懷，而不是嚴格按照行政區劃沿革做地名考
辨文章。況且，無論是杜甫、白居易還是蘇氏兄弟，他們在詩中所指的
昭君村之所在，都屬於長江三峽地帶，就大範圍而言能說得過去。

　　到了北宋初期，人們才明確指出昭君故里的具體方位，出現了昭
君村興山說。興山縣原本是秭歸縣之北境，於三國時吳景帝（孫休）
永安三年（260）單獨置縣，分置後同屬建平郡[12]。早期提出昭君故里
興山說的是北宋太平興國年間（976－984）樂史所撰的《太平寰宇記》，
該著興山條明確記載：

5　杜甫《詠懷古跡》。
6　今重慶奉節。
7　當時秭歸、興山、巴東等縣為其屬邑。
8　今重慶忠縣。
9　代郡以北，今內蒙一帶。
10　蘇軾《昭君村》。
11　蘇轍《竹枝詞》。
12　見沈約《宋書‧州郡志》。

> 興山縣，本漢秭歸縣地，三國時其地屬吳。……香溪在邑界，
> 即王昭君所遊處。（有）王昭君宅，漢王嬙即此邑人也，故云
> 昭君之縣。

　　兩宋時期編纂的總地志有數種，收錄我國古代地理資料頗為繁富，考據也較精當。除《寰宇記》外，《元豐九域志》、《輿地廣記》以及《方輿紀勝》等均持興山說，茲不贅錄。另據元人編修的《宋史·地理志》興山條記載：「開寶元年（968）移治昭君院，端拱二年（989）又徙香溪北。」這條記述證實昭君故里興山說至遲不會晚於宋太祖開寶年間，同時表明此說已列入官修的「正史」之中。宋代文獻對昭君村方位的記述，彷彿給人們提供了導遊指南，吸引著文人墨客跋山涉水前去瞻仰憑弔，南宋著名詩人陸游、范成大亦在其中，各有遊記為證。

　　陸游於宋孝宗乾道六年（1170）出任夔州通判，停泊歸州的興山口[13]，在地方官員的陪同下，乘小轎遊覽歸州以東十里香溪左岸的溶洞——玉虛洞，在「明月如畫」的夜晚下榻歸州城東的光孝寺，將見聞寫在十月十五日的日記中：

> 泊舟興山口，肩輿遊玉虛洞。去江岸五里許，隔一溪，所謂香
> 溪也，源出昭君村，水味美，錄於《水品》，色碧如黛[14]。

　　南宋的另一位著名詩人范成大，曾經兩次路過歸州。淳熙四年（1177）范成大離開四川制置使任所，由蜀中順流東下回京師臨安途中，在歸州遇上「封峽」[15]，船隻不能在峽江中冒險行駛，滯留九天，得閒瞭解當地風土民情。他在七月二十二日的日記中寫道：

> 興山縣，王嬙生焉，今有昭君臺、香溪尚存，城南二里有明妃
> 廟。[16]

---

[13] 今秭歸香溪鎮。
[14] 陸游《入蜀記》第六。
[15] 指江水暴漲。
[16] 范成大《吳船錄》卷下。

范成大無疑持昭君村興山說,他在日記中記述了昭君故里的遺跡之後,還寫了一首題為《昭君臺》的律詩,又在自序中特意注明:

> 「昭君臺,在興山界中,鄉人憐昭君,築台望之,下有香溪。」[17]

上文所引宋元諸說,都屢次提到昭君故里位於興山縣境內的香溪附近。香溪又名「昭君溪」,「昭君嘗遊於此,溪中有珍珠潭,相傳為昭君遺珠處」[18]。唐代「茶聖」陸羽曾將「天下」水質分為二十品[19],認定「兩岸多香草」的香溪之水屬於「第十四品」,因此唐人張又新將其錄於《水品》一書之中。陸游親口品嘗過甜美可口的香溪水,並指出昭君村就在香溪之源。香溪源於何處呢?《清史稿‧地理志》興山條敍述較為翔實:「城南香溪,一名縣前河,建陽、南陽兩河入之,合白沙、九沖河,至城南始為香溪。……又西南入歸州。」這條記載與今興山縣高陽鎮[20]所在方位以及香溪河段的稱謂完全相符。今香溪河段起自高陽鎮以南,西南流至秭歸縣香溪鎮注入長江。

關於昭君故里興山說的問題,在地方誌中還可找到不少佐證,興山縣高陽鎮以南[21]一里餘,有一座山,名叫妃臺山,「其下為昭君村,昭君生長處也」[22]。熟悉長江三峽一帶名勝的人,都知道「妃臺曉日」是「興山八景」之一。顧名思義,妃臺山是以昭君臺修建其上而得名的。古時這一帶曾有過「昭君院碑」和「昭君故里碑」,《興山縣誌‧藝文》云:

> 永樂十三年(1415),邑人於縣南重修昭君院。教諭姚唐撰文,諸生唐恭書丹,刻石見《荊西文獻錄》。

---

[17] 《范石湖集》卷十六。
[18] 王象之《輿地紀勝》,參見嘉慶《一統志》卷三百五十,《宜昌‧山川》。
[19] 即等級。
[20] 光緒《興山縣治》。
[21] 即香溪南岸。
[22] 光緒《興山縣誌‧山誌》。

　　咸豐初，邑人建奎閣於縣南妃臺山上，土中掘得一碑，大字四文曰「昭君故里」，小字漫滅，唯「宋」字可辨別，蓋宋代物也。碑陰有小字，亦不可辨識。咸豐七年（1857），奎閣毀，碑亦不存。光緒十年（1884）秋七月，知縣黃世崇重立碑於奎閣故址，仍題曰「昭君故里」。

　　此外，《一統志・宜昌府・祠廟》中還載有昭君祠的情況：「王昭君祠，在興山縣南昭君村，祀漢王嬙。」《興山縣誌・典禮志》中說它在「城南一里，漢建，久廢」。昭君祠又名昭君廟，即范成大所稱的明妃廟。宋人王象之說「漢在此立有昭君廟，廟庭之中有大柏樹，週六丈五尺，樹葉蓊鬱」[23]。還有人說昭君宅後有「綠竹村」，「綠蔭蔽日，箭竹插天」[24]。這些記述可與《興山縣誌》中的有關記載相印證。近年內經過實地調查，文物工作者在妃臺山南麓陸續發現了六朝以來的許多斷磚殘瓦，足見此處的確有過古代建築。

　　根據上述資料，可以得出一個結論：按照漢代郡縣疆域說王昭君是秭歸縣人，無可非議；如果按照歷史上行政區劃沿革，昭君故里應在今湖北興山縣大河村的陳家灣。

　　可是，到過興山縣的人都知道該縣還有一個昭君村，那就是高陽鎮西北七華里、深渡河與白沙河會合處的寶坪村。而今寶坪的名氣已勝過陳家灣，呈現「後來居上」之勢。為何一縣之內竟會出現兩個昭君村呢？我們可以借助著名歷史學家翦伯贊先生的精闢見解來作答。1961年他在內蒙考察時，聽說大青山南麓除象徵性的昭君墓地青塚以外，還有十幾個昭君墓。翦老認為「這些昭君墓的出現，反映了內蒙人民對王昭君這個人物有好感，他們都希望王昭君埋葬在自己的家鄉」。今天，我們可以同樣認為，興山縣境內之所以有兩個昭君村，反映了興山人民對王昭君這個為增進民族友誼起過積極作用的和親使者懷有好感，他們都希望王昭君出生在自己的家鄉。

---

[23]　王象之《輿地紀勝》。
[24]　佚名《聞見後錄》。

　　1978 年以來，興山縣人民政府在妃臺山上重建了昭君臺，又在風景秀麗的寶坪村新修了昭君宅，後來將其擴建為王昭君紀念館，並根據當地民間傳說增加了望月樓、梳粧檯、藏墨館、撫琴臺等仿漢建築物，總面積為 0.8 平方公里的昭君新村已初具規模。1986 年金秋時節，為了祝賀王昭君紀念館的落成，內蒙古自治區有關部門派人專程送去漢白玉雕刻的通高 2.8 米的王昭君像。舉行塑像揭幕儀式時，蒙族代表意味深長地說：「這是昭君閼氏[25]出塞兩千多年後，首次回『娘家』省親。」充分表達了深厚的民族友好情誼。隨著文化事業的繁榮和旅遊事業的發展，王昭君紀念地的景點正在與日俱增。舉世聞名的長江三峽工程已經竣工，昭君村也以嶄新的面貌展現在高峽平湖之濱。

（原刊《文匯報》1979 年 5 月 13 日《筆會》，2007 年修改）

昭君臺

昭君像

---

[25] 匈奴語，即皇后。

昭君村陳家灣

昭君故里碑

昭君宅

昭君村方位圖

昭君紀念碑

關於王昭君的史實與傳說

一、昭君出塞的歷史背景

　　昭君出塞發生在西漢後期，這一歷史事件反映了當時漢民族與匈奴族之間的民族關係。匈奴是我國北方的一支好戰的遊牧部族。從秦末到漢初三、四十年間，匈奴在冒頓（前 209 年于－174 年在位）單于統治之下，武力達到空前未有的強盛，這時它已形成奴隸制度了。西漢前期，朝廷一直採取和親政策，對匈奴忍讓，企圖換取邊境的暫時安寧。漢景帝時，由於經濟的恢復和發展，雙方力量的對比發生了變化。漢武帝（前 141 年－前 87 年在位，共五十四年）時，國家富裕，國防力量加強，有了力量來對付匈奴的侵擾。從前 129 年到前 119 年，漢與匈奴之間較大的戰爭有十餘次，漢軍屢敗匈奴，奪回被匈奴侵佔的河套等地區，基本上解除了秦漢以來的匈奴威脅。

　　漢宣帝時（前 74 年－前 49 年在位，共 25 年），匈奴統治集團發生內訌，先有五單于爭立，繼有郅支單于與呼韓邪單于的戰爭，呼韓邪戰敗，被迫由「單于庭」出走，因怕受到漢朝和郅支的兩面夾攻，故爭取主動，與

昭君與單于

漢聯合。前 51 年（宣帝甘露三年）南下，並親自到長安觀見漢帝；隨後留居光祿塞（今內蒙包頭西北）下，由漢朝派兵護衛他。這便扭轉了自漢初以來約一百五十年漢匈兩族間的敵對局面，建立了和平友好的關係。這是漢與匈奴關係的根本轉變，時在昭君出塞前十八年。

前 52 年，呼韓邪單于又得到匈奴的全部土地，從此匈奴親漢，以後的六、七十年間，漢北部邊境呈現了「邊城晏閉，牛馬布野，三世無犬吠之警，黎庶亡干戈之役」[1]的和平氣象。

匈奴與漢接觸地帶很廣，時間又長，自然要受到漢文化的某些影響，特別是西漢呼韓邪單于以後，匈奴貴族的衣服、食品、用具、樂器、刀、甲、車輿、儀仗都是漢朝供給的，可見漢文化對匈奴的影響很深，匈奴願意內附，並居住漢地，不僅是生活上的要求，同時也是對漢文化有所愛慕，昭君出塞就是在這種歷史條件下出現的。

二、昭君出塞的史料問題

有關昭君出塞的史實，主要出自東漢班固的《漢書》和南朝范曄的《後漢書》，現將原文分別摘錄如次：

《漢書‧元帝紀》載：

> 竟寧元年（前 33 年）春正月，匈奴虖（呼）韓邪單于來朝。詔曰：「匈奴郅支單于背叛禮義，既伏其辜，呼韓邪單于不忘恩德，鄉慕禮義，復修朝賀之禮，願保塞傳之無窮，邊垂（陲）長無兵革之事。其改元為竟寧，賜單于待詔掖庭王檣為閼氏。」

《漢書‧匈奴傳下》記載：

> 郅支既誅，呼韓邪單于且喜且懼，……竟寧元年，單于復入朝，……自言願婿漢氏以自親。元帝以後宮良家子王牆（字昭

---

[1]　《漢書‧匈奴傳贊》。

君）賜單于。單于歡喜，上書願保塞上谷以西至敦煌，傳之無窮，請罷邊備塞吏卒，以休天子人民。

……王昭君號寧胡閼氏，生一男伊屠智牙師，為右日逐王。呼韓邪立二十八年，建始二年（前 31 年）死。……（大閼氏長子）雕陶莫皋立，為復株累若鞮單于。……復株累單于復妻王昭君，生二女，長女雲為須卜居次，小女為當於居次。

《後漢書・南匈奴列傳》記載：

初，單于弟右谷蠡王伊屠知牙師，以次當為左賢王，左賢王即是單于儲副，單于欲傳其子，遂殺知牙師。知牙師者，王昭君之子也。

……昭君字嬙，南郡人也。初，元帝時，以良家子選入掖庭。時呼韓邪來朝，帝敕以宮女五人賜之。昭君入宮數歲，不得見御，積悲怨，乃請掖庭令求行。呼韓邪臨辭大會，帝召五女以示之。昭君豐容靚飾，光明漢宮，顧景裴回（徘徊），竦動左右。帝見大驚，意欲留之，而難於失信，遂與匈奴。生二子。及呼韓邪死，其前閼氏子代立，欲妻之，昭君上書求歸，成帝敕令從胡俗，遂復為後單于閼氏焉。

《漢書・元帝紀》稱昭君為「王檣」，同書「匈奴傳」又說「王牆字昭君」，「號寧胡閼氏」。《後漢書》又說「昭君字嬙」。祁和暉先生認為，除「王」姓可以肯定外，其他的所謂名和字，只是標誌某種特徵以明身份的呼號。筆者贊同祁說，但為敘述方便計，仍以昭君名之。

從以上資料中我們可以大略知道，昭君姓王，「牆字昭君，出身良家子「（民間女子），被選入宮廷之後，身份僅僅是一個等待皇帝召見的宮女，入宮數年還未與漢元帝見過面。公元前 33 年，匈奴國王呼韓邪前來朝賀，表示願與漢朝和好，希望與漢室通婚。漢元帝答應了這一要求，決定將王昭君嫁給他。王昭君也自願要求出塞，遠嫁後成為匈奴的皇后，在塞外生了二子二女。

《漢書》明確記載，昭君出塞是漢元帝應呼韓邪單于「願婿漢氏」之請，而將她「賜」與的。但《後漢書》說，昭君出塞是因為「入宮數歲，不得御」，因而「積悲怨」，「乃請掖庭令求行」。比較而言，《後漢書》之說，很可能是范曄根據民間傳說寫入的，同書記載她在呼韓邪單于死後曾「上書求歸」，可見並未完全融合於匈奴族。因此，昭君出塞恐非主動請行。

昭君嫁入匈奴，被封為「寧胡閼氏」，「寧胡閼氏」在匈奴中地位呢如何？一般認為「寧胡閼氏」就是呼韓邪單于的正妻，事實並非如此。《漢書》就記載說：

> 「呼韓邪病且死，欲立且莫車，其母顓渠閼氏曰：『匈奴亂十餘年，不絕如髮，賴蒙漢力，故得復安。今平定未久，人民創艾戰鬥，且莫車年少，百姓未附，恐復危國。我與大閼氏一家共子，不如立雕陶莫皋。』大閼氏曰：『且莫車雖少，大臣共持國事，今舍貴立賤，後世必亂。』單于卒從顓渠閼氏計，立雕陶莫皋，約令傳國與弟。」

這段記載就說明：直到呼韓邪單于臨終，至少有除王昭君外兩個閼氏，其中還有大閼氏（相當與中原王朝的皇后），而昭君只是一個普通的嬪妃，身份並不特殊，地位也不高，如果說有特殊之處，只因她是漢帝所賜。

所以，昭君出塞並不是她個人的意志，而是皇帝的旨意，她不過是漢帝為消除邊患而賜給匈奴首領的一個「禮物」。但是，王昭君從命遠嫁，客觀上為民族團結做出了貢獻。

昭君出塞後，漢朝與匈奴的關係日趨和好。漢平帝（元年－6年，在位六年）時，昭君的長女雲親自到漢朝朝見了太皇太后，太皇太后非常高興，賜她很多物品。後來呼韓邪單于的少子咸做了匈奴單于，雲和她的丈夫須卜當（匈奴用事大臣右骨都候）時常勸他跟漢朝親善。新莽期間，雲要求會見身在長安的姑表兄弟王歙（昭君哥哥的兒子），王莽答應了這一要求，天鳳元年（14 年），派和親侯王歙和他的弟弟

展德侯王颯出使匈奴，送去很多禮物，表示對咸立為單于的祝賀。此後，王歙和王颯又分別出使過匈奴。那一段時期，北方邊境比較安寧，很少發生民族戰爭。

三、昭君故事的演變

　　昭君出塞和親是好事，但是，我國的封建社會歷時較長，土地私有制使人們養成了安土重遷的風俗習尚，視出塞為畏途，所謂「遠托異國，昔人所悲」[2]。東漢蔡邕在《琴操》[3]中開始演變這一段故事：

> 王昭君者，齊國王穰女也。昭君年十七時，顏色皎潔，聞於國中。穰見昭君端正嫻麗，未嘗窺看門戶，以其有異於人，求之皆不與。獻於孝元帝，以地遠既不幸納，叨備後宮。積五六年，昭君心有怨曠，偽不飾其形容，元帝每歷後宮，疏略不過其處。後單于遣使者朝賀，元帝陳設倡樂，乃令後宮妝出；昭君怨恚日久，不得侍列，乃更修飾，善妝盛服，形容光輝而出。俱列坐，元帝謂使者曰：「單于何所願樂？」對曰：「珍奇怪物，皆悉自備；惟婦人醜陋，不如中國。」帝乃問後宮，欲一女賜單于，誰能行者起。於是昭君喟然越席而前曰：「妾幸得備在後宮，粗醜卑陋，不合陛下之心，誠願得行。」時單于使者在旁，帝大驚悔之，不得復止。良久太息曰：「朕已誤矣！」遂以與之。昭君至匈奴，單于大悅，以為漢與我厚，縱酒作樂；遣使者報漢，送白璧一雙、駿馬十四、胡地珠寶之類。昭君恨帝始不見遇，心思不樂，心念鄉土，乃作《怨曠思惟歌》曰：

> 秋木萋萋，其葉萎黃。有鳥處山，集於苞桑。
> 養育羽毛，形容生光。既得升雲，上游曲房。

---
[2]　漢李陵《答蘇武書》。
[3]　有人認為《琴操》是晉孔衍的作品，託名蔡邕。

141

離害絕曠，身體摧藏。志念抑沉，不得頡頑。
雖得委食，心有彷徨。我獨依何，來往變常。
翩翩之燕，遠集西羌。高山峨峨，河水泱泱。
父兮母兮，道理悠長。嗚呼哀哉，憂心惻傷。

昭君有子曰世達，單于死，子世達繼立。凡為胡者，父死妻母。
昭君問世達曰：「汝為漢也？為胡也？」世達曰：「欲為胡耳。」
昭君乃吞藥自殺，單于舉葬之，胡中多白草，而此塚獨青。

這段故事說王昭君因不願從胡禮而吞藥自殺，顯然把她染了上封建禮教的色彩，與歷史真實不符。到了西晉的石崇，則將細君公主的馬上琵琶也轉移到王昭君名下了，於是王昭君與琵琶結下了不解之緣。石崇在《王明君》序中說：

王明君者，本是王昭君，以觸文帝（司馬昭）諱改。匈奴盛，請婚於漢，元帝以後宮良家子昭君配焉。昔公主嫁烏孫，令琵琶馬上作樂，以慰其道路之思，其送明君亦必爾也。其造新曲，多哀怨之聲，故敘之於紙云爾。

六朝時期，昭君故事與原始面愈行愈遠，於是有了《西京雜記》的傳說：

元帝後宮既多，不得常見。乃使畫工圖形。案（按）圖召幸之。諸宮人皆賂畫工，多者十萬，小者不減五萬，獨王嬙不肯，遂不得見。匈奴入朝，求美人為閼氏。於是上案圖，以昭君行，及去，召見，貌為後宮第一；喜應對，舉止嫻雅。帝悔之，而名籍已定，帝重信於外國，故不復更人。乃窮案其事，畫工皆棄市，籍其家，資皆巨萬。畫工有杜陵毛延壽，為人形，醜好老少，必得其真。安陵陳敞、新豐劉白、龔寬並工為牛馬飛鳥眾勢，人形好醜，不逮延壽。下杜陽望，亦喜畫，尤善布色；樊育亦善布色——同日棄市。京師畫工於是差稀。

這段故事虛構了王昭君與畫工的瓜葛，加上了畫工毛延壽、陳敞等人貪污受賄，畫圖不真，以致漢元帝誤將昭君賜給匈奴的情節。唐代末年出現的《王昭君變文》也敍述了「圖形」、「遠嫁」等事，說昭君入匈奴後，百般思親念漢，結果憂病而死，與前人的傳說略有出入。

元代初期，王昭君開始被戲劇家搬上舞臺。最早的一個以昭君故事為主題的劇本是元代戲劇家馬致遠的《漢宮秋》，其中的悲劇人物是王昭君。明代有陳與郊的《昭君出塞》，無名氏的《和戎記》、《青塚記》，清代有周文泉的《琵琶記》，另外還有京劇中的《漢明妃》等等。這些劇本大都以《漢宮秋》為藍本，劇中的王昭君是悲劇形象。

上世紀七十年代，劇作家曹禺遵循周恩來總理生前的指示，寫出了五幕歷史劇《王昭君》（載《人民文學》1978 年第 11 期）。這個劇本一改舊觀，別開生面，用歷史題材熱情歌頌了歷史上我國民族的團結和民族之間的文化交流。王昭君以一個增進民族友誼的使者的形象出現在文藝舞臺上。

四、昭君出塞的評價問題

昭君出塞的歷史事件在史籍中的記載是簡略的，但是歷代的詩人、作家對這個題材卻表現了濃厚的興趣。據不完全統計，從西晉起直到現代，關於王昭君的詩作至少不下六百首，以演昭君故事為題材的劇曲，從元代直到當代，不下於十四五首，此外還有變文、散曲、鼓詞、小說、說唱小調等等，不計其數。無論是歷史著作或是文學作品，對王昭君這個歷史人物不外乎持兩種觀點：一種觀點認為，昭君出塞應當肯定，因為在當時的匈奴和漢朝都是作為政治生活中的一件大事給予重視的。呼韓邪單于親自來迎親，漢元帝為了慶祝和紀念這個具有重大意義的事件，改了一個象徵和平和安寧的年號——竟（境）寧，昭君出塞以後，漢與匈奴之間有五十年沒有戰爭。直到王莽執政時期，漢與匈奴雙方還利用王昭君的關係來緩和民族之間的矛盾，昭

君出塞標誌著漢與匈奴之間友好關係的恢復,而王昭君在其中起了積極的作用,和親是一件意義重大,影響深遠,促進了民族團結,溝通了民族感情,發展了民族情誼的大事。持肯定態度的人,還引用了一些古代讚頌王昭君的詩句,如「仙娥今下嫁,驕子自同和,劍戟歸田盡,牛羊繞塞多」[4],認為王昭君出塞時喜氣洋洋,「隊隊氈車細馬,簇擁閼氏如畫。卻勝漢宮人,閉長門。看取蛾眉妒寵,身後誰如遺塚?千載草青青,有芳名。」[5],說她在匈奴生活很好,「家鄉萬里傳消息,好在氈城莫相憶」,「漢恩自淺胡自深,人生貴在相知心」[6]等。

一九五三年,董必武[7]先生曾為王昭君題詩一首:

> 昭君自有千秋在,胡漢和親見識高。
> 詞客各擄胸臆懣,舞文弄筆總徒勞。

董詩與歷代吟詠王昭君的詩詞有著截然不同之處,儘管歷史上有人曾對王昭君持歌頌態度,但多是從「靖驕虜」、「息邊塵」這個角度來看的,多少帶有大漢族主義色彩,董詩讚美了昭君出塞和親的高見卓識,歌頌了昭君為漢與匈奴族的民族團結作出的貢獻,表達了各族人民的團結願望,同時批判了古代詩人為抒發封建階級感情的「憤懣」所寫下來的大量詩篇。我國是一個多民族的國家,國家的統一、民族的團結,是我國各族人民共同願望。我們要瞭解昭君出塞的歷史,不能背離這個準則,讀了董老這首詩,使我們進一步明確了昭君出塞的現實意義。

另一種觀點,則認為昭君出塞是一幕歷史悲劇,歷代的文學作品中,有人對王昭君離鄉去國,葬身沙漠表示同情,有人借王昭君來發洩個人的哀怨,也有人將封建道德觀點灌注到王昭君身上,將她寫成

---

[4]　唐張仲素《王昭君》。
[5]　元張翥《培岩詞》。
[6]　宋王安石《明妃曲二首》。
[7]　董必武(1886-1975),原名董賢琮,又名董用威,字潔畬,號璧伍。湖北黃安(今紅安)人。中共「一大」代表。工詩善書。著有《董必武詩選》。

一個終日抱著琵琶哭哭啼啼卻不怨漢君的馴服的封建奴才，並附加了毛延壽暗害王昭君和漢元帝把毛延壽判處死刑的傳說，將有關細君公主（烏孫公主）的馬上琵琶，也拉扯到王昭君身上來了。值得注意的是，戚本禹[8]先生曾對王昭君出塞持全然否定的態度，散佈民族分裂主義，宣稱王昭君是一個普通女子，不可能改變整個統治階級的政策，如果將王昭君「吹捧」為「民族英雄」，就是為了宣揚「民族投降主義」，「這就是反對革命戰爭，去乞求和平」，「正是要我們向帝國主義，現代修正主義屈膝投降，要我們放棄支援民族解放運動的國際主義義務」[9]。尤其是「文革」時期，把歷史上漢匈和親認定為「漢奸」的「投降主義」，被列為「儒家賣國」的一條「罪狀」，王昭君也就被打入了「冷宮」，在史學園地和文壇上消失得無影無蹤。

關於王昭君的評價問題牽涉面較大，無論是史著或是文學作品。都有著不同程度的爭論。此外，還有些人將歷史上的王昭君與文學作品中的王昭君混為一談，莫衷一是。有人將歷史著作中的王昭君與元代戲劇家馬致遠的《漢宮秋》作過比較，就昭君出塞的時代而言，前者是正當漢朝與匈奴恢復了友好關係的時候，後者是正值匈奴強盛而漢朝勢弱之際；就昭君與元帝的關係而言，前者說昭君只是掖庭中的普通宮女，後者說昭君乃是漢元帝的寵妃；就昭君出塞的原因而言，前者是由於漢元帝要選宮女賜給來朝的南匈奴首領呼韓邪單于，後者是由於毛延壽挑撥呼韓邪單于強索昭君；就昭君的態度而言，前者是主動地向掖庭令請求參加和親，後者是在國勢危急之下自願出塞；就昭君出塞的結局而言，前者是入匈奴之後，生男育女，始終堅持和親。後者是行至國境，投黑水而死。由此得出一個初步結論：歷史上昭君的史實和《漢宮秋》中王昭君藝術形象恰恰是相反的，我們也可以從中明瞭一個問題，那就是儘管有些以昭君出塞為題材的文學作品富有一定感染力，但畢竟不能取代歷史。

---

8 戚本禹（1931-）山東威海人。曾任《紅旗》雜誌歷史組編輯組長。
9 《紅旗》雜誌 1966 年第 15 期 32，33 頁。

五、昭君村與昭君墓的傳說

　　由於王昭君是一個有影響的人物，所以後人對她的出生地和安葬地都十分關注。《後漢書‧南匈奴傳》說王昭君「南郡人也」，《漢書‧元帝紀》中，文穎注稱：「本南郡秭歸人也」，古人詩詞中也有「昭君村」、「明妃里」之說，清代光緒年間修的《興山縣誌》則記王昭君為興山人，其根據是漢時興山屬秭歸縣，三國時吳景帝永安三年（260），「分秭歸之北界立興山縣」，境內在古代曾有過昭君祠、昭君宅、昭君院、昭君臺等遺跡，並說昭君村就在縣城以南的妃臺山下。清代時期，人們將「妃台曉日」、「珠潭秋月」列入「興山八景」之中，足見興山為昭君故里之說在當地流傳甚廣，史籍和地方誌中有關昭君遺跡的記載有：

> 妃臺山，其下為昭君村，昭君生長處也……其他有昭君祠、昭君宅、昭君院、昭君臺……其東南為繡鞋洞，昭君遺鞋處也，瀨香溪。[10]

昭君墓

---

[10] 光緒《興山縣誌‧山誌》。

昭君村，在縣南，有昭君院。開寶元年（968）移興山治於此，始有。又有昭君臺，王昭君即此邑之人，故曰「昭君之縣」。村連巫峽，是此也[11]。

昭君臺，在興山界中，鄉人憐昭君，築臺而望之。[12]

搗練石，昭君死塞外，鄉人思之，為之立廟，廟有大柏。又有搗練石在側溪中，今香溪也。[13]

明妃，秭歸人，臨水而居，恆於溪中洗手，溪水盡香，今名香溪。[14]

珍珠潭，縣南一里，俗傳昭君滌手遺珠於此，故名。[15]

昭君祠，縣南一里，漢建，久廢。[16]

宋「昭君故里碑」，《雙溪雜誌》載：

咸豐初，邑人建奎閣於縣南妃臺山上。土中掘得一碑，大字四文曰：「昭君故里」，小字漫滅，惟「宋」字可辨識，蓋宋代物也。碑陰有小字，亦不可辨識。咸豐七年（1857），奎閣毀、碑亦不存。光緒十年（1884）秋七月，知縣黃世崇立石於奎閣故址，仍題曰「昭君故里」。[17]

明「昭君院碑」：

永樂十三年（1415），邑人於縣南重修昭君院，教諭姚唐撰文，邑諸生唐恭書丹，刻石見《荊西文獻錄》。[18]

---

[11] 《寰宇記》轉引《宜昌府誌・疆城》。
[12] 《宜昌府誌・疆城》。
[13] 《琴操》，轉引自《宜昌府誌・疆城》。
[14] 《宜昌府誌・疆城》。
[15] 《宜昌府誌・疆城》。
[16] 《興山縣誌・典禮》。
[17] 《興山縣誌・藝文》。
[18] 《興山縣誌・藝文》。

據興山民間傳說,昭君宅在縣城西北七里的寶坪,當地有楠木井,相傳為昭君汲水處,井中有楠木,千年不腐,迄今尚存。關於昭君故事在興山流傳甚多,有待徵集整理。

昭君出塞之後,生活在現在的內蒙古自治區境內,她去世後也埋葬在那裡,相傳青塚就是昭君墓。「青塚」,蒙古語稱「特木爾烏爾琥」,意為「鐵壘」,位於內蒙古呼和浩特市南呼清公路九公里處的大黑河畔,是一座高達三十三米的人工夯築大封土墓,占地二十多畝,依大青山,靠大黑河,獨立莽原,氣象巍然,是一個風景秀麗的處所,所謂「青塚擁黛」,是呼和浩特「八景」之一,據內蒙古的文物工作者說,除青塚外,在大青山南麓還有十幾座昭君墓,昭君究竟葬在何處,現在還不甚明瞭。

兩千多年來,昭君的美麗、善良、樸實、勤勞的形象,始終活在當地人民的心中,據內蒙民間傳說,昭君很愛護百姓,曾教給當地婦女紡紗、織布和縫紉技術,並且傳播了一些有關農業生產的知識。因此,有人認為昭君墓之多,正可以說明內蒙人民對王昭君這個人物有好感,因為人們都希望她埋葬在自己的家鄉。

1954 年,內蒙古的文物工作者在土默特旗境內和包頭市西郊的麻池、召灣等地,作過文物調查和古墓葬清理工作,在西漢墓中發現過很多漢代的銅布和漢代銅器、陶器、漆器等。在召灣 18-25 號漢墓中發了「單于天降」以及「單于和親」、「千秋萬歲」、「長樂未央」等文字的瓦當殘片,這些文字瓦當殘片引起過人們的注意,認為這與昭君出塞後漢與匈奴和好的歷史背景有關,隨著考古工作的發展,文物考古工作者可能會在長城內外進一步發現有關昭君出塞的實物資料。

昭君出塞對漢族和兄弟民族間的友好作出了貢獻,是值得追念的。

（原刊上海《文匯報》1979 年 5 月 13 日,2007 年 5 月修改,改題為《王昭君生籍地望辨析》,同年 8 月,獲呼和浩特昭君文化研究會、昭君文化高層論壇組委會金獎）

也談樂曲《漢宮秋月》

　　《漢宮秋月》原是一首琵琶曲，相傳是東漢時期曹大家（音 gū）創作的。

　　曹大家名班昭（約 45 年－約 117 年），是班彪（3 年－54 年）之女，班固（32 年－92 年）與班超（32 年－102 年）之妹，曹世叔之妻。曹世叔早逝，曹大家在京城洛陽寡居。班固編纂《漢書》未竟而卒於獄中，漢和帝[1]聽說班昭家學淵源，尤擅文采，於是召她入宮，續編《漢書》。班昭承其兄長遺志，獨立完成了《百官公卿表》和《天文志》，《漢書》遂成。和帝又下詔讓班昭進宮，命皇后和嬪妃們以老師之禮對待她。班昭著有《女誡》等書。《女誡》是遵循儒家「男尊女卑」等傳統性別觀念，教導班家女性做人道理的私書，在客觀上起了鉗制婦女們的天性自由和生活方式的作用，名列《女四書》之首，是之後直至民國初期的所有讀書女孩子的啟蒙讀物。比起其後明代仁孝文皇后所作的《內訓》、唐代宋若昭所作的《女論語》及明末王相之母劉氏的《女範捷錄》，《女誡》雖然也稱得上封建禮教的集大成者，但某些部分還是有一定的積極意義，不能因為它是封建的、古人的，就一味的否定它。在封建社會裡，《女誡》一直被當作女子教育的聖經，因此班昭本人也成為女教的聖人。和帝死後，鄧太后[2]以女主執政，班昭以師傅之尊得以參與政事，她的兒子曹成被封為關內侯，官至齊相。班昭逝世後，皇太后親自為這位多年的老師素服舉哀，由使者監護喪事，享受殊榮。

---

[1]　漢和帝劉肇（79-105 年）。章帝劉炟第四子。在位十七年。

[2]　漢和帝皇后，名綏。元興元年（105 年）漢和帝劉肇死後，鄧綏先後策立殤帝、安帝，以太后身份臨朝稱制，執政達十七年。

　　班昭固然是一位文采飛揚的才女，但在漢宮裡受到優厚的待遇，終其一生並無坎坷之事，史書上也沒有關於她精通音律、演奏樂器的記載，說她創作樂曲《漢宮秋月》，未免過於牽強附會。

　　也有人說琵琶曲《漢宮秋月》很可能與《漢宮秋》有一定的關係，而《漢宮秋》是元末馬致遠[3]的一齣雜劇，講的是西漢時期漢元帝[4]與王昭君的故事。馬致遠在傳說的基礎上再加虛構，把漢和匈奴的關係寫成衰弱的漢王朝為強大的匈奴所壓迫；把昭君出塞的原因，寫成宮廷畫師毛延壽求賄不遂，在畫像時醜化昭君，事敗後逃往匈奴，引兵來攻，強索昭君；把元帝寫成一個軟弱無能、為群臣所挾制而又多愁善感、深愛王昭君的皇帝；把昭君的結局，寫成在漢與匈奴交界處的黑河投河自殺。這樣，《漢宮秋》成了一齣假借一定的歷史背景而加以大量虛構的宮廷愛情悲劇。

　　宮女之怨是個傳統話題。漢樂府中有不少關於宮女之怨的題材，據說王昭君也寫過琴曲《怨曠思惟歌》，被後人稱為《昭君怨》，後人將《漢宮秋月》被記入昭君名下似乎是理所當然。

　　事實上，昭君出塞的故事，從西漢到元初，經歷了不斷演變的過程。它最早見於《漢書·元帝紀》和《後漢書·南匈奴傳》。大致情節是：匈奴呼韓邪單于[5]（？－前 31）之父死，未能立，逃至妻父烏禪幕處。漢宣帝神爵四年（前 58），被烏禪幕及左地貴人等擁立，發兵擊敗握衍朐鞮單于。五鳳二年（前 56）秋，擊敗右地屠耆單于。四年夏，被其兄郅支單于擊敗，引眾南近塞，遣子入漢，對漢稱臣，欲借漢朝之力保全自己。甘露三年（前 51）正月，朝見宣帝於甘泉宮（今陝西淳化西北），受特殊禮遇。數年後，鑒於郅支單于西遷，內患已消，力量漸強，乃率部重歸漠北。竟寧元年（前 33）正月，第三次朝漢，

---

[3]　馬致遠（約 1251-1321），是元代著名的雜劇家。大都（今北京）人。

[4]　漢元帝劉奭（前 75 年-前 33 年），前 49 年-前 33 年在位，漢宣帝劉詢與許平君之子。黃龍三年（前 49 年）十月，宣帝死後繼位，在位 16 年，病死，諡號為孝元皇帝，廟號高宗。

[5]　西漢後期匈奴單于。前 58-前 31 年在位。名稽侯珊。虛閭權渠單于子。

並向漢元帝請求和親，自請為婿。宮女王昭君聽說後自願出塞和親。
元帝將昭君賜予呼韓耶單于。昭君到匈奴後，被封為「寧胡閼氏」（「寧
胡」，謂匈奴得之，國以安寧也；「閼氏」，音煙支，匈奴單于的妻子。），
象徵她將給匈奴帶來和平、安寧和興旺。後來呼韓邪單于在西漢的支
援下控制了匈奴全境，從而使匈奴同漢朝和好達半個世紀。元帝時，
漢強匈奴弱，昭君出塞，是元帝主動實行民族和睦政策的具體表現。
據記載，王昭君之所以自願遠嫁匈奴，是由於「昭君入宮數歲，不得
見御，積悲怨」[6]。北宋政治家王安石卻從另一個角度來看待這個問題，
他在詩中說：「漢恩自淺胡自深，人生樂在相知心」[7]，近人董必武有
「昭君自有千秋在，胡漢和親識見高」[8]的詩句，卻高度評價了昭君出
塞的歷史功績。

　　自古以來，戲劇、繪畫、塑刻等文藝作品中的王昭君，總是和半
梨形曲頸琵琶形影相隨，這與史實不符。無論是《漢書》、《後漢書》
等「正史」，還是涉及昭君故事的野史《西京雜記》以及《琴操》中，
均無王昭君彈琵琶的任何記載。據專家考證，半梨形曲頸琵琶約在四
世紀的南北朝時期才由印度傳入中國，而昭君出塞發生在西漢元帝竟
寧元年（前 33 年），當時的昭君不可能懷抱著比她晚四百多年才有的
曲頸琵琶出塞。既然王昭君和曹大家都沒有同琵琶打過交道，那麼樂
曲《漢宮秋月》的「版權」自然不應該在她們的名下。

　　被譽為中國著名十大古曲之一的《漢宮秋月》，是古代流傳下來的
一首民間樂曲，作者是誰，現在已不得而知，更為確切地說，應該是
無名氏的作品。根據名家考證，這首樂曲的歷史並不長，原為崇明派[9]

6　《後漢書‧南匈奴傳》「昭君字嬙，南郡人也。初，元帝時，以良家子選入
　　掖庭。時呼韓邪來朝，帝敕以宮女五人以賜之。昭君入宮數歲，不得見御，
　　積悲怨，乃請掖庭令求行。」
7　王安石《明妃曲》二。
8　董必武《謁昭君墓》。
9　崇明派琵琶是我國四大琵琶流派之一，由於發源於上海東北角的崇明島而
　　得名。崇明派以雋永、秀麗的文曲風格聞名於世。音響細膩柔和，善於表
　　現文靜、幽雅的情感，具有閒適、纖巧的情趣。

琵琶曲，樂曲要表達的主題不是很具體。不少相關文章對此曲解題時都模糊地稱，此曲旨在表現古代受壓迫宮女細膩深遠的幽怨悲愁的情緒及一種無可奈何、寂寥清冷的生命意境，喚起人們對她們不幸遭遇的同情，具有很深的藝術感染力。有的文章稱，此曲細緻地刻畫了宮女面對秋夜明月，內心無限惆悵，流露出對愛情的強烈渴望。在男尊女卑的封建社會裡，宮廷婦女不能直接用語言文字來表露自己的苦衷和願望，只有借助於樂曲來傾訴哀怨之情。在禁錮森嚴的宮廷之內，在寒氣襲人的深秋月夜，萬籟俱靜，漏盡更殘，作者觸景生情，手撫琵琶，通過淒切纏綿的旋律，來表達自身以及宮廷婦女悲傷惆悵的感情。直到今天，樂曲中仍然保留著忽如嗚咽，忽如幽思，忽如歎息的曲調。千百年來，隨著時代的變化，演奏者將各自的理解滲透到這首樂曲之中，增加了男子們歷經滄桑，懷才不遇，宦海浮沉，憤世嫉俗的感情色彩，使它的內涵更加豐富，充分體現了含而不露，怨而不怒的特點，具有強烈的感染力，這與那些矯揉造作，粉飾太平的宮廷音樂是截然不同的。

《漢宮秋月》有多種譜本及演奏形式，現在流傳的演奏形式有二胡曲、琵琶曲、箏曲、江南絲竹曲等。演變成不同譜本，運用各自的藝術手段再創造，以塑造不同的音樂形象，這是民間器樂在流傳中常見的情況。胡琴曲《漢宮秋月》，是由崇明派同名琵琶曲第一段移植的，起初用粵胡演奏。1929 年左右，劉天華[10]先生記錄了唱片粵胡曲《漢宮秋月》譜，改由二胡演奏。二胡曲《漢宮秋月》結構緊湊，樂局變化較大，花字較多，旋律優雅，弓法細膩多變，韻味濃厚，看來只用了一個把位，其實演奏技巧頗為複雜，被行家們稱為較難演奏的一首樂曲。經過二胡演奏家尤其是劉天華先生的的嫡傳弟子蔣風之[11]先生的不斷豐富和再創造，這首樂曲更加完美，用音色柔和的二胡演奏這

---

[10] 劉天華（1895-1932），江蘇江陰人。國樂一代宗師，中西兼擅，理藝並長、而又會通其間。

[11] 蔣風之（1908-1986）宜興人。現代二胡演奏家。創作有歌曲《南歸》、二胡曲《長夜》等。整理出版有《蔣風之二胡曲八首》。

首曲子，極富感染力。《漢宮秋月》在上個世紀 50 年代風靡一時，被譽稱二胡「文曲」佳品，常作為比賽規定曲目。蔣風之先生也將此曲視為其代表作，把它灌成唱片，在國樂愛好者中廣為流傳。

（1995 年 12 月 20 日）

宋人遊記中的峽江風物

　　南宋陸游（1125－1210 年）的《入蜀記》和范成大（1126－1193 年）的《吳船錄》，是同一時期的兩部著名的長江航行遊記。《入蜀記》是中國第一部長篇遊記，由作者於宋孝宗乾道五年年底（1170），由山陰（今浙江紹興）赴任夔州（今重慶奉節一帶）通判（知州的佐理官）途中，寫下的日記組成。《吳船錄》是范成大在孝宗淳熙四年（1177），結束四川制置使任職，由成都出發，在乘船返回故鄉平江（今江蘇吳江）的旅途中，萃其所見所聞寫成的一部遊記。兩書的作者都是著名詩人、學識淵博，熟悉長江沿途的山川歷史、文物古跡。遊記以寫實為主，所寫景物和觀感，遺聞舊事，涉筆成趣，簡練優美，如行雲流水，多富有詩意，讀後如臨其境，令人神往。茲節錄其中有關峽江風物部分，試作鉤沉簡介。

峽州

　　　己巳。發平善壩。三十里，早食至峽州，登至喜亭，敞甚，不稱坡翁之記。州宅有楚塞樓，山谷所名，古語云：「荊門虎牙，楚之西塞」[1]。夷陵即其地，自古以為重鎮。三國時又為吳之西

---

[1]　荊門、虎牙，均系山名。荊門山位於長江三峽東口南岸，北與虎牙山隔江相峙。《水經注・江水》（卷三十四）：「江水又東，歷荊門、虎牙之間，荊門在南，上合下開，暗徹南山，有門象；虎牙在北，石壁色紅，間有白文，類牙形，並以物象受名。此二山，楚之西塞也。」

陵[2]，陸遜[3]以為夷陵要害，國之關限。今吳蜀共道此地，但蕞爾荒壘耳。郡圃又有爾雅臺，相傳郭景純[4]注《爾雅》於此。臺對一尖峰，曰郭道山，景純所居也。夷陵縣有歐陽公[5]祠堂，草屋一間，亦已圮壞。對江渡，即登峽山陸路之始也。（《吳船錄》卷下）

　　宋代的峽州，即今湖北西部的政治、經濟、軍事中心──宜昌。宜昌古稱夷陵，夏商時為古荊州地，春秋戰國時為楚國的西塞要地，建有城邑，以後為歷代郡、縣、州、府的治所。

　　范成大是孝宗淳熙四年（1177）八月初二日到達峽州的。兩宋時期峽州的經濟還不發達，作為吳地和蜀地的共同通道，不過是一個小小的荒城而已。北宋歐陽修曾說它是「荒遠小邑」，范成大也稱它是「蕞爾荒壘」。

　　峽州南津關為長江三峽門戶，三峽中險灘甚多，灘中礁石密佈，枯水時露出江面如石林，水漲時則隱沒水中成暗礁，加上航道彎曲狹窄，船隻要稍微不小心即會觸礁沉沒。從峽江下駛的船隻，冒著九死一生的風險，穿過急流險灘，到達西陵峽口南津關之後，船工和旅客們見到江面逐漸開闊，水勢開始平緩，都認為這是歷盡千辛萬苦之後獲得了再生的機會，無不喜形於色，舉杯相互祝賀。因此，仁宗景祐四年（1037）峽州知州朱慶基在這裡修建了一座亭子，名曰「至喜亭」，即到達此地皆大歡喜之意。當時夷陵縣令歐陽修特意為之撰寫了《峽州至喜亭記》，滿懷深情地說：「江出峽，始漫為平流，故舟人至此者，

2　西陵：《三國志‧孫權傳》：「黃武元年（222 年），改夷陵為西陵。」

3　陸遜：三國時期任吳國大都督，於 222 年以火攻大破劉備蜀軍的夷陵之戰，是中國古代戰爭史上一次著名的以少勝多的成功戰例。

4　郭景純：郭璞（276-324），字景純，河東聞喜（今屬山西）人，東晉著名文學家和訓詁學家，曾注釋有《爾雅》、《方言》、《山海經》等。

5　歐陽公：歐陽修（1007-1073），字永叔，號醉翁，吉水（今屬江西）人。北宋卓越的文學家、史學家。景祐三年（1036 年），范仲淹上章批評時政被貶，身為宣德郎的歐陽修為其辯護，因此被貶夷陵縣令，在任一年零三個月。歐陽修諡號文忠，世稱歐陽文忠公。

必瀝酒再拜，相賀以為更生。」這是對出峽之後人們心情舒暢的真實照寫。范成大停泊峽口正是早餐時間，不顧身心疲勞，急忙去登臨至喜亭，亭子十分破敗，不象昔日蘇東坡詩中說的那麼可觀。接著去瞻仰名聞遐邇的歐陽修祠堂，結果大失所望，只見「草屋一間」，破敝不堪。詩人的悵惘之情，可想而知。

此時，宋金對峙，戰亂不休，烽火連天，這裡正是荊門山與虎牙灘要隘的所在地，三國時期吳蜀決戰也發生於此地。范成大東下之前任四川安撫制置使兼成都知府，是鎮撫西蜀的軍政要員，這次經過峽州是奉旨回京城臨安[6]，隨時都在考慮軍國大事。當登上峽州衙署中的楚塞樓之後，則別有一番感慨，從軍事角度引用《水經注》上說的「荊門虎牙，楚之西塞[7]」，東吳大將陸遜上孫權書中說的「夷陵要害，國之關限」等軍事警句，強調夷陵既是軍事重鎮，又是當今吳地與蜀地的共同通道，地理位置十分重要。這一觀點具有一定的戰略遠見。

歸州

十六日。到歸州，見知州右奉議郎賈選子公、通判左朝奉郎陳瑞彥民瞻。館於報恩光孝寺，距城一里許，蕭然無僧。歸之為州，才三四百家，負臥牛山，臨江，州前即人鮓甕[8]。城中無尺寸平土，灘聲常如暴風雨至。隔江有楚王城，亦山谷間，然地比歸州差平。或云楚始封於此，《山海經》夏啟封孟塗於丹陽城，郭璞注云：在秭歸縣南。疑即此也。然《史記》成王封熊繹[9]於丹陽，裴駰乃云在枝江。未詳孰是。

---

6 即杭州。
7 意為關隘。
8 「人鮓甕」是長江的一個險灘，在湖北秭歸縣的瞿塘峽。
9 熊繹：羋姓，熊氏，名繹，熊狂之子。周成王時代，受封為楚君。率部族居江上楚蠻之地，僻在荊山，「篳路藍縷，以啟山林」，立志發奮圖強，發

十七日。郡集於望洋堂玩芳亭，亦皆砂石犖硞之地。賈守云：州倉歲收秋夏二料麥粟粳米，共五千餘石，僅比吳中一下戶耳。(《入蜀記》第六)

> 己未。泊歸州。峽路州郡固皆荒涼，未有若歸之甚者。滿目皆茅茨，惟州宅雖有蓋瓦，緣江負山，偪仄無平地。楚熊繹始封於此，「篳路藍縷，以啟山林」，其後始大，奄有今荊湖數千里之廣。州東五里，有清烈公[10]祠，屈平廟也。秭歸之名，俗傳以屈平被放，其姊女嬃[11]先歸，故以名，殆若戲論。好事者或書作此「姊歸」字。倚郭秭歸縣，亦傳為宋玉宅[12]，杜子美詩云「宋玉悲秋宅」，謂此。縣旁有酒壚，或為題作「宋玉東家」。屬邑興山縣，王嬙[13]生焉，今有昭君臺、香溪尚存，城南二里有明妃廟。余嘗論歸為州，僻陋為西蜀之最，而男子有屈、宋，女子有昭君，閭閻如此，政未易忽。(《吳船錄》卷下)

古代歸州含今湖北秭歸縣，商王武丁時代為歸國所在地，西周成王時為楚子熊繹之始國，《元和志》記載：「周成王封熊繹於荊，即丹陽，地即此。」但《史記》裴駰注說丹陽在枝江，究竟誰是，無從確考。南宋時歸州雖然是州的建制，而居民不過三四百戶。城內「無尺寸平土」，河灘上的水聲常常象暴風雨襲來。州前的人鮓甕，是長江著名的險灘。宋人詩中常以之與「鬼門關」屬對。宋趙令時《侯鯖錄》曰：「身在鬼門關外天，命輕人鮓甕頭船」；蘇軾《竹枝詞》曰：「自過鬼門關外天，命同人鮓甕頭船」；黃庭堅詩云：「命輕人鮓甕頭船，日瘦鬼門關外天」。此後，范成大有《人鮓甕》詩，自注：「在歸州郭下，長石截然，據江三之二。水盛時，潰洊極大，號峽下最險處」。

展生產。通過幾代人努力，疆域不斷擴展，國力不斷增強，由一個方圓不足百里之小國發展成泱泱大國。

[10] 清烈公：宋元豐三年（1080 年），宋神宗尊封屈原為「清烈公」，將屈原祠修繕並更名為「清烈公祠」。

[11] 女嬃：相傳為屈原之姊。屈原《離騷》中有「女嬃之嬋媛」句。

[12] 宋玉：辭賦家。相傳為屈原弟子，曾事楚頃襄王。宋代歸州衙門，傳為宋玉故居。

[13] 王嬙：王昭君，名嬙，字昭君，晉朝時為避司馬昭諱，改稱「明妃」。

陸游到達歸州的具體日期是乾道六年（1170）十月十六日，當晚
住宿在離城一里的報恩光孝寺內，留下《憩歸州光孝寺，寺後有塚，
近歲或發之，得寶玉劍佩之類》詩一首：

> 秭歸城畔蹋斜陽，古寺無僧晝閉房。
> 殘佩斷釵陵谷變，苦笋架竹井閭荒。
> 虎行欲與人爭路，猿嘯能令客斷腸。
> 寂寞倚樓搔短髮，剩題新恨付巴娘。

從他的詩中，可見這座寺廟早已荒廢冷落，甚至連吃齋念經的和
尚也不知所蹤，「虎行欲與人爭路，猿嘯能令客斷腸」，周圍環境陰森
恐怖，荒涼景象非同一般。

第二天，歸州官員們在望洋樓玩芳亭設宴為當代大詩人、即將上
任的夔州通判陸游接風。樓亭的名稱固然中聽，卻是一處沙石混雜高
低不平的場所。席間，知州賈選透露了一則資訊，說歸州倉庫裡每年
徵收夏秋兩季的田賦（小麥、粟米、粳米），總共才有五千多石，陸游
吃驚地說：「這只能及得上江浙地區的一個下等富戶啊！」山區與平原
地區差距很大，歷來如此。

范成大到歸州的時間比陸游晚七年，那天是淳熙四年（1177）十月
二十二日。范成大眼中的歸州比陸游的印象更差：峽州路的州縣都十分
荒涼，其中以歸州最為突出。歸州城沿江靠山，周圍的山好像要塌壓下
來的樣子，城內除了州衙門是瓦屋以外，滿眼儘是茅草房子，狹窄得沒
有一塊平地。這位詩人同陸游一樣務實，對歸州人民決無輕蔑之意。他
立刻聯想到楚國先民發跡的情況，滿懷深情地說：楚國的熊繹，在西周
時期被成王分封到這裡，駕著吱吱呀呀的柴車，穿著補丁連補丁的破衣
爛衫，極其艱苦地開闢山林。楚國的先民勤勞勇敢，開疆拓地，使「蠻
夷之邦」發展為泱泱大國，甚至敢於同關東諸侯抗衡，問鼎於中原，據
有洞庭湖南北數千里的土地。范成大大大發感慨：歸州的偏僻簡陋可列為
西蜀之最（當時歸州隸屬夔州路），但是人們要敢於正視現實，這裡的
男子出了著名的愛國詩人屈原和楚國著名的辭賦家宋玉，女子中出了和

親睦鄰的王昭君，都是出類拔萃的人物，豈能等閒視之！范成大在此作有《歸州竹枝詞二首》，其一為：「東鄰男兒得湘累（屈原），西舍女兒生漢妃（昭君），城郭如村莫相笑，人間閭閻似渠稀。」同時，范成大在此明確記載歸州屬邑興山縣，是王昭君出生的地方，當時還有昭君臺、明妃廟存在。他還寫了一首題為《昭君臺》的律詩，在自序中注明：「昭君臺，在興山界中，鄉人憐昭君，築臺望之，下有香溪」[14]。

三遊洞

八日。五鼓盡，解船，過下牢關[15]，夾江千峰萬嶂，有競起者，有獨拔者，有崩欲壓者，危欲墜者，有橫裂者，有直坼者，有凸者，有窪者，有罅者，奇怪不可盡狀。初冬，草木皆青蒼不凋。西望群山如闕，江出其間，則所謂下牢溪也。歐陽文忠公有《下牢溪》詩云：「入峽山漸曲，轉灘山更多。」即此地。繫船與諸子及證師登三遊洞，躡石蹬二里，其險處不可著腳。洞大如三間屋，有一穴通人過，然陰黑峻險尤可畏。繚山腹，傴僂自岩下至洞前，差可行。然下臨溪潭，石壁千餘丈，水聲恐人。又一穴，後有壁，可居，鐘乳歲久垂地若門，正當穴門。上有刻云：「黃大臨[16]弟庭堅[17]同辛紘子大方，紹聖二年三月辛亥來遊[18]。」（《入蜀記》第六）

---

[14] 見《范石湖集》卷十六。
[15] 下牢關：也稱下牢戍、下牢鎮。《元和郡縣誌》：「下牢鎮在夷陵縣西二十八里，隋於此置峽州。」
[16] 黃大臨，生卒年不詳，宋代詞人，字元明，號寅庵。黃庭堅之兄。
[17] 黃庭堅（1045-1105）。北宋詩人，書法家。字魯直，號山谷道人，又號涪翁。洪州分寧（今江西修水）人。治平四年（1067）進士，以校書郎為《神宗實錄》檢討官，遷著作佐郎。後以修實錄不實，遭到貶謫。黃庭堅為蘇門四學士之一，是江西詩派的開山祖師，生前與蘇軾齊名。世稱蘇黃。
[18] 紹聖二年：1095 年。

　　三遊洞位於宜昌西北十五里，是西陵山北峰峭壁上的石灰岩溶洞。它背靠長江三峽的西陵峽口，面臨下牢溪，洞奇景異，山水秀麗，是湖北的一大名勝古跡。相傳唐元和十四年（819），白居易、白行簡、元稹三人會於夷陵，同遊洞中，人們稱之為「前三遊」。他們各賦詩一首，並由白居易作《三遊洞序》，刻於壁上，三遊洞即由此而得名。到了宋代，著名文學家蘇洵、蘇軾、蘇轍父子三人亦遊此洞，各有題詠，人們稱之為「後三遊」。三遊洞地勢險峻，形如覆蓬，洞室開闊，景色奇麗，歷代途經夷陵的人，大都到此一遊，洞內外有很多摩崖石刻，極有歷史價值與書法價值，是十分珍貴的文物。

　　三遊洞前，是清澈的下牢溪，沿洞旁小路登上山頂的至喜亭，可見大江雄姿，長江直瀉西陵峽口，流經三遊洞旁，則水勢轉平，江面豁然開闊，呈現險夷交替之奇觀。

　　陸游於乾道六年（1170）十月八日前往三遊洞，相傳他曾在此處一小潭中取水煎茶，品評泉味。甘美的泉水令他詩興大發，賦詩一首：

> 苔徑芒鞋滑不妨，潭邊聊得據胡床。
> 岩空倒看峰巒影，澗遠中含藥草香。
> 汲取滿瓶牛乳白，分流觸石珮聲長。
> 囊中日鑄傳天下，不是名泉不合嘗。

　　後人將此潭稱之為「陸游泉」。而今潭邊草木青翠，細泉涓涓流出，長年不斷。

玉虛洞

　　十五日。舟人盡出所載，始能挽舟過灘，然須修治，遂易舟。離新灘，過白狗峽[19]，泊舟興山口，肩輿遊玉虛洞，去江岸五

---

[19] 白狗峽：又名兵書寶劍峽。《輿地紀勝》：「白狗峽在縣東二十里，亦稱狗峽，又名雞籠山。兩岸壁立，白石隱現狀如狗。」

里許，隔一溪，所謂香溪[20]也，源出昭君村，水味美，錄於《水品》[21]，色碧如黛。呼小舟以渡，過溪，又里許，洞門小才袤丈，既入，則極大，可容數百人，宏敞壯麗，如入大宮殿中。有石成幢蓋、幡旗、芝草、竹筍、仙人、龍虎、鳥獸之屬，千狀萬態，莫不逼真。其絕異者，東石正圓如日，西石半規如月。予平生所見巖竇，無能及者。有熙寧中謝師厚、岑巖起題名，又有陳堯咨所作記，敘此洞本末。云唐天寶中，獵者始得之。比歸，已夜，風急不可秉燭炬，然明月如畫，兒曹與全師皆杖策相從，殊不覺崖谷之險也。（《入蜀記》第六）

玉虛洞位於秭歸縣香溪東岸五里，據《名山記》載：「唐朝天寶中，有人遇白鹿於此，薄而窺之，有洞，可容千人，石壁異文成龍虎花木之狀，又有石乳結成物象，皆溫潤如玉。」陸游飲了源於昭君村的甘美可口的香溪水，乘興坐小轎去遊玉虛洞。玉虛洞為石灰岩溶洞，洞口呈半月狀，方圓不過一丈。入洞循石階而下，即可達正廳。正廳可容數百人，宏大寬敞，莊嚴富麗，猶如進入巨大的寶庫。千姿百態的鐘乳石是正廳的主要景觀，其附於四壁者如飛禽走獸，奇花異草，其掛於洞頂者如旗幡寶蓋，宮燈畫屏，無所不肖，彷彿一座地下宮殿，陳列著無數奇珍異寶，令人眼花繚亂。洞內外摩崖石刻和碑刻甚多，現存最早的摩崖石刻為宋神宗熙寧年間謝師厚所題。陸游在此大飽眼福，稱讚它是生平未見過的洞穴。返程時已是深夜，風大不能燃火燭，好在這一天正是十月十五日，皓月當空，如同白晝，一點也不覺得山路的危險。

三峽工程建成後，玉虛洞已被湮沒。

---

[20] 香溪發源於鄂西神農架林區，流經湖北興山、秭歸兩縣，由北向南在長江北岸的香溪鎮注入長江，交匯處清濁分明，相映成趣。

[21] 《水品》：唐代張又新著，又名《煎茶水記》，是繼「茶聖」陸羽《茶經》之後，我國又一部茶道研究著作。其中提到陸羽為品評沏茶的水質，將「天下水味」分為二十品（等級），「歸州玉虛洞下香溪水第十四」，因此陸游稱香溪水味「錄於《水品》」。

新灘

十三日。舟上新灘。由南岸上,及十七八,船底為石所損,急
遣人往拯之,僅不至沉。然銳石穿船底,牢不可動,蓋舟人載
陶器多所致。新灘兩岸,南曰官漕,北曰龍門。龍門水流湍急,
多暗石;官漕差可行,然亦多銳石。故為峽中最險處,非輕舟
無一物,不可上下,舟人冒利以至此,可為戒云。

十四日。留驛中。晚,從小舟渡江南,登山,至江瀆南廟。新
修未畢,有一碑,前進士畢華旦撰,言因山崩石壅,成此灘,
害舟不可計,於是著令,自十月至二月禁行舟。知歸州尚書都
官員外郎趙誠聞於朝,疏鑿之,用工八十日,而灘害始去,皇
祐三年(1051)也。蓋江絕於天聖中,至是而復通,然灘害至
今未能悉去。若乘十二月、正月水落石盡出時,亦可并力盡鑱
去銳石,然灘上居民皆利於敗舟,賤賣板木,及滯留買賣,必
搖沮此役。不則賄石工,以為石不可去。須斷以必行,乃可成。
又舟之所以敗,皆失於重載,當以大字刻石置驛前,則過者必
自懲創。二者皆不可不講,當以告當路者。(《入蜀記》第六)

八月戊辰朔,發歸州。兩岸大石連延,蹲踞相望,頑很之態,不
可狀名。五里入白狗峽,山特奇峭,峽左小溪入玉虛洞中,可容數百
人。三十里至新灘,此灘惡名豪三峽,漢、晉時山再崩塞江,所以後
名為新灘。石亂水洶,瞬息覆溺,上下欲脫免者,必盤博陸行,以虛
舟過之。兩岸多居民,號「灘子」,專以盤灘為業。餘犯漲潦時來,水
漫溔不復見灘,擊楫飛渡,人翻以為快。(《吳船錄》卷下)

乾道六年(1170 年)十月十三日,陸游到達歸州的新灘,因船老闆
貪利,船上載陶器過多,致使乘船在南岸被暗石觸穿,援救及時,才幸免
沉沒。為了更換船隻轉運貨物,陸游在新灘滯留了兩天,住在驛館感到

寂寞，索性看看南北兩岸的景物。新灘南岸名官漕，北岸名龍門。龍門水流湍急，水下多尖石，是峽江中最危險的地方，只有空船才能勉強過灘。

十四日晚上，陸游乘小舟渡江南，在廟宇附近見到一塊石碑，碑文大意是：仁宗天聖年間（1023－1032）因山崩石塞，險灘上損壞船隻不計其數，告誡人們在枯水時期（十月到第二年二月）不要在灘上行船。皇祐三年（1051），歸州知州趙誠作過一件好事，他請示朝廷後，組織人力對灘石進行了人工疏鑿，工程歷時八十天，取得了一定成效，灘勢之險得到緩解，勉強可以通航，可是灘的危害並沒有根除。

陸游聽當地人說，冬季水位下降石塊露出後，本來可以全力除掉尖石，但遇到了人為的阻力。灘上有些見利忘義的人，把船隻出事看作牟利的機會，可以撈取浮財，賤賣破船上的木板，往來的乘客被迫停留在這裡，有利於他們作買賣，敲竹槓。少數人甚至賄賂石工，要石匠說灘上石塊大而又硬不能剷除，以消極怠工的手段拖延施工時間。陸游聽後頗為動情，想了兩個辦法：一、以官府的名義下達死命令，堅決排除人為阻力，疏浚工程才能完工；二、在驛館門前立上石碑，刻上大字，告誡過往船隻不要超載航行，以防過灘遇險。他還準備找機會將這兩條意見提交有關當局解決。

陸游到任不久，尚未實現整治新灘的諾言，即調離川東，後世之人以此不無遺憾。通判的職責主要是掌管錢糧、刑獄，僅僅為州郡官員中的副職，相當於二、三把手。陸游在宦海中幾經沉浮，這次「出山」是罷官復職，儘管如此，他通過對新灘遇險的切身感受，不顧官小職微，仍未忘記關心民間疾苦，體現了他一貫奉行的愛國愛民的思想，這種傳統美德值得發揚光大。

范成大從歸州東下，見到兩岸巨石綿延不絕，或蹲或踞，隔江相對，猶如凶神惡煞。行五里，進入白狗峽，山勢尤為險峻。下行三十里達到新灘。新灘的險惡在三峽中最為著名。范成大在遊記中講述了新灘名稱的由來：新灘兩岸有時發生山崩（滑坡），石土堵塞江流，造成災害，所謂「漢、晉時山再崩塞江」，有史實為證。《後漢書·和帝紀》記載：永元十二年（100年）閏四月「戊辰，秭歸山崩」，季賢注

解中說：「秭歸山高四百餘丈，崩填溪（江）水，壓殺百餘人。」《水經注‧江水》記載，晉武帝太元二年（377年）新灘又崩，「當崩之日，水逆流百餘里，湧起數十丈——故謂之新崩灘。」

新灘亂石密佈，水勢洶湧，轉眼就能將船傾覆。上下船隻為了避開險情，都要將貨物搬運上岸，乘客改行一段陸路，再讓空船過灘。因而新灘兩岸的居民多以轉運貨物為職業，人們稱他們為「灘子」。

古時人們首次過新灘，猶如同死神打交道，大都灑酒焚香，禱告上蒼，祈求神靈保佑，安全過灘。范成大於淳熙四年（1177年）八月初一日由歸州順流而下，正逢江水上漲之時，滿江秋水已將灘石淹沒，所以他的坐船能夠搖著櫓如飛而下，順利地通過了險灘，船上的人驚恐之餘，反而覺得開心，可謂險中求樂。

村婦

> 晚次黃牛廟[22]，山復高峻。村人來賣茶、菜者甚眾，其中有婦人，皆以青斑布帕首，然頗白晰，語音亦頗正。茶則皆如柴枝草葉，苦不可入口。

> 遊江瀆北廟，廟正臨龍門。其下石罅中，有溫泉，淺而不闊，一村賴之。婦人汲水，皆背一全木盎，長二尺，下有三足，至泉旁，以杓挹水，及八分，即倒坐旁石，束盎北上而去。大抵峽中負物率著背，又多婦人。不獨水也，有婦人負酒賣，亦如負水狀，呼買之，長跪以獻。未嫁者，率為同心髻[23]，高二尺，插銀釵至六支，後插大象牙梳，如手大。（《入蜀記》第六）

22　黃牛廟：位於長江西陵峽南岸黃牛岩山麓，又名「黃牛祠」、「黃陵廟」。傳說有黃龍曾助大禹治水，因而建廟祭祀。諸葛亮《黃陵廟記》：「神有功助禹開江，不事鑿斧，順濟舟航，當廟食茲土。僕復而興之，再建其廟號，目之曰黃牛廟，以顯神功。」歐陽修、蘇軾、陸游均有《黃牛廟》詩。
23　頭髮聚在腦後、梳理成一個錐形髻再搭在額前，兩鬢抱面。今人亦稱「烏

　　乾道六年（1170 年）十月九日晚上，陸游的船停泊在西陵峽中的黃牛廟[24]附近。村中有很多人來到岸邊賣茶葉和蔬菜。婦女們膚色白淨，語音純正，都用青斑布包在頭上，不同於下江一帶婦女的打扮。唐宋時期峽州出產的茶葉已經有了一點名氣，陸游到此自然不失良機，要親口品嚐一番，領略香茗的滋味。可是很不湊巧，從一位村婦手中買到的卻是一包以劣充優的次品貨，打開一看，象枯柴草根，味道苦澀，難以入口。據唐代陸羽的《茶經》記載，峽州的黃牛峽、荊門山、望洲山等地，「茶茗出焉」，「無減江南茶葉」。陸游作為過客偶爾買到劣質茶葉，只是上了村婦的一點小當，但無損於峽州正宗茶葉的名聲。

　　陸游在新灘經過仔細觀察，在遊記中描繪了當地村婦的模樣：沒有出嫁的女子，都挽著高約二尺的同心髻，上面插的銀釵多至六隻，後面還插著一把手掌那樣大的象牙梳子，顯得有些別致。村姑們勤於勞作，自食其力。她們用圓木雕鑿而成的桶在泉邊背水，或用這種製作奇特的木桶背著酒在江邊叫賣，做買賣時很講究禮貌，跪在地上將酒獻給顧客。陸游在此生動地刻畫了峽江婦女勤勞樸實的形象。

墓葬

> 五日。過白羊市，蓋峽州宜都縣境上。宜都，唐縣也。謁張文忠公天覺墓，殘伐墓木橫道，幾不可行。天覺之子直龍圖閣茂已卒，二孫一有官，病狂易，一白丁也。初作墓江濱，已而不果葬，改葬山間，今墓是也。而舊墓葬亦不復毀，啟隧道出入，中可容數十人坐。有道人結屋其旁守之。（《入蜀記》第五）

　　張天覺即北宋的張商英（1043－1121 年），蜀州新津人（今四川新津縣），英宗治平二年（1065）進士，神宗時，受到王安石的推舉，

　　蠻髻」、「心字形髻」。西安鮮于庭誨墓出土之唐三彩俑即同心髻。
[24] 今黃陵廟。

入朝做官。徽宗崇寧初年（1102），商英彈劾時稱「京師六賊」之一的權臣蔡京，任過宰相。其人政績不甚顯著，傾側反覆，無所建樹，反被蔡京黨羽彈劾，謫貶歸州，後遷至峽州，死後葬在宜都縣白羊市[25]。張商英之子直龍圖閣學士張茂已死，兩個孫子一個有官職，害瘋狂病，一個是普通百姓，家境不太殷實，但後人卻為他營建過兩座墳墓。第一座墓上伐倒的樹木就足以阻塞道路，幾乎使過路的人不能通行，地下有墓道可以出入，墓室中能容納幾十人坐下。這座墳墓已經夠大了，仍嫌不合乎厚葬的標準，在山中又建造了新墓，其規模無疑大於前墓。

北宋時冗官甚多，有所謂「高薪養廉」之說。官僚們俸祿優厚，即使像張天覺這樣的罷官廢吏，死後仍追諡為「文忠公」，葬禮如此隆重，直到南宋時，還有道人為其守墓，可見宋代統治者勞民傷財的程度不同一般。

馴鴉

> 二十三日。過巫山凝真觀，謁妙用真人祠，真人，即世所謂巫山神女也。……祠舊有烏數百，送迎客舟，自唐夔州刺史李貽詩已云「群鴉幸胙餘」矣，近乾道元年，忽不至，今絕無一烏，不知其故。（《入蜀記》第六）

> 戊午。乘水退下巫峽，灘瀧稠險，潰淖洄洑，其危又過夔峽。三十五里至神女廟。……廟有馴鴉，客舟將來，則迓於數里之外，或直至縣下，船過亦送數里。人以餅餌擲空，鴉仰喙承取，不失一。土人謂之神鴉，亦謂之迎船鴉。（《吳船錄》卷下）

上古神話中人們將太陽稱為金烏，人鴉共處，愛屋及烏的故事不勝枚舉，可見古人對烏鴉的印象並不壞。巫山神女廟附近棲息的馴鴉，在唐宋時期就比較有名。北宋蘇軾在《南行記》中也記載過有關「神鴉」的故事：

---

25 今湖北枝江縣白洋鎮。

「巫山上下數十里,有烏鳶無數,取食於行舟之上,舟人以神之故不敢害」。陸游在《入蜀記》里也有同樣的記載,他還引用唐朝夔州刺史李貽「群鴉幸胙餘」的詩句,證實早在唐代這一帶就已有馴鴉的出現。陸游感到奇怪的是他沒有親眼見到馴鴉。當地人說乾道元年(1165)以後就沒有出現了,不知是什麼緣故。可是淳熙四年(1177)范成大路過巫山時,又見到了馴鴉。旅客們的船隻將要到來時,馴鴉就飛到好幾里路以外去迎接,有的到巫山縣城上空盤旋,船隻過後還要跟隨一段路程,似乎在表示歡送。乘客們見此情景,非常高興地將糕餅之類的食物拋向空中,馴鴉就用嘴去接取,一塊都不會丟失。因此,當地人稱它為「神鴉」,也有人稱它為「迎船鴉」。

惡水

> 峽江水性大惡,飲輒生癭[26],婦人尤多。前過此時,婢子輩汲江而飲,數日後發熱,一再宿,項領腫起,十餘人悉然,至西川月餘,方漸消散。守倅乃日取水於臥龍山,泉去郡十里許,前此不知也。(《吳船錄》卷下)

范成大於淳熙二年(1175)端午節路過夔州時,隨行的十幾個婢女,在瞿塘峽江中汲水飲用,幾天以後身體開始發燒,又過了一兩天,脖子都腫了起來,類似癭囊病狀。她們到成都後一個多月,贅瘤才慢慢消散。後來聽說夔州官員們一般不飲用江水,而在十餘里外的臥龍山汲取泉水飲用。范成大認為「峽江水性大惡」,可能屬於偶然現象,不然,夔州的平民以及峽江中行船之人多會患此疑難病症。當時是因初夏江水泛漲時水源污染所致,還是婢女們染上了流行性的時疫?那時尚無科學方法斷定,姑且存疑,錄以備考。

(原刊《三峽學刊》1994 年第 1、2 期)

---

[26] 即甲狀腺腫。

明朝的「懲貪」及其中後期的腐敗政治

　　明朝是經過了二十年戰亂之後建立起來的封建王朝。明初，中國遍地荊棘，滿目瘡痍，封建統治的經濟基礎甚是薄弱。為了鞏固新王朝的統治，使老百姓得到休養生息的機會，明太祖朱元璋在恢復和發展封建經濟的同時，採用了歷史上罕見的嚴酷手段，對貪官污吏實行懲治，收到了一定的成效。而明朝中後期，社會矛盾加劇，政治日趨腐敗，最終導致明室傾覆。本文對此試作粗淺評析。

一

　　朱元璋出身於貧苦農家，在死亡線上掙扎多年，對百姓疾苦有著深切的瞭解。洪武二年（1369），朱元璋告誡群臣：「從前我在民間時，見州縣官吏多不愛民，往往貪財好色，飲酒廢事，凡民疾苦，視之漠然，我心裡恨透了。如今要嚴立法禁，官吏凡是貪污害民的，嚴懲不恕。」[1]

　　朱元璋實行「以猛治國」的方針，用嚴刑重罰殺了十幾萬人（贓官僅係其中一部分），殺的主要是國公、列侯、大將；宰相，部院大臣、諸司官吏等，大都是封建統治階級的內部成員。他用流血的手段進行長期的清洗，借此鞏固朱明王朝的統治。但是，嚴厲懲貪，而貪污還是不能根除。洪武一朝「法出而奸生，令下而詐起」，「諸郡官吏，不

---

[1]　《明太祖實錄》卷三十八。

169

畏法律之嚴，奸弊迭興」[2]。洪武十八年考核全國布政司（省級）及府、州、縣官員四千一百一十七人，其中所謂稱職的只有四百三十五人，不稱職以及貪污的就有七百八十五人。朱元璋見到下面呈報的貪污案卷，急得跺腳，氣憤地說：「我欲除去貪贓官吏，奈何朝殺而暮犯？今後犯贓的，不分輕重，都殺掉了事！」[3]身為明朝開國之君的朱元璋，無疑是最有權威的皇帝，可以對臣下隨意定罪，也可以任意殺人，為何在他執政時期，貪官污吏隨殺隨犯，屢禁不絕呢？

明朝是封建專制主義中央集權制度發展到高峰的時期，朱元璋通過剛柔相濟，恩威並重等手段，把軍政大權牢牢掌握在自己手中，還不放心，於是「遵先王聖哲之制」，決定把自己的二十三個兒子封為親王，分駐全國各地，「屏藩王室」建立所謂「國中之國」。諸王享有特權，待遇十分優厚，在自己的封地建立王府，設置官屬，地位極高，公侯大臣進見都要俯首拜謁。朱元璋允許諸王、公主、大臣擁有田莊，下詔「賜勳臣公侯丞相以下田莊，多者百頃，親王田莊千頃」[4]。到了明朝中葉以後，諸王公主的田莊與日俱增，通過皇帝賞賜、本人「乞請」、奸民「投獻」以強行掠奪，將他們擁有田莊的數目擴大到上千頃甚至上萬頃的程度。

皇帝既然可以通過詔令把無數農民的土地轉化為自己和貴族的財產，因此土地兼併之風日熾。「為民厲者，莫如皇莊及諸王勳戚、中官莊田甚。[5]」由於皇莊的設置，諸王、勳戚、宦官、文臣武將無不上行下效，巧取豪奪，大肆侵佔良田美地，廣置莊園。據不完全統計，京師附近各項田莊土地，共計二十九萬九百一十九頃二十八畝，此外，全國各地的田莊面積則無法統計。皇帝和貴族對土地的佔有，迫使許多自耕農破產和淪為佃戶。官僚地主利用特權少承擔甚至不承擔賦稅，把田賦轉嫁到農民身上。自英宗正統年間（1436－1449）開始，

2　葉盛《水東日記摘抄三》。
3　劉辰《國初事蹟》。
4　《明史・食貨志》卷七十七第五十三。
5　《明史》卷七十七。

明代政治日趨腐敗，皇帝頭腦較為清醒的極少，大多非昏即愚。昏庸之君大都寵信佞臣和宦官，大權旁落，吏治腐敗，地方官吏貪贓枉法，搜刮民脂，百姓「寢不貼席」，下面略舉數例：

武宗沉湎於聲色之中，太監劉瑾擅權，威福自任，侵漁百姓，大肆貪賄。劉瑾了擴充田莊，侵奪官地五十幾頃，毀壞官、民房屋三千九百餘間。一次假借賑濟湖廣災荒名義，搜刮白銀數萬兩，全部中飽私囊。

嘉靖時嚴嵩、嚴世蕃父子弄權，狼狽為奸，侵貪軍餉皇糧，招財納賄，「貪婪之性，疾入膏肓，愚鄙之心，頑於鐵石」[6]，官員升遷貶謫，取決於對嚴氏父子賄賂的多寡。嚴氏家產可與皇帝比富，嚴世蕃自誇「朝廷不如我富」，「朝廷不如我樂」[7]。

上列巨奸國賊儘管權傾天下，濫施淫威，但只能得勢於一時，他們都先後受到了應有的惡報。劉瑾被處以分屍之刑，行刑之時，許多受害者家屬「爭購其肉而生食之」[8]，以泄心頭之恨；嚴世蕃被處死之日，北京士民拍手稱快，相約持酒至西市看刑。這群貪贓枉法之輩不僅為時人所不齒，而且留下了永世罵名，遺臭萬年。

二

朱元璋在位時執法甚嚴，令出必行，連親屬也不寬容。洪武末年駙馬都尉歐陽倫違令，販帶私茶，雖是親女婿，也被依法處死。朱元璋曾頒佈過《昭鑒錄》、《永鑒錄》、《皇明祖訓》等條章，用嚴密的制度和法律約束後世子孫和臣僚。明代中後期的贓官或因正直官員上疏揭露其罪行而革職受懲，或因統治階級內部的爭權奪勢而倒臺，都是咎由自取，罪有應得。但是，朱元璋的後世子孫中，則有人將《大明律令》、《御制大誥》以及《皇明祖訓》之類的法規置諸腦後，一個個

---

[6] 《明史》卷兩百零九《沈煉傳》。
[7] 《明史·嚴嵩傳》。
[8] 谷應泰《明史紀事本末》卷五十四。

任性專橫，為所欲為，橫徵暴斂，縱情揮霍。作為朱元璋不肖子孫的神宗，就是一個貪財好貨成癖，生活奢侈糜爛，殘酷掠奪農民和工商業者的典型代表。

隨著明代中後期商品經濟進一步發展，都市繁榮，商業發達，特別是白銀大量輸入和普遍使用，更加刺激了封建統治者貪婪的慾望，加重了對人民的敲詐勒索。神宗貪得無厭，帶頭侵佔百姓的土地，在北京和江蘇、安徽地區新增皇莊，占地兩萬二千餘頃。他還對諸王、公主濫施賞賜，皇長子及諸王「冊封冠婚」，揮霍白銀九百三十萬兩，而袍服之費另撥白銀二百七十萬兩，一次採辦珠寶，就花費白銀二千四百萬兩，宮廷脂粉費高達四十萬兩，年例織造龍袍料多達十五萬匹。此外，他又挖空心思向朝廷各部勒索錢財，如皇女下嫁，索銀數十萬兩。他二十一歲時開始為自己營造陵墓（即定陵），耗時六年，耗銀八百餘萬兩，相當於兩年全國田賦收入，約折合當時一千萬貧苦農民一年的口糧。

明朝皇室在中後期日益縱容太監把持政權和為非作惡，「以金錢珠玉為命脈」的神宗，為了滿足其窮奢極欲的慾望，從萬曆二十四年（1596）開始，別出心裁地派出大批親信宦官，分赴全國各地充當礦監稅使，強徵各種稅收，直接掠奪工業者和商人的財富。礦監稅使倚仗皇帝權勢，勾結地方的流氓惡棍、土豪劣紳，為非作歹，四處誣陷告密。城鎮礦區關卡林立，苛捐雜稅多如牛毛，「凡舟車、廬舍、米、麥、菽、粟、雞、牛、馬、驢……無不納稅」[9]。稅使遍及一百六十多個州縣，每年所得銀錢數以千萬計，人民慘遭蹂躪，「百用乏絕」，「十室九空」，連地方官府也蒙受其害，敢怒不敢言。在城鎮中，小商販「受害更倍」，他們不少是由「捨本逐末」的破產農民轉化而來的。封建官府和行會對他們勒索抽分，徵派貨物時往往「四出強取，不給價銀」，使得「貧丁小戶」難以過活。還有一些湧入城鎮的破產農民，因找不到固定的正當職業，變成了行蹤無定的流浪者，有的靠占卜算卦為生，

---

[9]　《明史》卷兩百三十七《田大益傳》。

有的從事盜竊和拐騙活動，有的則淪為乞丐和娼妓。這些流氓無產者，一方面充滿了對社會的怨恨和不滿，另一方面又被陰暗的生活腐蝕。城鎮無業遊民增多，也成為明代中後期嚴重的社會問題。

三

政治腐敗，土地兼併嚴重，封建剝削加重，是明代中後期社會矛盾的集中表現。正統到正德近百年間，農民和城市平民為「虐焰所加，骨見髓乾」[10]，官逼民反，一次又一次地發動了武裝暴動。從正統七年（1442）開始，先後在浙江、福建、廣東、廣西等地發生了小股農民起義。成化元年至六年（1465–1470），劉通、石龍、李原等聚集饑寒交迫的流民數十萬人，相繼在荊襄山區發動起義。起義群眾的成份較為複雜，其中有佃農、流民、礦工、水上居民和生員，雖以貧苦農民為主體，但一些中小地主也卷了越進去。

隨著商品經濟的發展和資本主義萌芽，城鎮階級結構發生了新變化，出現了自發的反抗封建壓迫和剝削的群眾鬥爭。萬曆年間，武昌、荊州和蘇州等地的城鎮市民對礦監稅使的鬥爭，表現出新的社會力量的興起，打擊了古老而腐朽的封建制度，抑制了封建統治者對工商業的摧殘。

明代中期發生的中、小規模的農民起義，都在萌芽階段或初起時被明王朝血腥地鎮壓下去了，但在一定程度上也教訓了封建統治者，使一些較有遠見的官員感到要繼續維持統治，就必須實行社會改革。從孝宗的弘治「中興」到萬曆朝的張居正實行「一條鞭法」，都是統治階級作的一些改革嘗試。張居正看到「京師十里之外，大盜百十為群，貪風不止，民怨日深」，決心「針砭沉痼、革弊興利」。他在奏疏中提出「省議論」（反對說空話）、「振紀綱」（申明法紀）、「覈名實」

10　《周嘉謨莊田冊疏》。

（對官員考勤考績）、「固邦本」（節用恤民）等改革主張，推行「一條鞭法」，調整賦稅制度。張居正改革的宗旨，在於強調從整頓吏治入手，要求為官清廉，治政清平，開源節流，讓人民生活安定，增強政權機構的效能，重新穩定一下當時的封建秩序，使封建政權長治久安。張居正的改革有利於資本主義萌芽的進一步發展，在客觀上有一定的進步作用。

晚明時期出現了以江南地主階級知識份子為主的政治集團東林黨，這些黨人目睹政治的腐敗，要求改革弊政，緩和勢將危及封建政權的階級矛盾。他們在任時敢於抨擊貪婪奸詐的太監，及至上書皇帝，反對礦監稅使，在野閒居時，則通過「清議」的方式發表政治見解，議論朝政得失。東林黨人的言論，贏得了社會上部分階層的支援。

明王朝發展到後期，地主階級的統治日趨沒落，封建生產關係日益腐朽，內憂外患日甚一日，危機四伏，搖搖欲墜。張居正不能「拯危扶顛」，更無回天之力，在頑固勢力的反對下，改革屢受挫折，最後宣告失敗。東林黨人一籌莫展，挽救不了封建統治的危機。農民和貴族地主的階級鬥爭，市民反對封建官府和礦監稅使的鬥爭風起雲湧，封建統治階級內部的鬥爭錯綜複雜，都在此起彼伏地進行著，而邊地少數民族，特別是女真族和明廷的戰爭則直接或間接地影響著內地各種鬥爭的發展，這些鬥爭為明末農民戰爭作了長時期的醞釀和準備。

「山雨欲來風滿樓」，由於各種社會矛盾的進一步激化，一場震撼神州大地的農民反抗鬥爭，在天啟、崇禎年間掀起，統治中國二百七十六年的明王朝，已是一座腐朽的封建大廈，經受不住李自成、張獻忠等領導的農民軍的衝擊，終於在 1644 年梁傾柱摧，土崩瓦解。

略談張居正對考核制度的整頓

　　張居正（1525－1582），字叔大，號太岳，明朝湖廣江陵人（今湖北荊州市）。少年得志，12 歲成秀才，16 歲中舉，23 歲中進士，走上宦途，青雲直上，萬曆朝出任首輔（內閣首席大臣），秉政十年。為了挽回明朝頹勢，張居正大權在握之後，進行過一場雷厲風行的政治改革，功業卓著，被後世之人譽為「明相第一」，「救時之相」，「封疆之材」，「理財之手」。茲就其整頓考核制度一題，談點淺見。

　　明朝對官員的考核稱為考課。考課分為考滿與考察兩種方式。考滿旨在從能力上檢查官員是否稱職，考察則以是否奉公守法為著眼點來檢查官員稱職與否。前者以獎勵為主，後者側重於懲罰。考課效果直接關係到吏治的好壞。嚴格的考課制度對明初的吏治的確起過積極的作用。

　　明中葉，考課制度逐漸廢馳，官僚們「虛聲竊譽」，「愛惡交攻」[1]，上級對下屬的考語失實，賞罰不明，致使官場上泄遝成風，「政以賄成」。張居正稱這種因循敷衍無視政令的行為是「姑口頑而婦耳頑」[2]，他將當時從政者的上下級關係比作婆媳，儘管婆婆每天在嘴上嘮嘮叨叨，但媳婦卻當作耳邊風，依然我行我素。他敏銳地看出「今人心叵測，時事艱難，遇事則委難以責人，事平則抑人以揚己。」官場上碰到難題，官員們互相推諉，事成之後又追名爭功，只想到如何歸功於己推過於人，毫無報國為民之心。張居正「通於時變，勇於任事」[3]，目睹混亂的政局，深惡痛絕，決心對考課制度進行整頓，其具體措施是：

---

[1]　《張文忠公全集》奏疏五。
[2]　《張文忠公全集》奏疏三《請稽查章奏隨事考成以修實政疏》。
[3]　《明史・張居正傳》。

175

一、互相制約。萬曆元年（1573），張居正提出「考成法」，他說：「蓋天下之事，不難於立法，而難於法之必行，不難於聽言，而難於言之必效[4]。」為了使各級官員經辦公務都要有著落和交代，根據事情的輕重緩急排列日程，建立文簿存照按期完成。除了一般例行公事以外，須得另立文冊二本，一本送監察部門備註，事情辦完一件，註銷一件；一本送內閣（皇帝秘書處）考察，應辦之公務未完成者，須查明原由，追究責任。執行過程中，以中央（六部）考察地方（撫、按），以監察部門（六科）考察中央執政機構（部院），以內閣監督監察機構。這樣，使得各級官吏互相制約，對中央發佈的政令，不敢敷衍塞責，隨意變更，保證了政令的貫徹執行，提高了行政效率。

二、考評有據，尊重事實。明初規定上級對下屬必須定期開寫考語，鑒定時要「察其行能，驗其勤惰，從公考核明白，開寫稱職、平常、不稱職詞語。[5]」到了明中葉，有些官員為了收攬人心，或者懼怕招惹是非，常常採取和稀泥的態度，將考語一律寫作「稱職」。有的考語自相矛盾，分明將被考核人物列入了賢能，同時又彈劾其人貪贓殘暴。有的在考語中挾嫌報復，誤採人言，黑白混淆，賢愚倒置，嚴重失實。張居正要求各級官員開寫考語必須尊重事實，考核部門以及開寫考語者，層層負責，層層監督，凡考察失實者，無論何級官員，均以「不稱職」予以處罰，他曾引用諸葛亮「吾心如秤，不能為人作輕重」的名言告誡官員，要求官員們考核他人時應當「察其事之實否，不必問其曾得罪於何人也」。強調在考核中要據實作出判語，不要雜以個人愛憎，偏執成說及出身資格，任意舉薦或彈劾屬官。

三、獎掖人才，懲治不法。考核的目的在於整頓綱紀，嚴明賞罰，發現人才，而不是為講究形式，走走過場。萬曆二年（1574），張居

---

[4] 《張文忠全集》集奏疏三《請稽查章奏隨事考成以修實政疏》。
[5] 《明會典》。

正建議明神宗親自召見了考察中列入廉能的官員，賜宴並加以獎勵，同時，對其中列入「貪酷異常者」依法問罪。萬曆五年，他又建議神宗下詔，「令廉能卓異者，紀錄擢用。貪酷異常者，各巡按御史提問，追贓具奏。[6]」

張居正主張「唯才是用」，能夠知人善任，在考核中選拔了不少良將廉吏。選任邊將時，他任用抗倭名將戚繼光鎮守薊州一帶，操練精兵，整飭武備，保衛了長城沿線一帶的邊防；在遼東，他倚重驍勇善戰的李成梁，抵禦土蠻、女真（滿州）的進犯，多次卻敵，屢建戰功，保衛了東北邊境的安寧。張居正得悉潘季馴是位治河專家，於是排除非議，委以治河重任，使其在治理黃河、淮河和運河時成效卓著，在一定程度上變水患為水利。對於違法亂紀的官員，即使是皇親國戚、世代勳爵，張居正也敢於懲處。開國功臣、明太祖義子沐英的後裔沐朝弼，襲黔國公爵位，依恃沐氏世代鎮守雲南的老本，憑藉地處西南邊陲朝廷鞭長莫及的條件，一再抗旨違法。不少大臣畏其權勢，不敢對他繩之以法。張居正力排眾議，甘擔風險，派遣使臣傳旨，將沐朝弼削去爵位，緝拿歸案，囚禁於南京，朝野為之震驚。張居正整頓考課制度，重視對官員政績的嚴格考核，通過考勤考績，用以甄別官員的勤惰、賢愚，以此作為決定其進退、升降的依據。在考核中，對官員的功過做到「信賞必罰」，應該懲辦的，「雖貴近不宥」；有冤枉的，「雖疏賤必申」[7]。因此，官員不敢怠忽職守，提高了各級衙門的辦事效率，同時也為他推行各項改革奠定了基礎。

（原刊《三峽學刊》1993 年第四期）

---

[6] 《明會典》。
[7] 張居正《陳六事疏》。

熊廷弼冤獄述略

　　明朝戕殺臣僚如草芥，熊廷弼就是被冤殺的封疆大臣之一。

　　熊廷弼（1569－1625 年），字飛百，江夏（今湖北武昌）人，萬曆進士。他曾三次主持遼東軍務，在抗擊後金的鬥爭中功績卓著。萬曆三十六年（1608），熊廷弼首次巡按遼東。他剛正秉直，不畏權貴，勇於彈劾總兵官李成梁和巡撫趙楫棄地驅民、虛報戰功、騙取爵賞的行徑。在任期間，獎勵屯墾，繕垣建堡，「杜饋遺，核軍實，按核將吏，不事姑息，風紀大振」[1]。在職年餘，後金軍不敢進擾。不久奉詔「督學南畿」，離開遼東。

　　1619 年，明朝與後金發生了薩爾滸之戰。明神宗「撤九邊之備，以充遼事；竭四海之財，以供遼餉」[2]，在這次戰役中投入了大批精銳將士，不到十天，被後金擊敗，三路全軍覆沒，文武將吏死三百餘人，軍士死四萬五千餘人。在後金軍「迫京師，危社稷」的緊要關頭，熊廷弼第二次接受了經略遼東的使命。當時開原、鐵嶺已相繼失守，瀋陽及諸城堡軍民「一時盡竄」，遼陽危在旦夕。面臨著兵燹之後關外「數百里無人跡」的險惡環境，熊廷弼不畏強敵，頂風冒雪親臨瀋陽、撫順前線察看形勢，奠祭死難將士，招撫流亡，「令嚴法行」，「造戰車，治火器，濬濠繕城」，加強防務，訓練部隊。僅數月，「守備大固」，人心復定，遼東之民異口同聲稱讚「數十萬生靈皆廷弼一人所留」[3]。後因「朝議中變」，熊廷弼遭到權臣的攻擊，罷官後憤然回籍。

---

[1]　《明史・熊廷弼傳》。
[2]　程開祜《籌遼碩畫》卷十四。
[3]　《明史・熊廷弼傳》。

　　天啟元年（1621），後金軍破瀋陽、遼陽，大淩河以西「軍民盡奔，自塔山至閭陽二百餘里，煙火斷絕，京師大震」[4]。這時，廷臣又想起了熊廷弼，稱頌他堅守危疆的功績，再次起用他為遼東經略。熊廷弼入朝，進兵部尚書兼右副都御史。離京時，明熹宗賜給一品服和「彩幣」，親率文武大臣盛宴餞行，又在京營中挑選五千甲士送其出關。

　　乍一看來，熊廷弼第三次主持遼東軍務，職務比以往兩次要高，其實他不過是一個官大權小的「徒手經略」而已。原因在於還有一名「為人驕而愎，素不習兵，輕視大敵」[5]的巡撫王化貞從中作梗。王化貞「本庸才」，但在朝中有兵部尚書張鶴鳴為靠山，擁兵十四萬於廣寧（今遼寧北鎮縣），「積糧數百萬」，自恃兵多糧足，與熊廷弼事事牴牾，不受調度。儘管熊廷弼「才識氣魄，睥睨一世」[6]，但因受到樞臣張鶴鳴的掣肘，大權旁落於王化貞之手，終不能行使職權，施展其才智。朝廷內外互相攻訐，經略與巡撫不和，終於導致廣寧失守。明朝企圖消弭邊患之舉，又一次化為泡影。封疆大臣熊廷弼，在這次事變之後卻鋃鐺下獄。

　　熊廷弼、王化貞「坐失封疆」，受到「三法司」（刑部、大理寺、都察院）的審判，二人初被定為大辟之刑。廷臣為之議論紛紛。有的提出對於架空經略、使其不能實施「三方佈置策」的樞臣張鶴鳴要治欺君誤國之罪；有的認為在廣寧之役中，巡撫王化貞僅以身免，所部潰不成軍，要負主要責任；有的認為熊廷弼大敵當前臨危不懼，以身邊僅有的五千甲士殿後，「扶傷救敗，收拾殘黎」[7]，掩護大批難民入關，可以將功折罪；有的質問法司，如果封疆失陷後封疆將吏應當問斬，為何在薩爾滸之戰中，三路敗北的楊鎬、李如楨等到沒有「一體伏法」？首輔葉向高將此案責成法司覆奏。「法司諸屬二十八人共讞，

---

[4]　同上。
[5]　同上。
[6]　《明史紀事本末補遺》卷二。
[7]　《明史‧熊廷弼傳》。

多有議寬廷弼者」[8]。樞輔孫承宗、刑部尚書喬允升、太僕周朝瑞等，都以「議功」、「議能」為例，數次上疏，對熊廷弼「襃如充耳」，或云緩其刑，或云寬其刑[9]。情勢逐漸有所緩和。可是當熊廷弼繫獄三年之後，「坐失封疆」一案還沒有了結，卻又出現了一起震驚朝野的熊廷弼「坐贓行賄」案。為何一波未平，一波又起呢？這裡面自然存在著複雜的原因。

天啟年間，東廠太監魏忠賢擅權。魏忠賢「口銜天憲，手握王爵」[10]，網羅一批巨奸大憝，結黨營私，「傾害忠直」，貪污受賄，無惡不作，激起了「諸臣公憤」。1624 年 6 月，以楊漣、左光斗為首的七十餘名臣僚，紛紛上疏彈劾魏忠賢及其閹黨的罪行，「舉朝哄然」。魏忠賢惴惴懼禍，「欲殺盡異已者」，採取先發制人的手段，對上疏者實行反撲。閹黨中的馮銓早年與熊廷弼有隙，欲置熊廷弼於死地以泄私憤，因而抓緊時機，向魏忠賢密獻通過在押的封疆大臣熊廷弼「興大獄」的毒計。「熊廷弼獄事，忠賢本無預」[11]，由於魏忠賢「恨楊漣疏，切齒楚人」「(楊漣為湖廣應山人)，他認為對於上層人物中的反對派，「非封疆事不足以羅織」罪名，熊廷弼「坐失封疆事重，殺之有名」[12]。於是費盡心機給熊廷弼加了一條貪污行賄罪，給楊漣、左光斗等栽上了受賄罪，想以此達到假借事端傾陷異己的目的。

熊廷弼所行之賄從何而來呢？欲加之罪，何患無詞。「卑諂無所不至」的御史梁夢環，為了向魏忠賢效犬馬之勞，立即參上一本，劾熊廷弼在遼東時曾「乾沒軍貲十七萬」。劉徽本來就是一個大贓官，早年「出督遼餉，乾沒不貲」，這時也使出了賊喊捉賊的慣伎，誣陷熊廷弼「原領帑金三十萬，茫無所歸，其家貲不下百萬」[13]。閹黨胡亂地編造了一筆又一筆驢唇不對馬嘴的數字，給熊廷弼加上了莫須有的罪名

---

[8]　《明史‧顧大章傳》
[9]　全祖望《鮚埼亭集》外編卷二十八。
[10]　《明史‧萬燝傳》。
[11]　《明史‧宦官傳》。
[12]　《明史‧閹黨傳》。
[13]　同上。

之後，一面令大理寺丞徐大化誣告楊漣、左光斗等「黨同伐異，招權納賄」，一面將一個同清流人物較為接近的監生汪文言逮捕下獄[14]。

錦衣衛酷吏許顯純秉承魏忠賢的旨意，對汪文言嚴刑拷掠，逼其作假證人，供認楊漣、左光斗等受過熊廷弼的賄賂。汪文言頗有正義感，拒不誣陷他人，仰天大呼：「天乎，冤哉！以此蔑清廉之士，有死不承！」[15]許顯純卑劣至極，趁汪文言奄奄待斃之時竟代其書寫供狀。汪文言張目大呼：「爾莫妄書，異時吾當與面質！」[16]假供狀既已擬就，汪文言即被酷掠致死。死無對證之後，魏忠賢才矯旨將反對派一一定上「坐贓」罪，一批批逮下詔獄（錦衣衛獄）。

因所謂「坐贓」案而下獄的有左副都御史楊漣、左僉都御史左光斗、湖廣道御史周宗建、河南道御史袁化中、征授御史黃尊素、太僕少卿周朝瑞、吏科給事中魏大中、刑部員外郎顧大章、左贊善繆昌期、工部營繕主事萬燝、故吏部員外郎周順昌等等，這些人多為在朝的有名望的清流人物。周宗建當時就一針見血地戳穿了魏忠賢的陰謀，痛斥他「興大獄」是「別借廷弼，欲一陷阱之」[17]。總之，無論是對熊廷弼支持與否，只要稍迕魏忠賢者，閹黨睚眥必報，一概被定為「坐贓」罪。「坐贓」的數字均由閹黨信口雌黃而定。既定「坐贓」就得追贓，追贓時則施之以酷刑，刑訊必欲置之死地，這就是魏忠賢的殺手鐧。

熊廷弼是這起大冤案中首當其衝的人物。魏忠賢認為在他頭上加了「坐失封疆」和「坐贓行賄」兩項罪名還嫌不夠，閹黨又挖空心思給他再加上一條「私刊妖書」的罪名。原來，材官蔣應陽對熊廷弼蒙冤下獄深表同情，常暗中去獄內探視，被閹黨緝獲，從其身上搜出《遼東傳》（或作《遼東圖畫》）。閹黨如獲至寶，一口咬定為熊廷弼所作之

---

[14] 《明史·閹黨傳》。
[15] 《明史紀事本末》卷七十一。
[16] 《明史·魏大中傳》。
[17] 《明史·周宗建傳》。

「妖書」[18]。按明律規定，以上三條均稱重罪，僅犯其中一條即置大辟刑，「三罪」並有者當然是非置「重辟」明正典刑不可。天啟五年（1625）八月，明熹宗下詔將熊廷弼斬於西市，「傳首九邊，棄屍荒野」，不准歸葬。熊廷弼含冤負屈「獨膺顯戮」，其家室亦蒙受了奇冤大難。熊廷弼死後，魏忠賢頤指氣使，嚴令追贓，使其家產蕩盡，「姻族家俱破」。已到如此境地，江夏知縣王爾玉還助紂為虐，趁人之危大敲竹槓，向熊家勒索貂裘珍玩。熊廷弼的長子熊兆珪被逼自刎，女兒熊瑚含恨嘔血而亡，妻子陳氏呼冤，王爾玉將其繫辱縣庭，去其兩婢之衣，撻之四十。遠近聞者「莫不嗟憤」[19]。

魏忠賢操縱的錦衣衛與東廠，是明朝統治者為了維護封建專制主義統治而設的特種鎮壓機構，它對人民和反對勢力的嚴密監視、殘酷鎮壓，遠甚於歷代的同類機構。而熊廷弼冤獄則集中地反映了這個機構的黑暗內幕與兇殘手段，宦官之禍達到了前所未有的地步。魏忠賢揚毒焰以快其私，「興大獄」摘瓜抱蔓，公道淪亡，「毒痛士庶」，受害者上自首輔、樞臣，下至武弁，奴婢，其中「斃詔獄者十餘人，下獄謫戍者數十人，削奪者三百餘人，他革職貶黜者不可勝計」[20]。冤死家子弟望獄門「稽顙哀號」，冤號道路，「聲震原野」，見者無不切齒頓足，甚至連一些專事緝捕的緹騎「亦為雪涕」。

熊廷弼冤獄歷時將近三年（1624 年至 1627 年明熹宗死）。明思宗當朝以後，炮製冤獄的元兇魏忠賢雖然伏誅，但是熊廷弼卻始終沒有得到昭雪。崇禎元年（1628）七月，工部主事徐爾一上疏為熊廷弼訟冤，歷述熊廷弼的功績，稱其「罪無足據，而勞有足矜」[21]，請求為之昭雪。明思宗則根本不予理會。次年四月，江西道御史饒京上疏，請求准許熊廷弼的次子熊兆璧為父掩埋遺骸。明思宗又不准。大學士韓爌再次上疏，指出熊廷弼生前為官廉潔，「不取一金錢，不通一饋問，

---

[18] 谷應泰《明史紀事本末》卷七十一。
[19] 《明史‧熊廷弼傳》。
[20] 《明史‧閹黨傳》
[21] 《明史‧熊廷弼傳》。

焦唇敝舌，爭言大計」,「耿耿剛腸，猶未盡泯」[22]，身受不白之冤，被魏忠賢屈殺。辱及妻孥,「海內忠臣義士」為之「憤惋竊歎」。他還強調指出「傳首」已逾三年，收葬原無禁例，遺骸至今不得歸葬，為「國法」所未有。這時明思宗才勉強下詔，許其子「持首歸葬」。按照常例，臣僚死後應當贈以官職爵位，撫恤其家室，可是明思宗非但未給熊廷弼贈諡官爵，而且沒有復其原職，那就更談不上蔭其子弟了。熊廷弼冤獄就此不了了之。

　　熊廷弼被冤殺迄今已有三百五十多年了，他抗擊後金、固守危疆的業績永載史冊，他的著述（尤其是軍事文牘）長留後世。現在給這位大才未盡、遺恨千古的鎮遼名將恢復他應有的歷史地位是很有必要的。

　　湖北人民沒有忘記這位被冤殺的大將，曾將武昌武珞路路上段（閱馬場至大東門，原稱賓陽門正街）改名為熊廷弼路。如今，在其家鄉江夏區紙坊街又有一條新修的大道，名「熊廷弼路」。

（原刊《江漢論壇》1981 年第五期）

---

[22]　《明史・熊廷弼傳》。

位卑未敢忘憂國

——易之瑤小傳

　　十九世紀中葉，西方資本主義打開了中國的國門，在民族危機日益深重的震驚下，中國出現了向西方尋找真理的知識份子，名不見經傳的易之瑤稱得上是其中的一位愛國志士。

　　易之瑤，字玉舟，湖北興山縣人，清道光時期的縣學廩膳生員，出身寒微，鄙薄曲學阿世之徒，數年不得升入國子監，連每月應該領取的四兩「廩餼銀」（官府應發的膳食津貼）也被上司中飽私囊，因此中輟學業，「絕意仕途」。他長於詩文，好交遊，所過山川都會，都要「訪求其形勢險要與古今興廢沿革」，曾以布衣身份遊學武昌江漢書院[1]，結交荊楚名士，與資歷較深的飽學之士「賦詩論道，請益不倦」，頗受學友賞識。

　　道光二十年（1840），易之瑤的摯友單懋謙視學廣東，延聘他為科場助理人員。易之瑤到達廣東之時，正值鴉片戰爭爆發。英軍派出戰艦 40 餘艘、海軍 4000 多名，相繼從印度加爾各答駛入中國，集結於廣東海面、並由英軍侵華總司令懿律及海軍司令伯麥坐陣澳門指揮。戰事緊迫，考場停試。易之瑤流寓南國，心憂如焚。

　　1841 年元月，英軍突襲虎門外大角、沙角兩炮臺，我方守軍將領陳連升[2]、張清齡身先士卒、奮勇抵抗，終因寡不敵眾陣亡；接著，陳

---

[1]　江漢書院，明代提學葛寅亮主持創辦，原址在武昌文昌門內，清初遷至忠孝門內巡道嶺（今糧道街）。

[2]　陳連升（1775-1841），土家族，湖北鶴峰人，任廣東省三江口副將。道光二十年十二月十五日（1841 年 1 月 7 日），陳連升與其子陳長鵬、守備張清齡皆壯烈犧牲。

連升之子陳長鵬挺戟殺敵,亦英勇捐軀。易之瑤得悉大角、沙角要塞失守,他十分敬佩的鄂西同鄉陳氏父子壯烈殉國,又目睹英軍的暴行,義憤填膺,悲痛欲絕,毅然放棄回鄉之念,決心投身於抗英鬥爭之中,「思建奇功於海上」[3]。是年初夏,易之瑤從澳門乘船赴越南,上書越南當局,痛斥琦善誤國,畏敵如虎,拒發援兵,致使虎門陷落,粵海生靈塗炭。因此向越南王「請兵助攻英人」[4],以雪國恥。當時法國殖民者的侵略矛頭已指向印度支那半島,越南受到侵擾,自身難保。越南當局以非朝廷之命不能發兵為由而回絕。

　　易之瑤搬兵未成,並未氣餒,銳意尋求救國之道,於是遠航印尼坤殿[5]。他飄泊異國,結識了官員郭·甲必丹[6],在其幫助下學習造炮建船的先進技術,瞭解西方國情,探求富國強兵的途徑,克服了重重障礙,「盡得其要領」。他在海外顛沛流離,寄託著深沉的故國之思,後來取道新加坡回到廣東,不辭勞瘁輾轉赴京上書,陳述南洋經歷,為整飭海防、抵禦外侮慷慨獻策。此時清廷正在同西方列強簽訂一系列不平等條約,見到易之瑤的條陳,為之咋舌。清朝統治者橫生枝節,給易之瑤加上觸犯「海禁」的罪名,交吏部論處,將其押解到山西省山丘起伏、溝壑縱橫的左雲縣充軍。幸得左雲縣令丁璥的救助,易之瑤才免遭不測。

　　丁璥是湖北黃岡籍進士,得知易之瑤報國無門,境遇如此淒苦,頗為不平,深表同情。他冒著風險,暗中將這位愛國獲罪的「囚徒」安置在左雲書院充任教諭,主管文廟祭祀,教育管束所屬生員。易之

---

[3]　光緒十一年《興山縣誌·人物志》。

[4]　同上。

[5]　坤殿:即坤甸(pontianak,Khuntien),印尼城市,西加里曼丹省首府,位於赤道附近。華人占三分之一。十八世紀此地曾建立華人自治組織蘭芳公司(朱傑勤《東南亞華僑史》)。時印尼為荷蘭殖民地,故《興山縣誌》作「荷蘭坤殿」。

[6]　甲必丹:英語 captain 音譯。猶首領。用以稱呼將校級軍官及商船船長。荷蘭之殖民地內,華人為官吏,專司訴訟租稅等華僑事務而無預政實權者,亦稱「甲必丹」。以文意測,此甲必丹當為一郭姓華人。《興山縣誌》作者不諳洋務,致語焉不詳。

瑤在書院宣講救國之道，介紹西方見聞，生員受其行薰陶，大開眼界，
「多所造就」。經過丁璟的多方斡旋，被羈縻數年的易之瑤才受到清廷
「恩赦」，允准回到原籍。

易之瑤孑然一身回到離別多年的故鄉興山縣，見到昔日的住址已
是「荒煙衰草，物異人非」。他在家鄉過著「躬耕自食」的生活，有時
充任塾師兼事著述，貧病交加，日子過得十分窘困。他認為家鄉並非
久留之地，晚年仍離鄉背井，浪跡天涯，直至客死他鄉，鄉人不知其
所終。易之瑤的著作有《浪遊記》，記述了南洋見聞和自身的苦難歷程，
並整理過自己的愛國詩篇，題名為《玉舟詩稿》，因系山野寒儒之作，
存稿鮮為人知，僅同治年間興山縣舉人吳翰章錄有數篇，餘皆散失。
他的生平事蹟散見於光緒十一年（1885）所修的《興山縣誌》和清末
民初的《湖北通誌》等地方誌書之中，因其離鄉日久，傳述亦甚寥寥。

易之瑤可謂近代中國身體力行「師夷之長技以制夷」的前驅，他
學習西方先進技術，早於被稱為「中國留學生之父」的容閎[7]。他滿懷
愛國熱忱，隻身遠涉重洋，牢記「位卑未敢忘憂國」的古訓，四方奔
波，備嘗艱辛，不貪圖功名利祿，為了尋求救國之道，雖屢遭挫折而
義無反顧。他赤心報國的高尚節操，是值得稱道的。

（原刊《人民日報》海外版 1990 年 12 月 27 日）

---

[7] 容閎（1828-1912），近代改良主義者。廣東香山南屏鎮（今屬珠海）人。
出身貧寒。少時入澳門馬禮遜學堂，鴉片戰爭後隨校遷至香港。1847 年初，
赴美學習，三年後考入耶魯大學，1854 年以優異成績畢業，成為畢業於美
國大學的第一個中國留學生。被稱為「中國留學生之父」。

附錄

易之瑤傳

　　易之瑤，字玉舟，廩膳生，善屬文。嘗遊江漢書院，與襄陽單懋謙、黃岡梅見田齊名。道光二十年，懋謙視學粵東，聘之瑤襄試事。時，英吉利犯海門，總督林則徐燒英船鴉片萬箱，英人藉口稱兵。

　　二十一年春二月，廣州虎門失守，英人長驅入粵，事勢日棘。五月，懋謙請假停試。之瑤思建奇功海上，自澳門附海舟至越南，上書請兵，助攻英人。以非朝廷命，不可。旋往荷蘭坤殿，與郭甲必丹相歡。甲必丹者，荷蘭官也，盡得其要領。遂往新加坡，附舟回粵。至京都，上書言越南、荷蘭事，吏議以犯海禁，謫充山西左雲縣軍。

　　左雲令丁璜，黃岡進士，聘之瑤充左雲書院山長，多所造就。旋以恩赦，賜還。著有《浪遊記》，《玉舟詩稿》。

（光緒《興山縣誌》二十一《人物傳》）

震驚川楚的宜昌教案

　　早在十六世紀中葉以後，西方殖民主義勢力就來到中國尋釁。天主教、耶穌會的傳教士，與早期殖民者相配合，也開始進入中國內地活動。清初國力強盛，外國傳教士不得不以傳授天文、地理、曆算、軍事等科學技術知識作為「傳道布教」的手段，藉以取得中國封建統治者的信任。他們表面上服從中國的政令，遵守中國的禮儀，暗中卻結交權貴，收集中國的情報，插手內政外交，禁止中國教徒崇敬自己的祖先，以曲折迂迴的形式來充當殖民主義者入侵中國的先鋒和爪牙。傳教士的醜惡嘴臉逐漸被中國人民和政府所識破，因此，自康熙到道光期間，清廷屢次下令禁教，對於不法的外國傳教士或囚禁獄中，或驅逐出境。直到鴉片戰爭爆發，外國侵略者的大炮摧毀了中國的禁教令，西方傳教士才以「合法」的身份捲土重來。

　　1844 年 10 月，中法《黃埔條約》簽訂之後，法國又強迫清政府取消對天主教的禁令，准許他們在通商口岸「自由傳教」，基督教隨後也取得了同樣的權利。美國傳教士狄考文說過：「基督教的工作目標……不單在儘量招收個別信徒，乃在征服整個中國」[1]。他把西方殖民主義者利用宗教侵華的意圖暴露無遺。事實的確如此。鴉片戰爭以後，歐美的天主教、耶穌教以及俄國的東正教，在資本主義國家侵略中國的過程中，起了急先鋒的作用。披著「慈善事業」外衣的傳教士，在「治外法權」的庇護下，蔑視中國政府的法令，勾結趨炎附勢的地方官和不法教民，愚弄、毒化中國人民，刺探情報，霸佔田產，包攬

---

[1]　轉引自《近代中國史稿》之《在華新教傳教士 1877 年大會記錄》。

詞訟，殺人越貨。受害的中國人民逐步認識到這些不速之客的醜惡用心在於「殫我民財」，「謀我土地」，「謀我中國」，感到痛心疾首，與他們「仇同不共戴天」[2]。傳教士有恃無恐，作惡多端，清政府媚外祖教，草菅人命，人民鬱積不平，不堪忍受，終於激起了極大的憤慨和強烈的反抗。從十九世紀六十年代開始，直到九十年代，反洋教鬥爭持續不斷，此伏彼起，遍及全國各地。

以川楚咽喉著稱的長江上游重鎮宜昌，早為外國侵略者垂涎。1876年9月13日簽訂的中英《煙臺條約》，將宜昌增開為通商口岸。在訂立這個條約的過程中，英方還強行要求在所有通商口岸設「租界」，作為「洋貨免收厘金之處」[3]。1877年4月1日，宜昌正式開為商埠，從此，宜昌人民蒙受了更大的災難。外國侵略者在這裡設領事館的同時，又在宜昌鎮及宜昌府所屬地區，營建天主堂、聖母堂、聖公會、仁慈堂、育嬰堂等，假借傳佈「聖道」的名義，騙獲人民的好感，誘惑群眾入教。有些地痞流氓入教之後仗勢欺人，他們「未入教尚如鼠，既入教便如虎」。群眾深受其害，與傳教士和不法教民的矛盾日益加深，終於爆發了一起教案。

1891年（清光緒十七年）9月1日，平民游姓家的幼兒突然失蹤，原來是被人販子吳有明拐走，賣給了法國天主教聖母堂。游家失子極為悲切，親戚鄰居都寄以無限同情。次日，紛紛到聖母堂要求放還小孩。法國教士矢口否認，拒不交出。游家據狀上告縣署，知縣看到人多勢大，為情所迫，帶著衙役到聖母堂搜查，居民也群集堂前，據理力爭。這件事本與美國傳教士無關，但與聖母堂相鄰的美國聖公堂卻恣意擴大事態，竟然開槍擊傷群眾，激起公憤。數千群眾怒不可遏，在朱發金、趙宗雅帶領下火焚聖公會、聖母堂和天主堂，搗毀正在施工的英國領事館，打傷法國、義大利、比利時的四名傳教士。外國傳教士「存心叵測」，將「勸人為善」的宗教作為欺壓人民的工具，在峽

---

[2]　史仲文《不屈者言》之《延平人民告白》。
[3]　李鴻章《李文忠公全集》之《譯署函稿》。

江一帶為非作歹。宜昌人民蓄怨已深，積怨成恨，積恨成仇，給侵略者以應有的懲罰，大長了中國人民志氣，維護了民族的尊嚴。

西方殖民主義者對外侵略，往往採用炮艦和宗教並用的兩種手段。教會既然受到衝擊，必然要施行武力加以「保護」。宜昌「民變」之後，英、法、美、意、比五國公使，以及與這次事件毫不相干的德、俄、日，西四國公使，聯銜向清政府交涉，以武力恫嚇，要求「懲凶」。英、法兩國企圖再現第二次鴉片戰爭的故伎，將戰艦駛向宜昌，揚言要對這座山鎮進行洗劫。停泊在漢口的英、德、俄、意等國的戰艦，也列隊待命，蠢蠢欲動，聲言要開槍開炮，聯合「演習」。

辦洋務起家的湖廣總督張之洞，被這些虛張聲勢的侵略者嚇得手足無措，唯恐戰事再起，驚歎「各國合開兵端，大局何堪設想」[4]。張之洞屈從於侵略者的淫威，以曾國藩鎮壓天津教案的手段，來對待宜昌的反教群眾，不顧是非曲直，將反洋教的首領定為「兇犯」，電令地方官「懸賞緝凶」。結果，朱發金、趙宗雅等十多人遭到緝捕，有的被發配充軍，有的受到杖笞之刑。張之洞為了進一步討好洋人的歡心，又答應賠償英、法、美白銀十七萬兩，懇求了結此案。

宜昌地區的反洋教活動，並沒有因張之洞的鎮壓而平息下來。事隔數年之後，在四川哥老會的影響下，又發生了聲勢更大的宜昌施南教案。以余棟臣為首的農民秘密組織哥老會，在四川境內「以滅教相號召」，「振臂一呼，聚者數千」[5]，波及鄂西。1899（光緒二十四年）秋，施南（今恩施）府利川縣發生了反教鬥爭，舉事者拘押比利時教士，殺死監督、神甫和不法教民數人，焚毀野茶壩、李子槽等地的教堂和育嬰堂三處。這次教案歷時較長，一直延續到1904年，連當時官方的《時報》也不得不承認：「利川縣入教之人甚多，向來平民不為不安，近年所出教案，當以此次為重大。」

---

[4] 張之洞《張文襄公全集・奏議》。
[5] 民國重修《大足縣誌》。

　　反洋教活動幾乎成為連鎖反應。1899 年 11 月 28 日，長樂（今五峰縣）教民劉義敦受到同夥畢開榜唆使，虐待妻子，「休妻起釁，與民爭毆」。鄉民憤憤不平，當地海湖會（哥老會別稱）首領向策安、李策卿、李少白等聚眾而起，擊殺惡棍畢開榜和比利時教士董若望，焚燒教堂數處。舉事者立有主帥、軍帥、統領、先鋒和大將等名目，到處張貼告示，揭露傳教士和不法教民的罪行。長樂縣漁洋關哥老會在李清臣帶領下與為聲援，「旬日之間，眾至二、三千人」，打著「滅洋」的旗幟，率眾四出，進迫長陽、巴東等縣，勢力達到湖南石門縣子良坪一帶。長陽縣覃培章、呂守蛟等率眾響應，以「除教安民」相號召，散發余棟臣告示，懲處洋教士（《格致益聞彙報》[6]）。哥老會「氣焰大熾」，會眾倍增，起義隊伍發展到數萬人，一面由巴東、建始直趨川境，打算與余棟臣合股；一面聲言欲渡江直撲宜昌府城，荊州、沙市人心惶惶，華洋震恐。一貫趾高氣揚的洋教士霎時間消蹤匿跡，或逃往湖南澧州「避亂」，或躲進官署藏身。駐漢口的法國領事和駐宜昌的英國領事，數次函照張之洞，「切請保護」。

　　張之洞見到會黨勢力日增，沿江上下大為「驚擾」，認為鄂西「山深地廣，若不大舉極早撲滅，必致成燎原之勢。」當即責成宜昌鎮總兵傅廷臣、利川知縣蔡國楨等嚴加防範，又委派候補知縣朱茲澤前去「總辦宜施兩地蠻橫無理會匪事宜」，命副將吳元愷、劉恩榮率新建陸軍三營，乘輪船疾駛宜昌，協同地方駐軍「分路入山攻剿」[7]。起義軍英勇抵抗，轉戰石門、大庸、鶴峰等地，因寡不敵眾而失敗。主帥向策安逃到施南，準備再度積蓄力量，不幸事泄，被清軍捕殺。張之洞又一次迫於侵略者的壓力，充當了鎮壓反教運動的劊子手。哥老會並未屈服，他們分散到各地，待機而起，後來又發起了具有反帝反封建性質的保路運動。

---

[6]　李林於 1878 年 12 月在上海創辦《益聞錄》，是第一份中國天主教報紙，後來改名為《格致益聞彙報》、《彙報》，直到 1911 年 8 月，歷時 33 年之久。

[7]　《張文襄公全集・奏議》。

　　歐洲殖民國家在向全世界擴張的過程中，一方面通過野蠻屠殺和血腥鎮壓來建立殖民統治，另一方面則利用精神鴉片煙──宗教迷信來麻痺被奴役人民的反抗意志。無數事實證明，十字架往往是與侵略者的軍旗一道插在被征服者的國土上的。中國人民在武裝反帝的同時，又掀起了反教會鬥爭。鴉片戰爭後，發生過零星的教案，十九世紀六十年代，教案多處出現，九十年代到義和團運動爆發，達到了高峰，即使在義和團運動被鎮壓後，教案仍未停止，前後持續了四十多年，全國範圍內出現的教案，達數百起之多。這種具有普遍性的反洋教活動，是隨著帝國主義侵略中國的加深而掀起的反帝怒潮。它的興起，說明近代中國農民鬥爭，已經發展到一個新的隊段，這也是中國人民不甘做精神奴隸的真實寫照。

　　在反教會鬥爭中，也暴露了農民階級的弱點。他們缺乏有力的領導核心，往往是群眾激於義憤，忍無可忍，一觸即發，多屬分散的自發行動。在侵略者要脅之下，清朝統治者屈辱妥協，充當了鎮壓群眾反教運動劊子手，因此，歷次教案終歸於失敗。儘管如此，中國人民以反教會的形式從事反帝鬥爭的革命精神是不可磨滅的。

　　宜昌教案是由農民、手工業工人、水手、碼頭工人以及其他勞動者所發動的。鄂西人民不堪忍受帝國主義的欺凌，出自高度的愛國熱情，奮臂而起，前仆後繼，在反帝鬥爭史上寫下了光輝的一頁，這種不畏強暴的正義行動，不愧為後世之師。

論區域文化與地方經濟的關係
——當前三峽地方史研究述評

中國古代文明的源頭是多元的，自然經濟結構的長期存在和地理環境的不同，造成了各區域文化之間的差異，多區域的中國文化在其不平衡的發展過程中，彼此之間又不斷地相互交流，漸趨融合，作為一種學術思想的研究方法，從歷史文化發展的角度來探討中國古代區域文化問題，是一個比較重要的課題。

隨著我國改革開放的深入，葛洲壩水利工程以及長江三峽大壩的竣工，給長江三峽地區的經濟發展帶來了無限的生機與活力。為了實現三峽地區經濟發展的遠大戰略目標，需要有多方位的、綜合性的對策與措施。區域文化與地方經濟的聯繫尤為緊密，本文試就長江三峽區域文化研究有待深入與拓展的問題，談點淺見。

一、楚文化研究問題

以往的傳統觀點認為中國古代文化源於黃河中游的中原地區，但是，日益增多的考古發現和歷史研究表明：黃河流域的中原地區，只是中國文化發源地之一，而長江中游以江漢地區為中心的楚文化，在很早以前，就與中原文化交相輝映，它們都是中國古代文化的組成部分。

所謂楚文化，就是以長江三峽地帶和江漢地區為中心的區域文化。《詩經・商頌》云：「撻彼殷武，奮伐荊楚」，宋代著名詩人陸游說，

古代楚國「遠接商周祚最長，北盟齊晉爭霸強」[1]，都說明公元前十三世紀左右，荊楚大地（包括三峽地區）的人民就已形成文化共同體。大量的考古資料證明，幾乎與黃河流域同時，長江中下游地發展起了農業文化。擁有數千年發展歷程的長江流域的文化，是豐富多彩的中華文化的主要上源之一，也是人類黎明時期幾個古代文化之一。在研究楚族源流的同時，我們並不排斥黃河中下游夏、商、周三代文明奠定了中國古代中原文化的傳統，而從楚文化形成之日起，華夏文化就分為中原文化和楚文化為代表的南、北兩支。在漫長的發展過程中，二者相互交流，彼此借鑒，最後終於融合為漢文化。在研究楚文化的形成與發展的過程中，南北物質文化、制度文化、精神文化無疑是重要課題，不少學者專家對此潛心研究，出了一些成果。但是，楚文化研究領域中似乎還存在著不足之處，茲據《中國史研究動態》略舉二例：

其一，對楚國經濟史研究不多。楚國生產什麼，我們略知一二，但是，怎樣生產以及怎樣交換產品，古代南北物質文化交流的狀況如何等問題，我們還沒有見結合文獻記載和考古資料深入研究寫成的專著。由於缺乏對楚國經濟史的研究，因而不瞭解社會階級狀況、土地制度及楚國歷史發展的動力問題，如果得不到解決，勢必影響到楚史研究的深入。

其二，對楚國思想文化史的研究有待進一步深入。眾所周知，屈原是楚文化的一顆璀璨的明珠。屈原作為我國古代的一位偉大詩人，是人們所共知的，如果說他是一位著名的政治改革家，則不一定為人們所公認了。事實上，屈原之所以是偉大詩人，與他的頗具特色的政治哲學與強烈的愛國主義思想是分不開的。屈原的作品就其思想內容而言，是楚國自春秋以來一系列改革思想的結晶，他憂國憂民，對天命與神權政治的懷疑與批判，對宗法、世襲制的駁難與非議，對絕對專制主義的不滿與異議的政治哲學，具有一定程度的非王命、非宗法、

---

[1] 陸游《哀郢二首》。

非極權的性質。可以說，屈原的政治哲學，同春秋戰國時期的楚國社會所經歷的曲折痛苦的過程是息息相關的。正因如此，我們對楚國的社會改革與屈原的政治哲學，必須深入研究，這一問題牽涉到我國古代南北制度文化與精神文化的交流問題，其重要性顯然是不能忽視的。

二、民族關係史問題

　　王昭君的故鄉位於鄂西興山縣，當地尚有昭君村、昭君宅等遺跡。兩千年間，掀起過一次又一次的「昭君熱」。十多年前劇作家曹禺的歷史劇《王昭君》發表和上演之後，加上旅遊文化的發展，人們對王昭君產生了濃厚的興趣，也很自然地使人聯想到漢代和匈奴的和親政策。昭君出塞發生在西漢後期，這一歷史事件反映了當時漢民族與匈奴族之間的民族關係。匈奴與漢接觸地帶很廣而時間又長，漢文化對其影響很深。漢元帝時匈奴呼邪單于願意內附，要求與漢室通婚，於是有昭君出塞這一歷史事件。

　　1988 年，一位頗有影響的詩人，去昭君村尋覓芳跡，在詩中寫道：「鐵騎壓境漢宮驚，虎將謀臣妙計靈。獨有昭君闖絕域，千古傳奇唱到今」。這位詩人題詩之後，要人們學習昭君精神，其本意無疑對昭君出塞持肯定態度，但是，他將漢元帝時的和親與西漢初期劉邦採用的和親政策一概而論，這是有悖於史實的。關於漢代和親的性質，歷來有友好說與屈辱說兩種，因此關於王昭君的評價問題，無論是歷史著作還是文學作品，都有著不同程度的爭議。和親政策本是漢朝和少數民族統治者互相利用的一種外交工具，應屬於一種政治行為，如果將歷史上的王昭君與古代文學作品中的王昭君混為一談，那就模糊了歷史人物的真實形象，有損於研究昭君出塞問題的現實意義。

　　本世紀六十年代初，有人曾將歷史著作中的王昭君與元代戲劇家馬致遠的《漢宮秋》作過比較：就昭君出塞的時代而言，前者是正當漢朝與匈奴恢復了友好關係的時候，後者是正值匈奴強盛而漢朝勢弱

之際;就昭君與元帝的關係而言,前者昭君只是掖庭中的普通宮女,後者昭君則是元帝的寵妃;就昭君出塞的原因而言,前者是元帝要選宮女嫁給來朝的南匈奴首領呼韓邪單于,後者是由於毛延壽挑撥呼韓邪單于強索昭君;就昭君的態度而言,前者是主動地向掖庭令請求參加和親,後者是在國勢危急之下被迫出塞;就昭君出塞的結局而言,前者是入匈奴之後生男育女,始終堅持和親,後者是行至國境投黑水[2]而死……。由此得出了一個結論:歷史上的王昭君與《漢宮秋》中王昭君藝術典型恰恰是相反的。我們可以從中明瞭一個問題,那就是儘管有些以昭君出塞為題材的文學作品富有一定的感染力,但畢竟不能取代歷史。

昭君出塞以後,漢與匈奴有五十年沒有戰爭。一直到王莽執政時期,漢與匈奴雙方還利用王昭君的關係來緩和民族矛盾。昭君出塞標誌著漢與匈奴的友好關係的恢復,促進了民族團結,溝通了民族感情。1953 年,董必武先生在詩中寫道:「昭君自有千秋在,胡漢和親見識高」。董老讚美昭君出塞和親的遠見卓識,歌頌了昭君為漢和匈奴的民族和好作出的貢獻將留傳千秋萬代,表達了各族人民團結的願望,使我們進一步明確了昭君出塞的現實意義。

（原刊《三峽學刊》1996 年第 1 期）

交趾略釋

　　今越南中部、北部一帶，古屬交趾管轄。何謂交趾？《山海經》說，「其為人交脛」[1]。即謂當地居民足形奇特，雙脛成交叉狀。劉欣期《交州記》又作另一種解釋，說交州人「足骨無節」，躺下以後需要旁人拉扯才能站立。唐代史學家杜佑在《通典》中，認為交人習慣赤足，腳大趾長，雙足並立時趾頭往往交纏在一起。這些解釋多出自古代神話傳說，對南方少數民族似有侮謾之意，或為臆斷，荒誕離奇。遠古帶有神話色彩的歷史難以查證，不能作為信史，只能權作參考。

　　越人所著的《大越史記》記載，說越南民族的歷史啟始於炎帝神農氏三世孫帝明，他們的祖先曾經通過九重翻譯，與周朝取得聯繫。考古學研究證明，越南的史前文化即與中國大陸互有淵源，這些記述可同中國古代史籍相印證，說明雙方傳統友誼是悠久的。

　　從地理沿革來看，交趾有南交、交脛、交州等別名。後來立國，與中國時分時合。獨立建國時，有瞿越、大越、大虞、安南以及越南等稱謂。《尚書》記載，帝堯曾命羲叔「宅南交」（駐於南方）。秦始皇平百粵[2]，在南方置四郡，交趾是象郡屬地，因該地產象而得名。元鼎六年（前 111 年），漢武帝滅南越，正式設交趾郡，將它定為南方九郡之一，元封五年（前 106 年）又置入地方行政區域十三刺史部之中，轄境相當今廣西的大部和越南的中部、北部，治所在今河內西北。此後的一千多年時間裡，交趾地區雖然屢有反抗，但是大體上一直作為中國郡縣，受到中國政權的直接管轄。建安八年（203），東漢改交趾

---

[1]　《山海經》卷六《海外南經》。
[2]　百粵：中國古代南方的越人總稱百越。分佈在今浙、閩、粵、桂等地，因部落眾多，故總稱百越。也叫「百粵」、「諸越」。

刺史部為交州，治所先後設在廣信（今廣西梧州市）和番禺（今廣州市）。三國時期，孫權於黃武五年（226）分交州為交、廣二州，交州轄交趾、九真、日南三郡。唐初設安南都尉府，管理南方邊防行政和民族事務。

十世紀中期（968），交趾開始獨立建國，交州的「十二使君」乘五代戰亂之機割據稱雄。北宋初，交趾「內附」，南宋孝宗時立國號為「安南」。蒙古族建立元朝後，安南仍為中國的藩屬，「貢獻不絕」。明成祖為了加強對西南邊境的控制，於永樂五年（1407）置交趾省，治所設在今越南河內。宣德年間，安南再次獨立建國。清代中葉，安南於嘉慶八年（1803）改國號為越南。1884－1885 年中法戰爭後，越南淪為法國「保護國」（殖民地），至此，與中國脫離了主從關係。

交趾的疆界歷來變動較大。古時交趾為今越南北部，中部為占婆王國，湄公河三角洲地區即今越南南部，屬扶南和真臘王國（今柬埔寨）。十世紀中葉越南建立自主封建國家，到 1945 年封建制度廢除為止，歷經丁、前黎、李、陳、後黎、西山、阮等王朝。在此九百餘年中，越南歷代封建王朝將其疆域逐步向南侵略擴展，以至形成今日越南的版圖。我國明朝前期它的版圖是：東至海（今北部灣），西至老撾，南接占城（今越南中南部），北連廣西思明（今寧明）、南寧、雲南之臨安（今建水縣）、元江。永樂六年（1408）的交趾地圖上標明了它的具體範圍：東西相距一千七百六十里，南北相距二千八百里，當時的人口約為三百一十二萬。地廣人稀、經濟文化落後的交趾，在歷史上與我國有過和睦相處的時期，也有過兵戎相見的歲月。

我國西南部地區，各族聚居，名號繁多，古代漢民族在那裡設置過許多居住點。戰國時期，楚人到達滇國（今雲南境內），帶去了先進的楚文化，當地居民由遊牧逐漸轉化為定居的農業部落。交趾原來居住著許多種族，漢人統稱他們為越人。秦漢以後，中原發生戰亂之時，人們紛紛遷居交趾，帶去我國的物產、生產工具、生產技藝以及政治、法律和經濟制度，為提高交趾的生產力，逐漸改變它的社會形態起了促進作用。秦始皇曾遷移內地五十萬人戍五嶺，與越人雜居，越人開

始與漢人融合。西漢時也曾流放一些「罪人」到交趾郡，漢越互通語言。越南自古以來使用漢文，十三世紀才創造自己的文字，之後越文仍以漢字為基礎，其中還保存了不少我國的詞語和語音。東漢光武帝劉秀時，曾派錫光和任延擔任交趾、九真太守，二人施政有方，勤於職守，「教民耕種，製冠履，立學校」，地方上呈現出安定局面。

宋朝期間，中國與交趾加強了經濟貿易，交趾派往宋朝的貿易使團（所謂「貢使」）多達五十餘次，輸出的「貢品」主要有香料、象牙、犀角等，宋朝對貢物「計價回賜」，「優賜」金銀、銅器、錢幣及絲織品。交趾十分重視中國的書籍和印刷術，多次向宋朝請求贈書，甚至不惜重金購買中國的經傳。可見，宋朝也是中越兩國經濟文化交流的重要階段。明太祖對西南諸邦採用寬舒政策，認為南方小國，地域偏僻，「得其力不足供給，得其民不足使令」[3]，明成祖行「祖訓」，廢止安南黎氏王朝的苛政，減免刑役，禮遇長者，選拔賢能，頒發《大統曆》。清初由於睦鄰關係的改善與發展，中國東南沿海一帶的勞動人民，紛紛到海外謀生，華僑對越南的開發有著很大的成績。康熙十八年（1679）有三千多名出國謀生的華人，分乘五、六十艘船隻駛抵越南，他們帶去先進的生產技術，披荊斬棘，墾荒建房，與當地勞動者共同開發資源，增進了中越人民的友誼。

中越兩國山水相連，唇齒相依，在長期的革命鬥爭和民族解放鬥爭中曾相互支持，中國給予越南的多方支助是史不絕書的。隨著西方殖民主義勢力侵入中國和東南亞地區，在爭取獨立和自由的偉大鬥爭中，中越人民的鮮血曾流在一起。清末的中法戰爭是一場援越抗法鬥爭，中國軍民取得了鎮南關（今友誼關）大捷和臨洮大捷，名揚中外。劉永福、馮子材等抗法英雄的名字，銘刻在中越人民的心裡。無論是十九世紀八十年代還是二十世紀五、六十年代，中國軍民援助越南反抗西方侵略者的光輝業績，將永遠記錄在中越人民的友誼史上。

儘管交趾小國寡民，但與中國也有兵連禍結的時日。東漢建武年間時交趾太守蘇定暴虐百姓，肆意搜刮，激起民變，徵側、徵貳姊妹

---

[3]　谷應泰《明史紀事本末》卷二十二。

於建武十六年（40）起兵反漢，連下六十五城，劉秀派馬援擊敗了起事者。馬援在當地修築城郭，開鑿河渠，以利農事，並立銅柱為界，宣揚漢室的「威德」。

史稱「交人故好亂」[4]。交趾的土著勢力，往往在中國政局不穩時發生騷亂。五代時交州土豪曲承美製造分裂，據有十二州之地。不久丁部領「竊國」，自稱交州帥，號「大勝王」，中交邊境戰亂不息。北宋中期王安石變法時，發生「交州之叛」：交趾於神宗熙寧九年（1075）出動六萬軍隊，分水陸兩路大舉進攻廣西。次年攻佔南寧，屠殺當地軍民五萬八千餘人，所到之處，張貼榜文，竟然宣稱「中國作青苗、助役之法，窮困生民，我今出兵，欲相拯濟」[5]，明目張膽地干涉中國內政，反對改革。引起宋朝君臣的極大憤慨，宰相王安石親自起草《討交趾檄》，調集軍隊進行反擊，將侵略者驅出國境，直抵富良江（今紅河），距交趾首都河內只有九十里。活捉交趾大將阮合，擊殺指揮官洪真太子，交趾王李乾德只得「奉表乞降」。

但交趾統治者並不引以為戒。明朝時，安南後黎王朝「叛服無常」，表面上「稱藩中國」，「詭詞入貢」，實際上無時不在窺伺雲南和兩廣。明憲宗成化四年（1468），安南出兵佔領廣西憑祥，隨後侵擾廣東的瓊州和雷州，又在雲南的蒙自地區「結官築室」[6]。安南軍攻哀牢（今雲南保山），襲真臘（今柬埔寨），滅占城，擊老撾，甚至遠在海外的滿剌加也受到侵漁，然最終皆以失敗告終。

（原刊《教研園地》1987 年第三期）

---

[4]　《明史‧列傳第二百九‧外國二》。
[5]　《宋史》卷三百二十七《王安石傳》。
[6]　《明史‧列傳第二百九‧外國二》。

補遺：明代中越關系及越南國名之由來

洪武元年（1368），朱元璋建立明朝後，頒詔安南、占城等國，與其建立睦鄰友好關係。其時越南北部為安南國陳氏統治，南部為占城國統治。安南國王陳日煃於次年遣使來賀，朝貢方物，並請封爵。占城國王阿答阿者亦於同年遣使來朝。

建文元年（1399 年），安南黎季犛殺死國王陳日焜，篡奪陳氏政權，陳亡。黎季犛改名胡一元，子黎漢蒼改名為胡奎。胡奎奉表朝貢，謊稱是陳氏外甥，請求明朝封爵。永樂元年（1403 年），明成祖遣使齎詔前往安南，封胡奎為安南國王。不久，黎氏陰謀敗露，前安南國王之孫陳天平向明廷控訴黎氏篡權經過，請求明政府「伐罪吊民，興滅繼絕」[7]，胡假意上表謝罪，表示願迎還陳天平，以君事之。1406年 1 月，胡派遣陪臣阮景真赴中國迎接陳天平，明政府亦派兵護送。行至雞陵關（今友誼關），突到安南軍隊襲擊，陳天平被殺，明軍慘敗。

永樂四年（1406）八月，明成祖命成國公朱能、西平侯沐晟等率軍數十萬南征，興師問罪。次年，黎氏父子被擒，安南事平。明軍遍求陳氏子孫不得，安南耆老莫邃等上表言：「陳氏子孫盡為黎賊所戮，無可繼承，請為古制，復立郡縣。」[8]明從其所請，置交趾都指揮司、交趾等處承宣佈政使司、交趾等處提刑按察司及軍民衙門，直接由朝廷派員管理。

永樂十六年（1418），安南爆發黎利反明起義。宣德二年（1427），黎利打敗廣西、雲南兩路的明軍，迫使交趾總兵王通與之盟誓退兵。次年，黎利奉表陳情謝罪，請求明軍班師。明軍在黎利承諾「永為藩臣，常奉貢職」和立陳氏後代為王之後，退回國境。此後黎利藉口陳氏「實無見存」，明朝「俯從所請」，封黎利「權署安南國事」。從此安南又建立起了黎氏政權，兩國又恢復了睦鄰友好關係。

---

[7]　明嚴從簡《殊域周咨錄》卷七。
[8]　《明太宗實錄》卷三〇、四四、五〇。

　　1527 年，後黎朝太尉莫登庸殺黎恭帝，佔據北方，建立莫朝。1533
年，鄭氏扶持黎朝後裔黎寧複國於南方，是為越南歷史上的南北朝時
期。鄭氏挾天子以令諸侯，但始終未曾稱帝。1592 年鄭氏消滅莫朝，
但是莫氏仍盤踞高平一地，直到 1677 年。

　　萬曆年間，明朝同時封安南後黎政權與莫氏政權為安南都統使，
以示同為天朝之臣。

　　隨著安南同明政府關係的發展，兩國經濟、文化的交流也更為頻
繁密切。中國的封建文化典籍大量傳播，安南之天文地理、曆法、醫
藥、刑律法度、禮樂朝儀、文武官制、科舉考試等無不仿效中國。為
了方便兩國貿易，明朝在廣州、泉州、寧波等地設立市舶司。

　　明亡時，後黎與莫氏同時與明朝保持朝貢關係。1644 年，北京城
被起義軍攻破，崇禎帝自縊。不久，南京建立以福王為首的弘光政權。
1645 年弘光政權覆滅。同年，唐王朱聿鍵在福建建立隆武政權。隆武
元年（1645）九月，隆武政權派錦衣衛康永寧航海至安南借兵。次年
五月因「風逆不得泊岸，望涯而返。」[9]

　　隆武二年（1646）二月，安南後黎朝遣正使阮仁政前往福建求封。
時值清兵攻佔福建，部分安南使者被俘至北京。阮仁政遂往廣西拜見
新即位的永曆皇帝朱由榔，永曆遣翰林潘琦齋敕書誥命前往安南，冊
封後黎之太上皇為安南國王。永曆二年（1648）三月，安南遣使至南
寧入貢。永曆四年（1650）十一月，清兵陷廣州，朱由榔自肇慶逃至
南寧。次年二月，從南寧遣使敕諭後黎，「令其資矢象糧銃以助恢剿」[10]。
十月，永曆使臣再至，冊封後黎實權派鄭主（1539-1787）為安南副國
王。其後，莫氏也接受了永曆朝廷的冊封，與南明建立友好關係。

　　永曆四年（1650），孫可望乞封秦王不果，永曆帝密詔反對封秦
王的禮部侍郎郭之奇勿進見，郭之奇流亡安南，後長期活動於中越邊
境，聯絡義師抗清。永曆十二年（1658）清兵入滇，郭之奇再次逃入
安南。

---

[9]　明瞿共美《粵遊見聞》。
[10]　臺灣文獻叢刊第 123 種《徐闇公先生年譜》。

　　南明光澤王朱儼鐵、德陽王朱至睿，總兵楊祥與太監黃應麟等也流亡高平，與莫氏盟誓共同抗清。

　　永曆十三年（1659），清兵逼近昆明，永曆帝出逃，有議往安南，因清兵逼近廣南府[11]，路不靖，遂斷此議。後在沐天波建議下入緬甸。

　　永曆出逃後，李定國兵南退，撤至中老越邊境，後盤桓於安南境界，於 1662 年憂憤而死。

　　南明末年，以總兵鄧耀為首的抗清武裝，長期在廣東龍門活動。永曆十四年（1660），鄧耀兵敗後，逃入安南貴明萬寧一帶，被後黎軍隊擊退，鄧耀逃回廣西，入寺為僧，後被清兵俘虜。

　　隨著清朝控制中國大局已定，安南各政權態度逐步轉變。1657 年左右，後黎政權及廣南政權對南明政權已不太友好，但仍在觀望。莫氏高平與中國接壤之地皆為南明軍隊控制，仍與南明保持密切關係。

　　南明德陽王朱至睿係蜀藩支系，明末安插廣西太平府[12]，後逃至歸順[13]。順治十六年初，莫氏侵歸順，朱至睿至安南高平，順治十六年（1659 年、永曆十三年）八月，清兵擊退莫氏與南明的軍隊，並將侵佔廣西歸順的安南軍隊趕出。次年，高平政權始將德陽王引渡。

　　郭之奇於 1658 年再入安南後，居住於萬寧[14]。順治十八年（1661）八月郭之奇被捕。八月初七日被送出鎮南關。此次被安南引渡的南明官員有光澤王朱儼鐵、總兵楊祥等四十九人，大部分於次年九月被害於廣西南寧。

　　南明時期，流亡安南者為數眾多，但多數是中下級官兵，至此後史籍中不再見到清朝招撫南明官員的記載。

11 　雲南省廣南縣。
12 　今廣西崇左縣。
13 　今廣西靖西縣。
14 　今越南萬寧市。

　　順治十八年（1661）四月，安南都統使莫敬耀投誠，請給印敕。清廷封莫敬耀為歸化將軍。

　　南明時期，永曆帝封後黎為安南國王，實為拉攏後黎政權之舉，在大局不明朗情況下，後黎政權也多次遣使入貢，隨著清軍的推進，後黎政權也逐步轉變政策，對南明政權態度趨於強硬，說明外交關係取決於政治、經濟和軍事的綜合實力。

　　康熙五年（1666），安南黎維禧向清政府繳送永曆敕印，清封其為安南國王。至此，安南與南明的聯繫徹底終結。

　　乾隆五十一年（1786），安南西山阮光平（阮惠）起義軍推翻黎朝。乾隆承認既成事實，給予阮氏封贈。乾隆五十五年（1790），安南國王阮光平（實為范公治）曾不遠萬里，前往熱河避署山莊祝賀乾隆皇帝八十大壽。

　　嘉慶七年（1802），原割據越南南方的阮福映推翻了北方的阮光纘，國號嘉隆，建都順化。是年六月，阮福映遣使請封，且請改國號為南越。次年七月，清廷因其「恪恭請命，且鑒悃忱，請錫藩封，虔表具貢，特予嘉納」。准其國「用『越南』二字，以『越』字冠於上，仍其先世疆域；以『南』字列於下，表其新錫藩封。且在百越之南，與古所稱『南越』不致混淆」[15]。

　　這也是越南國名之由來。

---

[15] 《清仁宗實錄》卷一百一十一。

從政史鑒

　　我國是一個有四千多年文明史的國家，在過去的歷史上，有關治國之道、執政準則、用人之方和從政藝術等方面的著述極多，可資借鑒。

　　由於社會發展的階段和王朝體系的不同，從政者所處的時代條件和客觀環境也千差萬別。因而在政壇上也表現出錯綜複雜的現象。從政者本人的是非功過也往往由於時過境遷而眾說紛紜。對於某些從政者的評價，常常幾經反復而爭論不休。但是，那些受到後人崇敬和仰慕的人物的所作所為，在某些主要方面總有類似之處。概括說來，主要表現在如下方面：即道德高尚、節義高邁、勤學務實和尊賢用才。固然，在我國歷史上也出現過一些暴君、奸相、酷吏、貪官，這種人為人們所不齒和痛恨。他們雖得逞於一時，但最終被推上歷史的審判臺。這種人應為從政者戒。

一、民為邦本

　　先秦時期，王朝更迭，諸侯興廢和社會變革中，統治者積累了經驗，形成了中國傳統領導思想的萌芽。西周（前 11 世紀）的周公是一位有名的政治家，被視為統治階段的代表性人物。

（一）周公治國以「保民」、「明德」為上

　　「保民」即順從民意，讓百姓過上好日子。「明德」指統治者有好的品行。不要苛待人民，周公說：「天畏棐忱，民情大可見，小人難

保！[1]」（天命轉移是可怕的。天是否照顧君主，往往通過民眾情緒表現出來）。「民之秉彝，好是懿德」[2]（民眾的本性是喜歡有德的人）周公云「德」的含義極其廣泛，對待民眾而言，其基本原則是「視民如子」。「若保赤子，惟民其康」[3]（像保護小孩一樣的保護民眾，民眾才能安康）「被裕我民，無遠用戾（來臨）」[4]（寬厚地對待臣民，才能吸引遠方民眾的歸附）。

周公明確地認識到被領導者──民眾並不總是消極的一群，不安撫好民眾，就有可能毀滅現存的上下關係，領導者隨之失去自己的地位。周公以民為本的思想，較之夏、商兩代統治者以「天命」去箝制百姓的做法，顯然是進了一大步。

（二）春秋時期的重民、富民與威民

在如何處理被領導者的主體──民眾的問題上，管仲（？－前645年）等人繼承和發展了周公等人的重民思想。鄭人子產（？－前522年）問然明怎樣治國，然明說：「視民如子」[5]，子產大喜。晏子（？－前500年）論述齊田氏收攬人心時說：「其愛之如父母，而歸之如流水」[6]。民心向背取決於統治者有無愛民之心。

管仲認識到「民眾」不是抽象的概念，愛護民眾不是讓民眾隨心所欲，而是通過種種手段使民眾服從統治。管仲曾對民眾作過品分，他說：「曰：『畏威如疾，民之上也。從懷如流，民之下也。見懷思威，民之中也。畏威如疾，乃能威民。威在民上，弗畏有刑。從懷如流，去威遠矣，故謂之下。』」[7]。把害怕服從權威的民眾列為

---

[1] 《尚書·康誥》。
[2] 《孟子·告子上》。
[3] 《尚書·康誥》。
[4] 《書·洛誥》。
[5] 《左傳》。
[6] 同上。
[7] 《國語》卷十。

最好的一等；隨心所欲，無所顧忌的民眾列為最差的一等；中等之民則是那些既想滿足慾望，又害怕權威的人。這說明在階級對抗的傳統領導體制之下，統治者（即領導者）愛護民眾（即被領導者）的目的不是為了民眾利益，而是讓民眾做永遠服從統治的順民。具體措施：

1.衣食足而知榮辱

管仲等人已經認識到運用經濟手段安撫民眾的重要性。對農業生產主張量土徵稅，不誤農時，實行「相地而衰徵」[8]（即根據土地的不同品質確定賦稅額。）他還認識到「無奪民時，則百姓富。」[9]即不要在農忙時徵發徭役，不破壞農業生產的正常節奏，就可以使百姓富足。「山澤各致其時，則民不苛」，合理利用山林川澤等資源，不亂砍濫伐亂捕濫殺，才能長久地享用資源。對工商業，主張「關市幾而不徵，以為諸侯利」[10]即以減免魚、鹽等出口商品稅的辦法，擴大外貿出口，促進國內經濟發展。

實行上述政策的目的是為了形成一個讓被統治者能夠生存下去的環境。司馬遷讚揚說：「倉廩實而知禮節，衣食足而知榮辱。」[11]「知禮節」、「知榮辱」的民眾當然不會造反。這樣，也就實現了維持現存統治秩序這一根本目的。

2.比綴以度

即以法為標準來規範民眾，具體辦法是「勸之以賞賜，糾之以刑罰」，起到懲惡揚善的作用。這種以法律規範民眾，以賞罰推行法紀的觀念，對我國法家有直接影響。

---

[8] 《國語·齊語》。
[9] 《國語·齊語》。
[10] 《國語·齊語》。
[11] 《史記·貨殖列傳》。

3.以「寬」、「猛」服民

即統治者以寬、猛兩手來駕馭民眾。子產臨終前說:「唯有德者能寬服民,其次莫如猛。夫火烈,民望而畏之,故鮮死焉。水懦弱,民狎而玩之,則多死焉。故寬難」[12]。在他看來,寬、猛兩手都是馴服民眾的必備手段,其中最難掌握的是寬的尺度。將上級駕馭下級的辦法概括為寬、猛兩種類型,對後世的領導思想也有重大影響。

4.教不善則政不治[13]

即齊桓公認為的沒有完善的教化就不會有良好的政治。統治者所以重視教化,是為了將人們的慾望限制在合理的範圍之內,不產生非份之想。

(三)傳統重民思想的高峰

春秋戰國時期,儒家的主要代表人物和著作有:孔子(前 551－前 479)言論見《論語》;孟子(約前 372－298),言論見《孟了》;荀子(約前 313－前 238),言論見《荀子》。儒家經典是封建時代人們修身立命、為政治國的教科書,也是我們今天研究中國傳統領導思想的重要材料。出於對社會和諧的追求,儒家學者十分重視被統治者——民的作用,把傳統重民思想推向高峰。

1.立君為民的尊君思想

儒家主張尊君。孔子說「天下有道,則禮樂征伐自天子出;天下無道,則禮樂征伐自諸侯出。」[14]把天子能否握有最高權力當作治亂

---

[12] 《左傳・昭公二十年》。
[13] 《國語・齊語》。
[14] 《論語・季氏》。

的重要標準。荀子主張「人君者，所以管分之樞要也。」唯有君主才握有大政方針的最高決定權。

但是，儒家並不認為君主可以置被統治者「民」的利益不顧而為所欲為。孟子說：「賊仁者，謂之賊；賊義者，謂之殘。殘賊之人，謂之一夫。聞誅一夫紂矣，未聞弑君也。」[15]像桀、紂一類喪失了君主資格的暴君，人們就有權推翻他。荀子說「湯、武者，民之父母也；桀、紂者，民之怨賊也。」他還說：「天之生民，非為君也；天之立君，以為民也」[16]即天養育民眾不是為了君主，與此相反，天設立君主是為了民眾。

2.民為貴

孟子說：「民為貴，社稷次之，君為輕」。將民的地位置於國家和君主之上。這並不意味著讓民眾當家作主，而是為了用重民思想來鞏固自身的統治地位。荀子打過比方：「君者，舟也；庶人者，水也；水則載舟，水則覆舟。」[17]將此概括為「庶人安政，然後君子安於位」把民眾能否接受統治當作君主保持政權的首要條件。

3.得民心之道

孔子說得民眾者：「近者悅，遠者來」[18]。孟子主張「得天下有道，得其民，斯得天下矣。得其民有道，得其心，斯得民矣。得其心有道，所欲與之聚之，所惡勿施爾也」[19]。即只要滿足民眾願望，不把民眾憎惡的事強加在他們頭上，就能得到民心了。

但是，在實踐中，統治者往往無法滿足每一個人的願望。孟子說：「故為政者，每人而悅之，日亦不足矣」[20]。如果執政者想滿足所有

---

15 《孟子・梁惠王下》。
16 《荀子・大略》。
17 《荀子・王制》。
18 《論語》。
19 《孟子》。
20 《孟子・離婁下》。

人的願望,僅就時間而言也是不夠的。(如子產以車渡人過河)荀子更進一步從個體與整體關係的角度論述了滿足民眾願望的問題。他認為如果事事按民眾願望去做,「可以少頃得奸民之譽,然而非長久之道也;事必不就,功必不立。是奸治者也。」[21]即民眾願望是很難統一的,越是具體問題,民眾間的分歧越多。執政者如果以所瞭解到的民眾的願望行事,很可能只滿足部分民眾的需要,反而違背了整體利益。因此,執政者要有主見,要從有利於整體和諧這個根本的利益出發,制定大政方針,處理好政務。

(四)漢高祖「與民休息」

劉邦(前256—前195)的「與民休息」政策是他取得天下的原因之一。起兵時在灞上向父老提出三項保證:「殺人者死,傷人及盜抵罪,余悉除去秦法」即人們常說的約法三章。這個安民告示使得秦人大喜,「秦民大喜,爭持牛、羊、酒食獻享軍士。」[22]稱帝後,為了鞏固漢朝統治,採取與民休息的措施。

1. 讓軍隊解甲歸田,使其成為自耕農,作為恢復農業生產的一支重要力量。
2. 號召因戰亂逃亡的人各歸本土,恢復其田宅。
3. 釋放奴婢。
4. 減輕田租和徭役,行十五稅一,大大減輕了對人民的剝削。

以上這些措施,為文帝、景帝所發展,漢初經濟快得到穩定與發展,出現了被史家普遍譽為盛世的「文景之治」。西漢與民休息政策實行了六七十年,武帝時國民強富。「太倉之粟陳陳相因,貫朽而不可校。」[23]

21　《荀子‧富國》第十。
22　《漢書‧高帝紀》。
23　《漢書‧食貨志》(上)。

（五）明太祖「阜民之財，息民之力」[24]

明太祖朱元璋（1328－1398）是我國封建皇帝中最為傑出的人物之一。他的成功，儘管充滿著許多神秘色彩，但其中重要的一點是他對人民群眾的力量和貧民百姓的生活有深刻的認識。他在位之初，十分重視實行「安養生息」政策，認為天下初定，百姓財力困乏，好比小鳥不可拔毛，新樹不可搖根，當今要政，在於安養生息。因此，他提出了一項重要的治國方針——「阜民之財，息民之力」。

阜民之財即讓老百姓家有餘糧、餘錢，有比較安定的生活環境。他曾說：「民富則親，民貧則離」。阜民之財的具體政策和辦法是：

1. 獎勵墾荒。首先承認農民開墾的荒地歸農民所有，並免租稅三年。下令將北方各城市附近的荒閑土地分給無地的人家，每人50畝，另給荒地2畝。

2. 鼓勵移民：農民可以由地少人多的窄鄉遷徙至地多人少的寬鄉；如將蘇州、松江、嘉興、湖州的無地農民遷入濠州（鳳陽），將廣東瑤民遷到泗州[25]。這些遷移的屯田戶，由官府發給路費，並供給耕牛、種子和農具。

3. 發展經濟作物：朱元璋十分重視農作物的多種經營，多次明確稅收和獎罰條例，如不按規定種植桑、棉、麻者，則給予處罰，額外種植者一律免稅。有條件的地方還要種植棗樹，柿樹、桑樹和胡桃等。

4. 解放奴隸成為平民，民戶不得畜養奴隸，販賣公民為奴者責杖100，流放3000里。

5. 限制為僧為道：府、州、縣只許保留佛寺道觀各一所，凡為僧為道者需持有一政府發給的渡牒（身份證明書），僧道必須經過學習和考試，不得娶妻妾，年二十以上不准落髮為僧。

---

[24] 明余繼登《皇明典故紀聞》。
[25] 泗州：轄地在今之天長，盱眙，明光，泗洪一帶。

（六）建立互助社，以 20 家或 40−50 家為一互助單位，每遇農忙季節，互相幫助，不失時令地搶種搶收。

息民之力，即減輕徭役，使人民有足夠的時間從事生產勞動。

如緩期修京城，對皇官建修不求太華麗，讓太監在宮內空地上種菜、築城、浚河等大項土木工程均在農閒時進行，減輕工匠們股役負擔等。

阜民之財，息民之力的方針，是要千方百計調動人們生產勞動的積極性，創造物質財富，這一正確方針取得了十分顯著的成效。

1. 耕地面積大大增加，洪武二十六年（1393），全國農田達 850 萬頃[26]，比元末增加了 670 萬頃，僅 30 年間增加農田四倍多。
2. 農田水利水利建設項目增多：洪武二十八年（1395），統計，全國共開塘堰 40987 處，浚河 4162 處，修建陂、堤、岸共 5048 處。[27]
3. 糧食產量提高：各省、府、州、縣建立了專門儲糧備荒的「預備倉」，多者萬餘石，少者 5000 石。1393 年，全國稅額已達 3278.98 萬石，為元朝最高稅糧的兩倍。「是時宇內富庶，賦入盈羨，米粟自輸京師數百萬石外，府縣倉廩蓄積甚豐，至紅腐不可食」[28]。

二、尊賢重才

在高明的從政者看來，人才實為治國安邦的根本，是國家民族賴以繁榮昌盛的保證。因此，他們不僅尊賢，重賢和識賢，而且能夠做到舉才、用才和顯才，還重視育才和選才。墨子說：「夫尚賢者，政之

---

26 《明史》卷七十七《食貨》一。
27 《明太祖實錄》。
28 《明史‧食貨志》。

本也」[29]，孟子說：「不信仁賢，則國空虛」[30]；桓譚說：「得十良馬，不如得一伯樂；得十利劍，不如得一歐冶」[31]；王符說：「何以知國之將亂也，以其不嗜賢也」[32]。均是至理名言。

在選才和用才方面，高明的從政者，也總是能夠比較全面的處理問題。他們認為「人不可以求全，必捨其所短，取其所長」[33]；「不知人之短，不知人之長，不知人長中之短，不知人短中之長，則不可以用人，不可以教人。」（魏源）。正由於他們能夠比較客觀地看待人才，因而能做到「採玉者破石拔玉，選士者棄惡取善」[34]。尊重賢能，不以金錢、不以親故、不以權勢去進行選才和用才，是高明的從正者必備的基本條件之一。

（一）儒家用賢則治政的人事思想

《尚書》是儒家經典之一，為我國最早（商、周）的一部典章文獻彙編。其中不少篇幅從不同角度，反覆強調賢才的重要，這種重賢思想屬於起源階段。《書》中記載了堯選賢與能，禪讓賢才，帝王立業在於「知人安民」以及「九德」，「三宅」、「三俊」的選賢標準。這些重賢思想和選賢標準，直至今天仍有參考價值。

春秋戰國時期，儒家主張人治，在用賢、選賢、育才等問題上發表了大量極有見地的論述。

1.用賢則治，不用賢則亡

儒家把能否用賢看作國家興衰的決定性因素，孔子對魯哀公說：「舉直錯諸枉，則民服；舉枉錯諸直，則民不服」[35]，意即正直之士

---

[29] 《墨子‧尚賢上》。
[30] 《孟子‧盡心下》。
[31] 桓譚《桓子新論》。
[32] 王符《潛夫論》。
[33] 《資治通鑒‧唐記》。
[34] 王充《論衡》。
[35] 《論語‧為政第二》。

位於奸人之上，民眾就服從；反之則不服。孟子則將這一觀點概括為「不用賢則亡。」

2.側重於「德」的人才標準

這一重「德」的人才標準首先反映在「內聖外王」之說上，「聖」指具備大德大智的聖明之人，即唯有聖人才配作王者。荀子對君子、小人的品行有許多精彩論述。他曾說：「君子寬而不慢，廉而不劌，辨而不爭，察而不激，直立而不勝，堅強而不暴，柔從而不流，恭敬謹慎而育。夫是之謂至文」[36]。大意是君子應該寬厚而不懈怠，清正剛直而不無故傷人，有分辨能力而不炫耀，明察而不偏激。正直而不盛氣淩人，剛強而不暴躁，柔順而不隨波逐流，恭敬謹慎而能育人。凡是能夠掌握上述分寸的必是治國的大才。相反，「言無常信，行無常貞，唯利所在，無所不傾。若是則可謂小人矣。」[37]言而無信，行為變幻莫測，唯利是圖，無所不為之人就是小人了。

荀子將君子、小人之分運用到官吏身上，將官吏分為「社稷之臣」和「國賊」兩大類。他的這種人才標準不僅注意了德與才的結合，更注意到德才與所任職位的結合，尤其是對整個國家是否有利來衡量官吏稱職與否。這種觀念更切合實際，對後世確定選拔人才的標準都起了積極作用。

3.聽其言而觀其行的選才原則

孟子說：「分人以財謂之惠，教人以善謂之忠，為天下得人者謂之仁，是故以天下與人易，為天下得人難」[38]施捨財物，教化百姓，甚至把江山社稷送給人家都不算難，難得的是為天下選拔人才。選才要遵循以下原則：

---

[36] 《荀子‧不苟》。
[37] 《荀子‧不苟》。
[38] 《孟子‧滕文公上》。

（1）切忌主觀偏私

孔子把主觀偏見稱之為「惑」，說：「愛之欲其生，惡之欲其死。既欲其生，又欲其死，是惑也」[39]。如果只憑主觀愛憎來選擇官吏，必然是「主黯於上，臣詐於下，滅亡無日」[40]。

（2）打破出身和資歷的限制

世襲官制在戰國時徹底瓦解，但重視出身的偏見仍然有一定影響。荀子主張打破資歷的限制，「賢能不待次而舉，罷不能不待須而廢。」[41]即選拔賢能不能論資排隊，對無能之輩一經發現就應該立即罷免。

（3）聽國人之言

注意廣泛而正確地聽取意見是儒家人才思想中極富光彩的部分。孔子認為「君子不以言舉人」[42]。即選才時不能光聽他自己的意見。同樣，也不能盲目聽信眾人之言，那種人人都說好或不好的未必是事實，「不如鄉人之善者好之，其不善者惡之」[43]受到好人稱讚而被壞人憎惡才是可用的人才。

孟子也強調輿論來源問題：「國人皆曰賢，然後察之；見賢焉，然後用之。」[44]

荀子特別強調要注意朋黨的相互吹捧和流言蜚語：「朋黨比周之譽，君子不聽；殘賊加累之譖，君子不用。」[45]對所有非正當管道傳播的流言蜚語切不可輕信，一定要慎重對待。

4.聽其言而觀其行

這是儒家選才原則的精華所在，集中體現了中華民族務實的優良傳統。

---

[39] 《論語‧顏淵》。
[40] 《荀子‧君道》。
[41] 《荀子‧王制》。
[42] 《論語‧衛靈公篇》。
[43] 《論語‧子路》。
[44] 《孟子‧梁惠王下》。
[45] 《荀子‧致士篇》。

孔子曾說：自己過去對人是「聽其言而信其行」[46]，現在是「聽其言而觀其行」。怎樣考察行為呢？他說：「視其所以，觀其所由，察其所安」[47]。即考察一個人要注意其動機、方法和效果。

5.「仕在必如學」的人才培育思想

孔子認為只嚮往好的品德才智，但不努力學習，就會走向反面。他說：「好仁不好學，其蔽也愚；好知（智）不好學，其蔽也蕩……」[48] 追求仁義而不好學，容易受人愚弄；追求智慧而不好好學容易流於輕浮。荀子認為「學者非必為仕，而仕者必如學」[49]；即讀書不一定做官，但做官的必須學習。這一觀點促成了漢代以後官學的復興，對中國教育史、政治史起了十分重要的作用。

（二）墨子尚賢的用人思想

1.尚賢者政之本也

墨子說：「王公大人之務，將在於眾賢而已」[50]。即執政者當務之急，是廣招人才。這是根本大事，應盡全力去抓。

2.容納賢才要有氣量（肚量）。

墨子說：「良弓難張，然可以及高入深。良馬難乘。然可以任重致遠。良才難令，然可以致君見尊」[51] 這個比喻說明有才幹的人，越難於駕馭。如硬弓不容易拉開，但唯有它才能射得強勁有力；良馬不容易駕馭，但唯有它才能夠負重行遠；良才不容易順從意旨，但唯有良

---

[46] 《論語·公冶長篇》。
[47] 《論語·為政篇》。
[48] 《論語·陽貨篇》。
[49] 《荀子·大略》。
[50] 《墨子·尚賢上》。
[51] 《墨子·親士》。

才能夠幫助君主成就大業。這說明,身為最高統治者,要真心容納良才,就得不計較他們的過失。真心實意地信任他們。

(三)劉邦打天下用人才,坐江山防功臣

「擇人」、「用人」是有關事業成敗的問題。劉邦成功之處在於他善於充分發揮各類人才的作用,在關係到事業成敗的緊要關頭,能夠捨棄部分權利,以滿足部下過分的慾望,從而換取他們對自己的效忠。

位高權重的開國功臣,對皇權獨尊的地位是一種無形的威脅。因而從打天下用人才的思想,變為坐天下防功臣的思想,由此發展為殺功臣了。

韓信說:「狡兔死,良狗烹,高鳥盡,良弓藏,敵國破,謀臣亡,天下之定,我因當烹。」[52]反映了當時的真實情況。

以後帝王沿用劉邦前後截然不同的用人思想者,大有人在,如宋太祖、明太祖可以為例。

(四)曹操求賢若渴,用其所長

曹操多次下令求賢,說「將賢則國安」,他用人思想中最富於特色的是不求全責備的觀點。他曾明確提出「治平尚德行,有事賞功臣」,即和平時期注重德行,戰亂時期則必須以戰功、能力賞賜和任用人才的主要依據。因此主張「唯才是舉」,對有關部門重德輕才的傾向,下令說「夫有行之士,未必能進取,進取之士,未必有行也[53]。」為此,頒佈了《舉賢勿拘品行令》。曹操集團興旺發達的一個極其重要的原因是人才濟濟。

---

[52] 《史記・淮陰侯列傳》。
[53] 曹操《敕有司取士勿廢偏短令》,見《三國志・魏志・武帝紀》。

（五）諸葛亮擇賢而任，善於馭下

諸葛亮的用人思想和曹操有一致之處，又有不同特色。一致之處是明白將賢則治的道理。不同之處是曹操用人偏重於才，而諸葛亮堅持德、才兼備。在對待下屬問題上，曹操偏重於用重賞重罰來激勵部下，諸葛亮除運用賞罰之處，還強調為人表率、用信義來取得部下的擁護。

1.將帥德才

諸葛亮認為稱職將帥應做到「五善四欲」。

五善：善知敵之形勢，善知進退之道，善知國之虛實，善知天時人事，善知山川險阻。

四欲：戰欲奇，謀欲密，眾欲靜，心欲一。

將帥的品德修養概括為「五強」，即「高節可以厲俗，孝弟可以揚名，信義可以交友，沈慮可以容眾，力行可以建功」。大意是具備高風亮節才能為人表率，激勵社會風氣，孝順父親、友愛兄弟才能有良好的名聲；守信用、講禮義才能廣交朋友；深謀遠慮、胸懷大度，才能有容人之量；身體力行、勤勉不怠才能建功立業。

2.知人之道

七種辦法：

其一：「間之以是非而觀其志」，故意用各種是是非非的問題去考察他是否有堅定的意志和主見。

其二：「窮之以辭辨而觀其變」，極力讓其參加辯論來考察他是否能夠隨機應變。

其三：「咨之以計謀而觀其識」，通過詢問他計謀而考察其是否有遠見卓識。

其四：「告之以禍難而觀其勇」。如實告訴他禍患的嚴重性來考察他是否臨危不懼。

其五：「醉之以酒而觀其性」，將其灌醉看他的品性。

其六：「臨之以利而觀其廉」，把財物等物質利益放在他面前，看其是否廉潔。

其七：「期之以事而觀其信」，辦事立下期限，看他是否守信用。

上述七條辦法體現了諸葛亮「聽其言而觀其行」的求實態度。這樣，有才能的人不會被壓抑，無才能的人無法偽裝。

諸葛亮是嚴於律己、鞠躬盡瘁的典範。

三、從政方略──權謀妙計

（一）韓非勢、法、術三位一體的領導活動總方針。商鞅等人的法家思想，吸收了老子的道家思想，從而成為先秦法家的集大成者。

歷史的進步已到了爭於氣力的朝代，人際關係中沒有多少血緣之愛，更沒有仁義之愛。因此，執政者，特別是君主就只有依靠勢力、法律和權利來維持自己的統治地位了，韓非在繼承和改造慎到的「勢」、商鞅的「法」和申不害的「術」的基礎上，提出了勢、法、術三位一體的領導總方針。主張「任勢不任禮」、「用法不用賢」、「行術不行仁」。

「勢」即權力，是君主的依託，權勢的核心最經常的體現是賞罰。

「法」即法律（令），是維護君主權威，統一臣民行為的規範。立法必須有權威性、穩定性，要真正實行「以法治國」。

「術」是君主駕馭臣下的權術，即使臣下為之效忠的方法。

權勢是「邦之利器」，法與術處於同樣重要的地位，但因施行對象不同而具有不同的表現形式，「法莫如顯而術不欲見」[54]，法令是要人遵守的，必須大張旗鼓地頒行天下，權術則只能深藏於君主胸中，「用術，則親愛近習莫之得聞也。」[55]因為，帶有陰謀色彩的東西一旦戳穿就一錢不值了。

韓非的領導思想不如儒家有遠見，但切合當時的實際，所以受到了秦王的重視。就是到了儒家占統治地位的後世，他的勢、法、術思想仍被不少統治者心照不宣地遵行著。

（二）漢武帝君臣的「霸王道雜之」

1.「罷黜百家，獨尊儒術」的政治方針

漢武帝（前156－前87）採用董仲舒（前179－前104）的主張，以儒家學說為基礎，揉合陰陽、法家等學說，形成了新的神學色彩濃厚的儒家思想體系。大力宣揚皇帝的權力，為上天所授的「天人合一」說，即宣稱皇帝是天在人間的代理人。這意味著強調君權的永恆不變。同時又用「天人感應」說來限制君權，認為君主有了過失，又不知自省，上天就會降災（旱、澇、火、地震等）來加以警告，令其及時糾正，否則國家將會遭到大難甚至敗亡，董仲舒的指導思想是為了維護封建國家的長治久安。

2.寬猛相濟的領導藝術

漢武帝的領導藝術其獨到之處是，不拘泥於「仁」，也不一味地崇「刑」，總之是好用酷吏苛法，而外施仁義，史稱「霸王道雜之」、內多欲而外施仁義。儒術只是作為一件外衣，用來遮掩專制統治的外衣。

---

[54] 《韓非子·定法》。
[55] 《韓非子·難四第三十九》。

他的領導方法是重法術，用酷吏嚴刑。他採用的霸道、王道兩手是交替使用的，與秦始皇赤裸裸地用嚴刑酷法來殘害百姓有所不同。

漢武帝採用「推恩令」的辦法、解決長期未能徹底解決的諸侯王勢力過大問題，體現了恩威並重的領導藝術。這一辦法既可避免用武力，又能達到削弱諸侯王並施恩於眾的目的，可謂兩全其美。

漢武帝為了強化皇權，對地方各級官員和豪強採用寬嚴兩手。任用酷吏以暴治暴，穩定社會，平息民怨。酷吏政治成為漢武帝時期政治統治的重要特點，同時造成了許多冤、假、錯案，激化了階級矛盾和統治階級內部矛盾，為了安撫人心，又將喪盡民心，作惡多端的酷吏加以誅免，用以表白他不同於酷吏，而是施德政、仁治的聖主。

武帝末年，社會矛盾激化，西漢呈「土崩之勢」。武帝頭腦清醒，將政策調整為以寬為主，制定了一系列安民措施，如優老恤貧，釋奴赦罪，修治水利，發展農業等。並親自耕田，下《罪己詔》公開檢討，收攬民心。令敦厚的田千秋為丞相（封「富民侯」），使農業生產得到新的發展。使兩漢社會的統治危機初步得到緩解，免遭秦亡之禍，保證了西漢統治的長治久安。

漢武帝的成功與失誤說明領導藝術運用得當，對事業的成功是至關重要的。

（三）劉秀以屈求伸、以智取勝

劉縯、劉秀（前 5－57）為南陽富豪，回應綠林軍起義，為大司徒，秀為太常偏將軍。更始帝劉玄命縯攻宛（南陽），秀攻昆陽（今河南省葉縣）。秀以八九千綠林軍敗王莽精兵十萬於昆陽（25 年）。「威震天下，海內豪傑翕然歸之」[56]。

---

[56] 范曄《後漢書》。

劉玄殺劉縯，劉秀強忍悲痛，向劉玄謝罪，不言昆陽之功，不為兄服喪，飲食言談如常，免遭殺身之禍。

劉秀建立東漢王朝歷經艱辛，王莽敗政，劉玄無能，是他取得成功的客觀條件，而他本人的謀略智慧和能屈能伸的思想作風，則是他能夠擊敗對手和收攬各路農民軍的重要因素，劉秀「忍小憤而就大謀」的精神，是值得借鑒的。

（四）李世民「玄武門之變」

「玄武門之變」，是唐高祖李淵次子李世民與長子建成、四子李元吉爭奪皇位繼承權的政變，勝利者為李世民。他因而被立為太子。並很快登上皇帝寶座，是為唐太宗（599－649）。

「立嫡以長不以賢」是封建正統之慣例。李建成為長子，並非昏庸無能之輩，首助李淵處理軍國大事對於穩定後方，支持前線都起過很大作用，為人寬簡仁厚，有政治才幹和軍事才能，手下又有魏徵、王瑾、韋挺等一批幹才。

李世民欲奪皇儲之位，是「冒天下之大不韙」，然而終於成為「玄武門之變」的勝利者。

就雙方實力而言，建成、元吉佔有優勢，而李世民是次子，名不正言不順，因而實際上處於不利地位。

李世民所得勝利的原因，其一，他拉攏李建成方面人才的策略比建成高明，建成恪守「重賞之下，必須勇夫」的陳腐觀念，想收買世民手下驍將，未分析他與世民之親密關係，均遭拒絕。世民只收買過手下的次要人物，如將領常何與太子屬官王晊等人。結果在政變中發揮了關鍵作用，獲得了成功。其二，世民採用「先發制人」的策略，從王晊處得到了調走世民部下的密報，世民又獲悉政變前常何值班玄武門，世民在李淵面前揭發建成、元吉，因此，世民設伏射殺建成、元吉，並殺死其隨從。於是，高祖李淵立世民為太子。又過了兩月，高祖退位，自稱太上皇，李世民當了皇帝。

（五）宋太祖「杯酒釋兵權」

宋太祖趙匡胤（927－976）代周建國以後，有鑒於「安史之亂」以來的歷史教訓，決定革除藩鎮割據的流弊，在樞密使趙普的策劃下，演出了一幕「杯酒釋兵權」的喜劇。旨在收地方兵權、財權，分化其軍權，加強封建專制主義的中央集權，免除藩鎮割據的威脅。事後，大將石守信、高懷德、王審琦、張金鐸等均被免去朝廷中軍職。

（六）康熙一舉除鼇拜

康熙帝（1654－1722）即位時，年紀不滿八歲，由鼇拜、索尼，遏必隆和蘇克薩哈等位重臣輔佐，他稱為「輔政大臣」。鼇拜是滿洲舊貴族勢力的代表，他為了滿足私慾，多方培植黨羽，打擊異己，假傳聖旨，羅織罪名，誅殺大臣。他專橫跋扈，「文武百官盡出門下」，排斥漢族地主官僚參政，阻撓破壞滿族進關後採取的新政策措施。康熙十四歲時已開始親政，但鼇拜不願交權。康熙羽毛未豐，表面上與鼇拜集團敷衍周旋，不敢貿然下手。

康熙暗中與侍衛索額圖商定了奪權方案，與室中幾十名滿洲貴族少年演習武術（布庫戲），結成心腹。在召見鼇拜時令少年侍衛將其捆綁下獄，隨即在朝堂上宣佈鼇拜有三十條大罪。其親信黨羽，也分別受到應有的懲處。時康熙年僅十六歲，擒鼇拜時不動聲色。

（七）蔡鍔智鬥袁世凱

蔡鍔（1882－1916）是我國近代傑出的軍事家和愛國主義者，他一生中主要做了兩件大事：一是在辛亥革命時，領導了雲南的反清武裝起義；二是在袁世凱復辟帝制時，發起、領導了反袁護國戰爭。蔡鍔的堅強意志及聰明才智，在護國戰爭中起了重要作用。

　　「二次革命」後，蔡被袁世凱調到北京，任陸軍部編譯處副總裁、全國經界局督辦，均係虛職，實受監視。袁鼓吹帝制，蔡看出其野心，去天津與老師梁啟超密謀，決定從雲南起兵討袁。1915 年，蔡以赴津診病為名，化裝逃出北京，轉道日本、香港，抵達昆明，12 月 29 日，與同黨通電宣告雲南獨立、聲討袁世凱，次日成立護國軍，舉兵入川，數省紛紛響應，迫使袁取消帝制，鬱病而死。

附錄一：人名索引

說明：

1. 本索引只收錄書中考證之人物，以便檢索。文中引述前代史事而涉及之人名不錄。

2. 索引以書中人姓名或常用稱謂作主目，凡本書中使用其他稱謂如字、號、別名、謚號、廟號、地望，予以歸幷，附注於後。

3. 人名收錄以標題為單位，同一文章內多次出現的人名僅列其首見，餘皆不錄。

4. 姓氏後面數字指本書之頁碼。

附錄二：引用書目

《尚書》

《孟子》

《左傳》

《國語》

《史記》

《論語》

《荀子》

《漢書》

《墨子》

《資治通鑑》

《韓非子》

《水經注》

《山海經》

《新唐書》

《宋史》

《明史》

《明會典》

《明太宗實錄》

《清史稿》

《清史列傳》

《清聖祖實錄》

《清仁宗實錄》

《清宣宗實錄》

沈約《宋書》

陸游《入蜀記》

范成大《吳船錄》

范成大《范石湖集》

王象之《輿地紀勝》

康熙《荊州府誌》

乾隆《歸州誌》

乾隆《湖北通誌》

嘉慶《常德府誌》

嘉慶重修《大清一統誌》

道光《夔州府誌》

道光《江陵志餘》

同治《巴東縣誌》

同治《竹山縣誌》

同治《建始縣誌》

同治《宜昌府誌》

同治《公安縣誌》

同治《上江兩縣誌》

光緒《興山縣誌》

光緒《大寧縣誌》

光緒《長樂縣誌》

光緒《荊州府誌》

光緒《巫山縣誌》

何璘《澧州誌林》

張居正《張文忠公全集》

王夫之《永曆實錄》、《讀通鑑論》、

　　　《黃書》、《宋論》

劉景伯《蜀龜鑑》

陳詩《湖北舊聞錄》

溫睿臨《南疆逸史》

計六奇《明季南略》

徐鼒《小腆紀傳》、《小腆紀年附考》

彭孫貽《流寇志》

夏燮《明通鑑》

昭槤《嘯亭雜錄》

錢澄之《所知錄》

文秉《烈皇小識》

錢《甲申傳信錄》

彭遵泗《蜀碧》

蔣良騏《東華錄》

王敔《薑齋公行述》

潘宗洛《船山先生傳》

李天根《爝火錄》

鄭達《野史無文》

魯可藻《嶺表紀年》

田玄《秀碧堂詩集》

葉盛《水東日記》

谷應泰《明史紀事本末》、《明史紀事本末補遺》

全祖望《鮚埼亭集》

嚴從簡《殊域周咨錄》

瞿共美《粵遊見聞》

瞿式耜《瞿忠宣公集》

余繼登《皇明典故紀聞》

倪見田《續明史紀事本末》

錢秉鐙《藏山閣文存》

何是非《風倒梧桐記》

屈大均《安龍逸史》

楊嗣昌《楊文弱先生集》

吳偉業《綏寇紀略》

戴笠《懷陵流寇始終錄》、《行在陽秋》

費密《荒書》

葉夢珠《續編綏寇紀略》

查繼佐《罪惟錄》

張煌言《張蒼水集》

趙翼《廿二史劄記》

南沙三餘氏《南明野史》

佚名《思文大紀》

錢海岳《南明史》

《明清史料》丙編

戴逸《簡明清史》

孟森《明史講義》

謝國楨《增訂晚明史籍考》

洪煥椿《清初農民軍的聯明抗清問題》（《歷史研究》1978 年第五期）

林鐵鈞《清初的抗清鬥爭和農民軍的聯明抗清策略》（《歷史研究》1978 年第十二期）

《清代檔案史料彙編》第六輯

姚雪垠《李自成的歸宿》，（《李自成殉難於湖北通山史證》，武漢大學出版社，1987 年 7 月）

跋

回憶兒時，「四伯又發表文章了」是家裡一大喜訊。因伯父每次文章發表，必郵寄樣刊給家父。我當時年幼無知，根本讀不懂他的文章，只是對伯父非常景仰，從而也對史學產生了濃厚的興趣，這對我此後的人生道路產生了一定的影響。

去年，伯父欲將上世紀陸續發表的零散文章彙編成冊，結集出版。他年邁體衰，目眩手顫，無法躬自校閱，命我代為整理。我因學識短淺、瑣事蝟集，時作時輟，歷時半年，才將廿餘篇文稿校對完畢。整理過程中，對伯父為人為文之態度，亦有幾點感受。

伯父 1958 年由武漢師範專科學院（今湖北大學）畢業，分配到興山，彼時尚無公路，輪船自秭歸香溪口上岸，至興山須翻山越嶺，徒步數十里。山區生存極艱，辛苦備嚐，至廿六年後方才出峽。古人有「發憤著書」之說，又曰「文窮而後工」，在興山，他探訪農民軍抗清遺址，考證王昭君故里，頗有創穫。

其次，治學謹嚴，無信不徵。上世紀七十年代，資訊尚不發達，特別是鄂西山區，資料匱乏，有時為了一段文字，需舟車勞頓，往返於武漢、成都等地，歷時數月。但他從不作主觀臆斷，曲學阿世。

伯父現為湖北歷史學會理事，掛名而已，他淡泊名利，不求聞達，直至退休，仍是副教授職稱。從教四十年，門生弟子不乏身居要津者，但他絕無夤緣攀附之意。僅此一點，足以為我取法。

限於學識，書中或有舛誤之處，懇請海內外博雅君子惠予教正之。

　　秀威公司蔡登山君、林千惠小姐、陳宛鈴小姐為此書出版辛勤勞作，謹致謝忱。

謝葵 2010 年 11 月 5 日識于湖北荊州

史地傳記類　PC0139

從王昭君到李來亨
——一位大陸教師對鄂西史實的三十年探尋

作　　者 / 謝源遠
主　　編 / 蔡登山
責任編輯 / 林千惠
圖文排版 / 陳宛鈴
封面設計 / 蕭玉蘋

發 行 人 / 宋政坤
法律顧問 / 毛國樑　律師
印製出版 / 秀威資訊科技股份有限公司
　　　　　114 台北市內湖區瑞光路 76 巷 65 號 1 樓
　　　　　電話：+886-2-2796-3638　傳真：+886-2-2796-1377
　　　　　http://www.showwe.com.tw
劃撥帳號 / 19563868　戶名：秀威資訊科技股份有限公司
　　　　　讀者服務信箱：service@showwe.com.tw
展售門市 / 國家書店（松江門市）
　　　　　104 台北市中山區松江路 209 號 1 樓
　　　　　電話：+886-2-2518-0207　傳真：+886-2-2518-0778
網路訂購 / 秀威網路書店：http://www.bodbooks.com.tw
　　　　　國家網路書店：http://www.govbooks.com.tw
圖書經銷 / 紅螞蟻圖書有限公司
　　　　　114 台北市內湖區舊宗路二段 121 巷 28、32 號 4 樓
　　　　　電話：+886-2-2795-3656　傳真：+886-2-2795-4100

2011 年 3 月 BOD 一版
定價：290 元

國家圖書館出版品預行編目

從王昭君到李來亨 : 一位大陸教師對鄂西史實的三十
年探尋 / 謝源遠著. -- 一版. -- 臺北市 : 秀威資
訊科技, 2011.03
　　面 ;　　公分. -- (史地傳記類 ; PC0139)
BOD 版
ISBN 978-986-221-703-0(平裝)

1. 史學　2. 文學

607　　　　　　　　　　　　　　　　99026827

讀 者 回 函 卡

感謝您購買本書,為提升服務品質,請填妥以下資料,將讀者回函卡直接寄回或傳真本公司,收到您的寶貴意見後,我們會收藏記錄及檢討,謝謝!

如您需要了解本公司最新出版書目、購書優惠或企劃活動,歡迎您上網查詢或下載相關資料:http:// www.showwe.com.tw

您購買的書名:_____

出生日期:_____年_____月_____日

學歷:□高中 (含) 以下　　□大專　　□研究所 (含) 以上

職業:□製造業　□金融業　□資訊業　□軍警　□傳播業　□自由業

　　　□服務業　□公務員　□教職　　□學生　□家管　　□其它_____

購書地點:□網路書店　□實體書店　□書展　□郵購　□贈閱　□其他

您從何得知本書的消息?

　□網路書店　□實體書店　□網路搜尋　□電子報　□書訊　□雜誌

　□傳播媒體　□親友推薦　□網站推薦　□部落格　□其他_____

您對本書的評價:(請填代號　1.非常滿意　2.滿意　3.尚可　4.再改進)

　封面設計____　版面編排____　內容____　文╱譯筆____　價格____

讀完書後您覺得:

　□很有收穫　□有收穫　□收穫不多　□沒收穫

對我們的建議:_____

_____

_____

_____

11466
台北市內湖區瑞光路 76 巷 65 號 1 樓

秀威資訊科技股份有限公司 　　收

BOD 數位出版事業部

．．

（請沿線對折寄回，謝謝！）

姓　　名：＿＿＿＿＿＿＿＿＿　年齡：＿＿＿＿　性別：□女　□男

郵遞區號：□□□□□

地　　址：＿＿＿＿＿＿＿＿＿＿＿＿＿＿＿＿＿＿＿＿＿＿＿

聯絡電話：(日) ＿＿＿＿＿＿＿＿＿＿ (夜) ＿＿＿＿＿＿＿＿＿＿

E-mail：＿＿＿＿＿＿＿＿＿＿＿＿＿＿＿＿＿＿＿＿＿＿＿＿